Pierre Miquel
# Europas letzte Könige

Pierre Miquel

# Europas letzte Könige

## Die Monarchien im 20. Jahrhundert

Aus dem Französischen übertragen von
Gerda Kurz und Siglinde Summerer

Deutsche Verlags-Anstalt
Stuttgart

Die Originalausgabe erschien unter dem Titel
»Les derniers rois de l'Europe«
bei Editions Robert Laffont, Paris.


Die Deutsche Bibliothek – CIP-Einheitsaufnahme

*Miquel, Pierre:* Europas letzte Könige :
die Monarchien im zwanzigsten Jahrhundert /
Pierre Miquel. Aus dem Französischen übertragen
von Gerda Kurz und Siglinde Summerer. –
Stuttgart : Deutsche Verlags-Anstalt 1994
Einheitssachtitel:
Les derniers rois de l'Europe <dt.>
ISBN 3-421-06692-2


Satz: Fotosatz Kaufmann, Stuttgart
Druck und Bindearbeit: Mohndruck, Gütersloh
Printed in Germany
ISBN 3-421-06692-2

## *Inhalt*

Einleitung

# *Blaues Blut*

Zu Beginn seiner Geschichte wurde Rom, so der römische Historiker Tacitus – der das selbst kaum glauben konnte –, von Königen regiert. Sollte die Hauptstadt der gesamten damals bekannten Welt tatsächlich in den Händen kleiner Anführer aus Etrurien, der Kopf eines solchen Riesenreichs abhängig von der Gnade eines Tarquinius Superbus oder Servius Tullius gewesen sein? Schwer vorstellbar. Der Letztgenannte war der Sproß einer Sklavin namens Ocresia, einer Dienerin der Königin Tanaquil; und er soll unter höchst merkwürdigen Umständen gezeugt worden sein. Plinius erzählt, Ocresia habe sich auf einen Penis gesetzt, der unvermittelt aus einer Feuerstelle aufragte, und sei sogleich befruchtet worden. Solcher Geschichten bedurfte es, um die derben latinischen Bauern die göttliche Abstammung ihres Anführers glauben zu machen, was in diesem Fall freilich um so leichter war, als der Nutznießer dieser seltsamen Begattung selbst im dunkeln blieb.

Über die legendären Verbindungen, denen die Begründer der großen europäischen Häuser ihr Dasein verdankten, wissen wir leider gar nichts. Die Chronisten fehlten. Der Abbé Le Ragois, Verfasser einer der frühesten Geschichten Frankreichs, lehrte seinen Zögling, den künftigen Ludwig XV., seine Ursprünge verlören sich in der Nacht barbarischer Zeiten, als fränkische Heerführer ihre Krieger an den nebligen Ufern des Rheins anbrüllten, um sich durchzusetzen.

Wer war jener Burchard, der als Stammvater des Hauses Wettin gilt und damit zum Vorfahren aller sächsischen Herrscher wird? Seinem fruchtbaren Lager sind die Könige von England, Belgien und Bulgarien sowie die Fürsten von Sachsen-Weimar, Sachsen-Meiningen, Sachsen-Altenburg, Sachsen-Coburg-Gotha entsprungen. Das Bett des im Jahr 1032 urkundlich erstmals genannten Grafen Umbertus war nicht weniger fruchtbar. War der Träger des sanften Beinamens »Weißhand« – der auf ein frommes Naturell hinzudeuten scheint – Burgunder, Provenzale (d. h. Ostgote) oder sächsischer Barbar? Niemand weiß es. Aber das Haus Savoyen gehört zu den illustersten von Europa. Nicht minder weit reicht der Stammbaum der Habsburger zurück: Guntram der Reiche, der Begründer, machte in den Jahren um 950 als Haudegen von sich reden. Seit Beginn des elften Jahrhunderts nannten sich seine Nachfahren Grafen von Habsburg; in der Folge herrschten sie über Österreich, Ungarn, Flandern, die Niederlande, Spanien, Italien, Lothringen ...

Dem ersten König der Franken, Pharamond, wurde ein legendärer Ursprung zugeschrieben: Man hielt ihn für einen Nachfahren des Trojaners Priamos. Kurzum, man wollte die Rottenführer mit den schmutzverklebten Haaren um jeden Preis adeln, indem man auf eine weit zurückliegende Zeit verwies. Es ist im übrigen leicht möglich, daß besagter Pharamond nie existierte, so wenig wie Merowech, der legendäre Stammvater der fränkischen Königsdynastie der Merowinger. Die »Gesta Regum Francorum«, die die Geschichte der ersten Könige erzählen, entstanden erst vier Jahrhunderte nach der Regierung des salischen Heerführers Chlodios, des Vaters von Merowech.

Die Geschichte der Gründerkönige verliert sich in der Nacht barbarischer Zeiten, als Europa noch zum größten Teil von Wäldern bedeckt war. Diese »Figuren« stehen uns weit ferner als der Tarquinius des Tacitus, doch wer sich zum Ziel setzt, die Geschichte vom Ende der Königsmacht zu erzählen, muß zunächst die Frage nach ihrer Legitimierung stellen: Wer hat die Könige zu Königen gemacht?

Der erste, der dem Bild eines kultivierten Fürsten entsprach, war Chlodwig oder Chlodowech (482–511), König der salischen Franken aus dem Haus der Merowinger und Begründer des Fränkischen Reichs. Im Jahr 498 oder 499 getauft, wallfahrte er zum heiligen Martin von Tours und zur heiligen Radegundis in Poitiers; er fiel in Bordeaux ein, gliederte den Süden dem fränkischen Machtbereich an und begründete das gallische Merowingerreich. Dieser Erfolg geht auf das Konto eines charismatischen Anführers, dem am Tag der Schlacht von Zülpich, dem alten Tolbiacum, vom Himmel der Sieg über die Alemannen verheißen worden war. Der Christengott verhalf zum Sieg, und Chlodwig ließ den Widersachern der Bischöfe den Kopf abschlagen. Wie die Legende von der Taube, die zur Salbung des Königs Chrisam (Salböl) vom Himmel brachte, zeigt, waren die Bischöfe und das Oberhaupt der Merowinger absolut Herr der Lage: Zum christlichen König avanciert, verstand sich Chlodwig als Beschützer der Kirchengüter und stützte sich seinerseits auf die Kirchenverwaltung. So konnte er die Dörfer in den Griff bekommen, die Hand auf die Pfründen legen und dem Bischof seinen Teil zukommen lassen. Ein auf Klerus und Militär gestütztes Herrschaftssystem entstand, dessen Werkzeug der König war.

Das hinderte den Monarchen jedoch nicht, Erbfolgen und Annexionen auf seine Weise zu regeln, sprich: häufig durch Mord. Die Macht der Anführer war an den Stamm gebunden, nicht an das Individuum. Um sich in den Besitz der begehrten Gebiete König Sigiberts von Köln zu bringen, ließ ihn Chlodwig von seinem eigenen Sohn töten, um diesen dann als Vatermörder zum Tode zu verurteilen. Den König von Cambrai, Ragnachar, und dessen Bruder Richard erschlug er eigenhändig mit der Axt. Einen anderen Bruder des Königs von Cambrai, Rignomer, ließ er in Le Mans aufspüren und umbringen. Diejenigen, die er verschonte, bekamen eine Tonsur geschoren, denn ein König ohne Haar war unvorstellbar, galten die Haare den Franken doch als magisches Zeichen der Macht, das die Anführer von den gewöhnlichen Sterblichen unterschied.

Doch bediente sich nicht nur Chlodwig dieser Methoden: Der Onkel seiner Gemahlin Chrodechilde, der Burgunderkönig Gundobad, hatte, um an die Macht zu gelangen, seinen Bruder Chilperich II. erdrosselt, dessen Frau einen Stein um den Hals gebunden und sie ertränkt und dessen zwei ältere Töchter ins Kloster gesperrt. Die jüngste, Chrodechilde, konnte vor ihrem Onkel fliehen und hatte Chlodwig um Schutz angefleht: So war sie seine Frau geworden.

Auch nach Chlodwig zeigt die Chronik der Merowinger, daß es trotz deren Bekehrung zum Christentum keine geregelte Nachfolge gab. Politische Morde hinterließen blutige Spuren in den Königsfamilien.

Chlodwigs Ururenkel Dagobert I. (629–639), der gutmütige Hüne, sichert die Nachfolge über das unter seinen Vorfahren in Austrien, Neustrien und Aquitanien aufgegliederte Merowingerreich mit Hilfe der Polygamie: Ragnetrude von Austrien, seine Gemahlin, die ihm »das Kind von Metz« geschenkt hat, wird samt dem Baby in Montigny-lès-Metz einquartiert; die blonde Nanthild, die Dagobert nach der Trennung von seiner legitimen Ehefrau Gomatrude heiratete, in Paris (also Neustrien); Aquitanien hat der fröhliche Bigamist, der sein Königreich dem heiligen Dionysius, dem Apostel der Gallier und ersten Bischof von Paris, geweiht hat, an seinen Bruder Charibert abgetreten. Noch zu Lebzeiten regelt Dagobert die Nachfolge durch Teilung des Reichs, läßt den kleinen Sigibert III. (634–656) in Metz und den kleinen Chlodwig II. (639–657), Nanthilds Sohn, in Paris zum König küren, beschwört dadurch aber auf lange Sicht nur weitere Schwierigkeiten herauf. Denn nun wüten in allen drei Königreichen – Neustrien, Austrien und Aquitanien – Nachfolgekriege, und das Morden nimmt kein Ende.

So halten die Merowinger an der Konzeption der an den Stamm gebundenen Macht des Königs fest, ohne daß es ihnen gelänge, darauf eine stabile Institution aufzubauen. Gleichwohl sind die fränkischen Stämme damit zufrieden, sich in der Kornkammer Europas etabliert zu haben. Die zu Baronen aufgestiegenen Heerführer schreiben diesen Erfolg dem Geschlecht der Merowinger zu, das sie dank des auf ihm ruhenden Segens in der Schlacht zum Sieg geführt hat. Wie also könnten sie auf dieses Geschlecht verzichten?

Als aus den mordenden Königen Nichtstuerkönige, »rois fainéants«, Schattenkönige, regelrechte Marionetten in der Hand ihrer »Hausmeier«, werden, wagen die neuen Heerführer nicht, diese magische Dynastie anzutasten und sich ihrer endgültig zu entledigen. »Nichts mehr war dem König geblieben, als daß er, zufrieden mit dem königlichen Namen, mit wallendem Haupthaar und langem Bart auf dem Thron saß und die Rolle des Herrschers spielte«, so Einhard, der Chronist Karls des Großen. »Außer dem schalen Königstitel und dem dürftigen Lebensunterhalt, den ihm der Hausmeier nach Gutdünken anwies, besaß er nichts anderes mehr zu eigen als ein einziges und noch dazu sehr wenig einträgliches Gut, auf dem er hofhielt, und wenige Diener für die nötigen Dienstleistungen. Er fuhr auf einem Wagen, der von zusammengeschirrten Ochsen gezogen und von einem Rinderhirten nach Bauernart gelenkt wurde. So reist er immer zu Hof, so zur öffentlichen Volksversammlung, die jährlich für die Reichsangelegenheiten abgehalten wurde.« Wie also soll man das magische Geschlecht Merowechs und Chlodios loswerden? Nur selten wird ein König älter als fünfundzwanzig. Dafür wird manch einer mangels anderer Beschäftigung außer der Liebe schon mit vierzehn Vater. Als der austrische Hausmeier Grimoald versucht, sich eines dieser farblosen Geschöpfe, des Enkels des »Kinds von Metz«, zu entledigen, kommt ihn das teuer zu stehen. Wutentbrannt über das Sakrileg ermorden ihn die Adligen. So machen sich die Hausmeier auf die Suche nach Merowingererben, um ihre Macht zu festigen und ihr einen offiziellen Wert zu geben. Wenn ihnen die Merowinger im Weg stehen, bringen sie sie um. So setzt Karl Martell (714–741), der Sieger über die »Araber« bei Tours und Poitiers 732, in Austrien den blassen Chlothar IV. (717–719) und in Neustrien den kränkelnden Chilperich II. (715–721) auf den Thron. Und als dieser nach sehr kurzer Zeit stirbt, holt er einen gewissen Theuderich aus dem Kloster Chelles bei Paris, in das er ihn hatte einsperren lassen. Nun soll er sich das Haar wieder wachsen lassen. Als auch dieser Nachkomme Dagoberts im Jahr 737 stirbt, versäumt Karl, ihm einen Nachfolger zu geben, in der Hoffnung, der Adel hätte nun endlich die Existenz der Merowinger vergessen. Doch nichts da: Karl Martells Söhne Karlmann und Pippin beeilen sich denn auch, Childerich III., dem letzten Sproß des Geschlechts, den Titel »König der Franken« zu verleihen. Wird man sich denn nie von dem geheiligten Geschlecht befreien können?

Die Könige werden auf den Thron gehoben, sie tragen eine Krone, aber von einer Krönung ist nirgends die Rede. Ihre Inthronisierung erinnert eher an die fränkische Zeremonie der Schilderhebung, bis ein besonders tatkräftiger Majordomus, Pippin III., der Kurze (741–768), beschließt, sich selber auf den Thron zu setzen. Dazu aber muß er, das erkennt er klar, seine Macht auf eine neue Grundlage stellen und sie in einer feierlichen Krönungszeremonie vom ersten Bischof, dem Bischof von Rom, erhalten. Seinen Bruder Karlmann schafft er auf friedliche Weise beiseite, indem er ihn zum Priester weihen läßt. Dann beruft er im September 751 das Kurfürstenkollegium der Barone und Bischöfe nach Soissons ein. Die fränkischen Krieger lassen es zu, daß dem letzten Merowinger, Childerich III., und seinem Sohn Theuderich eine Tonsur geschoren wird. Beide werden mit sicherem Geleit in ein Kloster gebracht. Doch Pippin weiß, daß es nicht genügt, gewählt zu sein. Er verspricht dem Papst, ihn vor den in Italien eingefallenen Langobarden zu schützen. Zum Dank dafür nimmt Stephan II. die Reise nach Saint-Denis auf sich, um Pippin in einer prunkvollen Zeremonie am 28. Juli 754 zusammen mit seiner Frau Bertrada und ihren Kindern zu salben. Der neue König wird zum »Gesalbten des Herrn« erklärt, und hinfort soll die »Sainte-Ampoule« von Reims bei der Krönung der Könige eine wichtige Rolle spielen: Ein weiterer Schritt zu der innigen Entente zwischen Thron und Kirche ist vollzogen.

Der Glanz der Krone und der heiligen Salbung hebt den Inhaber des Throns weit über das übrige Volk hinaus: Wer ein gekröntes Haupt abschlägt, begeht ein Sakrileg. Die Salbung macht den Anführer der Barbaren zu einem unberührbaren, unverletzlichen, von seinen Untertanen bewunderten »Gesalbten des Herrn«. Symbol des Königtums ist nicht länger die Haarpracht; von nun an können sich die Könige nach römischer Art das Haar schneiden und den Bart abrasieren, was Karl der Große, Pippins Sohn, auch tut. Das heilige Öl ist unvergänglich, es erhebt den Frankenkönig auf eine Stufe mit David oder Salomon, stellt ihn in eine Reihe mit den Herrschergestalten der Bibel. Dieses Verfahren erlebt einen durchschlagenden Erfolg und drängt sich daher den Nachfahren Karls des Großen auf, der selbst zum König gesalbt und in Rom zum Kaiser gekrönt wurde. Auch die angelsächsischen Könige und die Goten Spaniens begehren das heilige Öl. Und Hugo Capet, der erste Kapetinger-König auf dem französischen Thron, läßt seinen Erben zu seinen Lebzeiten salben. Aber die Salbung regelt die Nachfolge nicht, sie ist nur eine interessante Neuerung, die die Wahl ersetzt. Auch Karl der Große muß seinen Sohn Karl zu seinen Lebzeiten vom Papst »salben« lassen.

Aber hat man wenigstens berechtigte Hoffnung auf eine reibungslose Erbfolge? Die Geschichte der Karolinger ist voll von Erbfolgekriegen: Die Söhne bringen sich, unterstützt von der Königinmutter oder Stiefmutter, gegenseitig um. Die Berufung auf die Weihe genügt nicht, die Macht des Alleinerben zu gewährleisten und das Erbe zu sichern. Man muß zu wirksameren Mitteln greifen, und so nimmt man Zuflucht zu magischen Praktiken, die durch christliche Einkleidung akzeptabel gemacht werden.

Nach den ewigen Fehden der Nachkommen Karls des Großen vertreibt Hugo Capet (987–996) den letzten Karolinger, usurpiert den Thron und begründet eine neue Dynastie.

Sein Sohn Robert der Fromme (996–1031), der am 30. Dezember 987 zum Mitkönig gewählt und gekrönt wurde, führt ein neues Ritual ein, um den Kapetingern die Nachfolge zu sichern: die Handauflegung bei Skrofulösen, ein Rückgriff auf die Magie der *gens regia:* In Shakespeares »Macbeth« bezeugt Graf Malcolm, daß König Eduard der Bekenner, der die sächsischen Stammeshäuptlinge des Londoner Beckens einte, über diese Heilkraft verfügt: »Ein wundertätig Werk vom guten König, das ich ihn oft ... vollbringen sah. Wie er zum Himmel fleht, weiß er am besten. Seltsam Heimgesuchte, voll Schwulst und Aussatz, kläglich anzuschauen, an denen alle Kunst verzweifelt, heilt er, 'ne goldne Münz' um ihren Nacken hängend, mit heiligem Gebet.« Aber ist das wirklich so erstaunlich? Seit den alten Germanen sind die Könige Abkömmlinge von Göttern, »Asen«, Halbgötter, die sich von Odin oder Wotan, skandinavischen oder germanischen Göttern, den Herren der Raben und Wölfe, herleiten. Das königliche Blut ist ein Garant der *fortuna,* der Gunst des Himmels, verliehen an die Krieger. Ein König kann getötet oder abgesetzt, muß aber durch einen Mann seines Geschlechts ersetzt werden. So entstehen die »Königshäuser«, Erben der heilenden und schützenden Kraft. Diese übernatürlichen, an das Blut gebundenen Kräfte sind unverzichtbar. Das ist die legendäre Gabe, auf die sich die Kapetinger seit Robert II., dem Frommen, berufen.

Damit machen sie in ganz Europa Schule: Im zwölften Jahrhundert berührt König Waldemar I., der Große, von Dänemark Kinder und Getreide, um Kinder- und Erntesegen zu sichern. Und im elften Jahrhundert hatte König Olaf der Dicke von Norwegen ein Kind von einer Geschwulst am Hals geheilt und vom Tod errettet. So werden Europas Könige zu vom Jenseits Eingeweihten, mit überirdischen Kräften, die man ebenso fürchtet, wie man sie erbittet.

Neu daran ist, daß die magischen Kräfte nicht dem ganzen Geschlecht, sondern nur dem Herrscher zugeschrieben werden. »Der König berührt dich, Gott heilt dich«, wie es später heißt. Und die Kapetinger beugen sich dem Brauch, selbst dann noch, als er schon reichlich veraltet ist: Ludwig XVI.

berührt noch dreitausend Skrofulöse. Der König legt die Hand auf die schwärenden Wunden und wäscht sie! Die Gläubigen nehmen das Waschwasser mit und bewahren es wie Weihwasser auf. Und die Kirche ist einverstanden, erscheint der König so doch ganz konkret als der Auserwählte des Herrn und erfüllt gleichzeitig die Pflicht der Nächstenliebe.

Geheiligt ist also einzig die Person des Königs, der Alleinerbe der Krone, dessen Position durch das von Robert II. eingeführte Ritual weiter gestärkt wird. Aber obwohl lediglich der Alleinerbe Heilkräfte besitzt, muß beim Aussterben der direkten Linie der Dynastie ein Nachfolger aus einer Seitenlinie gewählt werden, da Gottes Gunst auf der ganzen *gens* ruht. Das blaue Blut bleibt dominant, und wenn auch nur ein einziger über die Kraft verfügt, Wunder zu wirken, so erwächst sie ihm doch aus dem Blut.

Die Berührung der Skrofeln ermöglichte, so der Historiker Marc Bloch, der Kapetinger-Monarchie den Übergang von der Magie des Clans zur Formulierung einer Nachfolgeregelung beziehungsweise eines Nachfolgegesetzes. Einzig der erstgeborene Sohn des herrschenden Fürsten vermag das Heil des Volkes zu gewährleisten, denn er ist von Geburt an der Auserwählte Gottes.

Von den Anfängen der Monarchie an ist alles auf eine Stärkung der Sonderstellung der Königshäuser abgestimmt. So folgen Könige ein und derselben Familie aufeinander bis zu deren Aussterben. Adlige, in deren Adern kein königliches Blut fließt, haben kein Anrecht auf den Thron. Abgesehen von diesem Gesetz jedoch ist die Nachfolge im Abendland unterschiedlich geregelt. Während die Franzosen das unter Chlodwig formulierte Salische Gesetz in Anspruch nehmen, das den Thron männlichen Nachkommen vorbehält, schließen zum Beispiel Engländer und Spanier Frauen nicht von der Nachfolge aus. Durch solche Regelungen glaubt man, die Zukunft der Dynastien absichern zu können. Aber der Ehrgeiz der Großen bringt alles durcheinander; durch die englische Geschichte zieht sich beispielsweise eine lange Reihe von Morden.

Doch welcher Thron könnte heute ruhiger und gesicherter erscheinen als der Elisabeths II.? Ehedem jedoch herrschten die britischen Könige nur über England: Die Schotten hatten ihre eigenen Monarchen, die Iren und die Waliser ihre Heerführer. Mehrere angelsächsische Königreiche bestanden nebeneinander und kämpften mit wechselndem Erfolg um die Vorherrschaft, bis Eduard der Bekenner 1066 ohne Erben starb. Noch im gleichen Jahr fällt sein Nachfolger, der angelsächsische König Harald, in der Schlacht bei Hastings gegen Wilhelm den Eroberer (1066–1087), und von nun an lösen sich auf dem englischen Thron nur noch Abkömmlinge ausländischer Dynastien ab. Wilhelm der Eroberer selbst ist ein Nachkomme des hünenhaften Rollo, der mit seiner Axt Furcht und Schrecken verbreitet, dem König von Frankreich den Unterlauf der Seine abgerungen und daraus das Herzogtum Normandie gemacht hat. Ist Wilhelms Nachfolge in England gesichert? Zwar hat er das eroberte Königreich noch zu seinen Lebzeiten Wilhelm II. Rufus (1087–1100) vererbt, dem sein Bruder Heinrich I. (1100–1135) nachfolgt. Bei dessen Tod ist die Nachfolge des Eroberers schon umstritten: Die englischen Barone entscheiden sich für Stephan von Blois (1135–1154), den Enkel des großen Wilhelm, und gegen die eigentliche Erbin, Mathilde, die Tochter Heinrichs I. und Gattin des Grafen von Anjou, Geoffroy Plantagenet. Aber wer wird sich letztlich durchsetzen? Das Mädchen oder der Junge? Die Frage wird nicht diplomatisch, sondern auf dem Schlachtfeld entschieden. Die Parteigänger der beiden Kandidaten reiten wütend gegeneinander an. Kriegsmüde geworden, einigen sich Cousin und Cousine auf Mathildes Sohn, der, von allen anerkannt, als Heinrich II. (1154–1189) den Thron besteigen soll. Damit ist die Dynastie der Plantagenets begründet, deren Wurzeln in der Normandie und im Anjou liegen.

Heinrich II. hat aufmüpfige Söhne, die sich gegenseitig das Erbe streitig machen und nicht davor zurückschrecken, mit Unterstützung ihrer Mutter, Eleonore von Aquitanien, den eigenen Vater zu bekämpfen. Als Richard Löwenherz (1189–

1199) ohne Erben stirbt, bricht der Krieg aufs neue los: Nur durch die Ermordung seines Neffen Arthur, des Sohns des Herzogs der Bretagne, Geoffroy, kann Johann ohne Land, der jüngste von Heinrichs Söhnen, den Thron besteigen (1199–1216). Danach ist die Nachfolge gesichert. Unseligerweise jedoch werden unter den europäischen Königen internationale Heiraten üblich. So ehelicht Eduard II. (1307–1327) Isabella, die einzige Tochter Philipps IV., des französischen Königs. Eduard III. (1327–1377) hält sich in Unkenntnis des Salischen Gesetzes für berechtigt, in Frankreich zu landen und die Krone der Kapetinger zu beanspruchen. Warum auch hätte er sich das Vergnügen, die Wappenschilder Frankreichs und Englands gründlich durcheinanderzuschütteln, versagen sollen? So führen die Herrscher von London bis zum Jahr 1801 den Titel König von Frankreich und die Lilien in ihrem Wappen.

Obwohl keineswegs selber abgesichert, maßt sich die englische Krone an, sich in die Thronnachfolge der Nachbarstaaten einzumischen. Der Wahnwitz der Könige sorgt für zusätzliche Wirren. Als Richard II., von 1377 bis 1399 König von England, ein gefährlicher, irrer Tyrann, im Februar 1400 ohne Erben stirbt, führen die Thronprätendenten einen erbitterten Krieg, in den die Lancaster-Partei, die Anhänger der roten, und die York-Partei, die Anhänger der weißen Rose, verwickelt sind. Die Königsanwärter fallen in der Schlacht oder werden in ihrem Palast ermordet. Richard III. (1483–1485) gelangt durch die Ermordung seiner beiden Neffen im Tower von London, »Eduards Kindern«, die einen Anspruch auf die Krone hätten erheben können, zu bösem Ruhm. Er selbst kommt 1485 in der Schlacht bei Bosworth ums Leben. Seine Krone wird hinter einem Busch versteckt gefunden und von den Siegern dem Grafen von Richmond, Henry Tudor, dem Enkel eines obskuren Waliser Edelmanns und einer vereinsamten Königin, aufs Haupt gesetzt. Dieser beeilt sich, die älteste Tochter des verstorbenen Königs Eduard IV. zu heiraten und so die beiden Rosen zu versöhnen: England atmet auf.

Wieder scheinen internationale Bündnisse am verlockendsten: König Heinrich VII. (1485–1509) verheiratet die eine seiner beiden Töchter mit dem König von Frankreich, die andere mit dem König von Schottland. Sein Erbe Heinrich VIII. (1509–1547) ruht und rastet nicht, bis er alle englischen Barone, die als eventuelle Thronrivalen in Frage kommen, auch wenn sie nicht daran denken, die Hand nach der Krone auszustrecken, auf den Richtblock gebracht hat. Sein Sohn Eduard VI., das Kind von Jane Seymour, regiert nur kurze Zeit (1547–1553). Auf seine Tochter Maria Tudor, Maria die Katholische, auch die Blutige genannt (1553–1558), die Gemahlin Philipps II. von Spanien, die den Thron friedlich bestiegen hat, folgt Anna Boleyns Tochter, die unerbittliche Elisabeth (1558–1603), eine der großen Königinnen der europäischen Geschichte.

Elisabeths Tod wirft die Nachfolgefrage erneut auf: Die Königin hat weder Gatten noch Kind hinterlassen. So nehmen die schottischen Stuarts auf dem Thron Platz, was die Erben Wilhelms des Eroberers vor den Kopf gestoßen haben muß. Diese Könige aus dem Norden stammten von Walter Fitzalan ab, dem David I., König von Schottland und Graf von Huntingdon, im zwölften Jahrhundert die erbliche Würde des Reichshofmeisters verliehen hatte. Der Name »Stuart« war eine Art Pseudonym: Als die Reichshofmeister im vierzehnten Jahrhundert zu schottischen Königen aufstiegen, wurde aus »stewart«, dem englischen Wort für Reichshofmeister, das gleichlautende Stuart. Und 1603 nun wurde ein Angehöriger dieses Geschlechts, der schottische König Jakob VI., als Jakob I. (1603–1625) zum König von England gekrönt. Sicherheitshalber ließ er Arabella, die Tochter Karl Stuarts, des Grafen von Lennox, aus dem Weg schaffen. Als unmittelbar nächste in der Thronfolge hatte sie zunächst nur Eheverbot erhalten. Als sie um 1610 aber trotzdem William Seymour heimlich heiratete, ließ Jakob I. sie samt Gemahl im Tower von London vergiften. Was die Thronfolge anging, verstand man keinen Spaß. Auch an der Schwelle zum siebzehnten Jahrhundert war Mord immer noch ein Mittel der Politik.

Nach dem Sturz der schottischen Linie der Stuarts durch das Parlament in der unblutigen »Glorreichen Revolution« von 1688 fiel der Thron einer Frau zu: Maria, eine Tochter des auf Cromwells Anordnung enthaupteten Königs Karl I. (1625–1649), hatte einen Ausländer, Wilhelm, Prinz von Oranien, den Statthalter der Niederlande, geheiratet. Ihr Sohn sollte als Wilhelm III. (1689–1702) den englischen Thron besteigen.

Der englische Adel weinte den Stuarts, jenen fanatischen schottischen Papisten, keine Träne nach. Sie hatten sich mit dem Bruch mit Rom und mit der vom erbitterten Papstgegner Heinrich VIII. geschaffenen anglikanischen Staatskirche angefreundet. Und Wilhelm von Oranien war Protestant; er war, wie einst Wilhelm der Eroberer, mit seiner Flotte über den Ärmelkanal gekommen und hatte den letzten Stuart, den bigotten Konvertiten Jakob II., der vor seiner überstürzten Flucht das englische Staatssiegel in die Themse geworfen hatte, auf dem Schlachtfeld geschlagen. 1701 beschloß das Parlament im *Act of Settlement,* Katholiken von der Thronfolge in England auszuschließen und diese auf Prinzen oder Prinzessinnen der reformierten Religion zu beschränken, selbst wenn nur eine weitläufige Verwandtschaft mit dem englischen Königshaus bestand. So folgte auf Wilhelm III. 1702 seine Schwägerin Anna und auf diese 1714 das deutsche Haus Hannover. Kurz, Englands Herrscher durfte jederzeit ein ausländischer Prinz sein, der nie auf der Insel gelebt hatte, sofern er nur eine verwandtschaftliche Verbindung zur Krone nachweisen konnte und kein Papist war. Georg I. (1714–1727) stammte über seine Mutter Sophie, die den Kurfürsten von Hannover geheiratet hatte, von dem Stuart Jakob I. ab. Aus der Vielzahl der Thronanwärter – über fünfzig –, die dem Stammbaum nach der Krone näher standen, war die Wahl auf ihn gefallen, weil er protestantisch war und nicht das Pech hatte, der Religion des Papstes anzugehören.

Die Thronfolge ist schwierig, wenn zu den Familienrivalitäten die Religion hinzukommt. Erst das deutsche Haus Hannover beschert England nach all den Bürgerkriegen und Morden Stabilität.

Bringt aber die rein männliche Thronfolge nun Ruhe? Allem Anschein nach ja, zumindest wenn man an den französischen Thron denkt, von dessen Besteigung die Frauen von vornherein ausgeschlossen waren. Allerdings war der König von Frankreich der erste in Europa, der unter dem Druck einer Revolution von der Bühne verschwand. Die Restauration von 1814/15 war nicht von Dauer. Mit Louis-Philippe (1830–1848), Herzog von Orléans, dem »Bürgerkönig«, gelangte zwar noch einmal eine Seitenlinie an die Macht, seine erzwungene Abdankung im Jahr 1848 aber bedeutete für das französische Königtum das endgültige Aus.

Unter den Kapetingern hatte sich die Nachfolgeregelung herausgebildet, die bis 1314 galt: auf den Vater folgt der Sohn. Gleichwohl kam es auch hier zu einigen aufschlußreichen Zwischenfällen: Als zu Beginn des elften Jahrhunderts die Mätresse Philipps I., Bertrada, um ihren Sohn, Philipp von Mantes, zum König zu machen, den legitimen Erben Ludwig VI., den Dicken, zu vergiften versucht, klärt dieser die Lage kurzerhand dadurch, daß er sich in Orléans salben läßt. Wirklich gesichert aber fühlt sich die Dynastie erst 1223, als König Ludwig VIII. (1223–1226), der Löwe, die Salbung als erster Kapetinger *nach* dem Tod seines Vaters erhält. Doch die Sicherheit sollte nicht lange währen: Die »verfluchten« Könige – so Maurice Druon – haben Pech: Den Söhnen Philipps IV. (1285–1314), des Schönen, bleiben männliche Nachkommen versagt. Ludwig X. (1314–1316), der Zänker, verstößt seine Gemahlin Margarethe von Burgund, die im Gefängnis stirbt. Nach dem frühen Tod des Herrschers beruft sein jüngerer Bruder, Philipp von Poitiers, weil er sich des Salischen Gesetzes nicht ganz sicher ist, die Barone ein, um sich in Erwartung der Geburt des Sohns von Ludwig X. und dessen zweiter Frau Clementia von Ungarn die Regentschaft übertragen zu lassen. Doch Johann I. lebt nur ganze fünf Tage, vom 15. bis zum 19. November 1316. So folgt Philipp seinem Bruder auf dem Thron

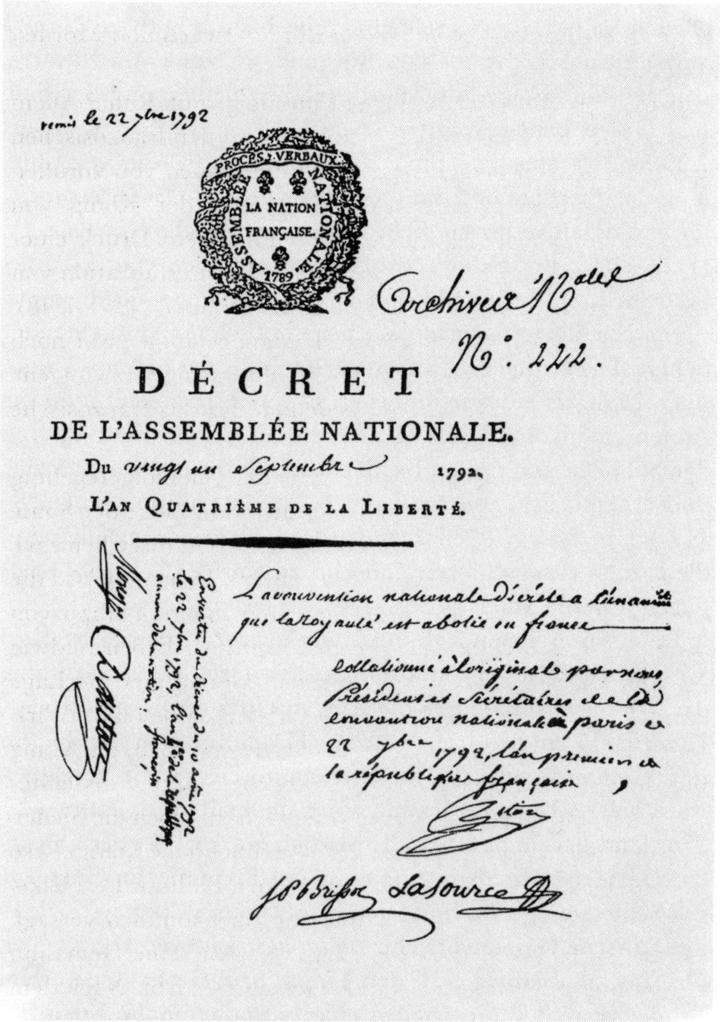
remis le 22 7bre 1792

PROCÈS-VERBAUX
ASSEMBLÉE NATIONALE
LA NATION FRANÇAISE
1789

Archives Nalles
N°: 222.

# DÉCRET
## DE L'ASSEMBLÉE NATIONALE.

Du vingt un Septembre 1792.

L'AN QUATRIÈME DE LA LIBERTÉ.

La convention nationale décrete a l'unanimité que la royauté est abolie en france

collationné à l'original par nous Président et Secrétaires de la convention nationale à paris ce 22 7bre 1792, l'an premier de la république française

Pétion

J.P. Brissot Lasource

*Dekret vom 21. September 1792:*
*»Der Nationalkonvent erklärt einstimmig, daß das Königtum in Frankreich abgeschafft ist.«*

offiziell nach. Dadurch schließt er die Tochter Ludwigs X. und seiner Frau Margarethe von Burgund, Johanna von Navarra, von der Thronfolge aus. Wird es dabei bleiben und das Salische Gesetz befolgt werden?

Es wird – aber Philipp V. (1316–1322) muß eine Versammlung der Bischöfe und Barone einberufen, um seine Legitimität bestätigen zu lassen. Sein Bruder und Nachfolger Karl IV. (1322–1328), der Schöne, wird gewissermaßen vom Himmel bestraft: Ihm werden nur drei Töchter geboren – für die agnatische Nachfolge nach fränkischem Brauch ein vernichtender Schlag: Die Krone geht an eine Seitenlinie, das »Haus« Valois, über. Mangels eines männlichen Erben durchforstet man die Ahnenreihe König Karls IV., kommt auf seinen Vater Philipp den Schönen und dessen Bruder Karl, Graf von Valois, zurück und ernennt schließlich dessen Sohn als Philipp VI. (1328–1350) zum König. Wieder einmal sind die Würfel gefallen und die Frauen ausgeschlossen, und bis zu Karl VIII. (1483–1498) folgen nun die Valois.

Indessen ereignen sich auch hier zwei Zwischenfälle: Karl VI. (1380–1422), der Wahnsinnige, hat durch Unterzeichnung des Vertrages von Troyes die Anrechte des englischen Königs Heinrich V. auf den französischen Thron durch dessen Heirat mit Katharina von Valois anerkannt. Dergestalt enteignet, wäre Karl VII. ohne Jeanne d'Arc nie in Reims gesalbt worden. Und der andere Vorfall: Als sich Karl VIII., der glückliche Gatte der Herzogin Anna von der Bretagne, an einer Tür des Schlosses von Amboise den Kopf einrennt, besteigt, wie es das Salische Gesetz vorsieht, sein Vetter Ludwig, Herzog von Orléans, als Ludwig XII. den Thron: Sein Großvater war ein Bruder Karls VI., des Wahnsinnigen, und ein Sohn Karls des Weisen gewesen. Was aber soll nun mit der Bretagne geschehen, die mit dem Königreich nur durch die Heirat Karls VIII. mit der Herzogin Anna in Personalunion verbunden war? Ludwig XII. zögert keinen Augenblick, läßt seine Ehe mit Johanna, der mißgestalteten Tochter Ludwigs XI., annullieren und nimmt die Witwe seines beklagenswerten Vetters zur Frau.

Doch Erben bleiben aus, und so macht man einen anderen Vetter ausfindig: Franz von Orléans, Graf von Angoulême, dessen Großvater Johann der Enkel Karls V., des Weisen, war.

Reibungslos geht die Krone von den Valois-Orléans auf die Valois-Angoulême über bis zu Heinrich III. (1574–1589). Als dieser 1589 von dem Dominikanermönch Clément ermordet wird, kämpft Heinrich von Navarra um den Thron und tritt, um an die Herrschaft zu gelangen, zum Katholizismus über. Zwar war er mit Heinrich III. nur um 21 Ecken verwandt, dafür aber stammte er in direkter Linie von Robert von Clermont ab, dem Bruder Ludwigs des Heiligen, und heiratete die Schwester Heinrichs III. So wechselt die Kapetinger-Krone noch einmal zu einem anderen Zweig, zu den Bourbonen. Zum Haus Orléans kehrte sie erst 1830 mit Louis-Philippe, dem Bürgerkönig, zurück. Er war der letzte Kapetinger-Herrscher, der letzte König von Frankreich.

Der Restaurationsversuch nach dem Zusammenbruch des Kaiserreichs 1870 scheiterte an der Uneinigkeit der Kandidaten, des Grafen von Chambord als Vertreter der Bourbonen und des Grafen von Paris als Vertreter des Hauses Orléans. So ging mit dem Sturz König Louis-Philippes 1848 eine der ältesten europäischen Monarchien zu Ende.

Bleibt die Frage nach der weiblichen Nachfolge. Haben die Frauen in der Geschichte Frankreichs tatsächlich keine Rolle gespielt? Um diese Frage zu beantworten, brauchen wir uns nur einmal die Beziehungen zwischen dem Königshaus und der Aristokratie anzuschauen; am Wandel dieser Beziehungen läßt sich die Entwicklung des Machtbegriffs selbst recht schön verfolgen. In der ersten Zeit heirateten die Könige zur Abrundung ihres Herrschaftsbereiches Gräfinnen oder Herzoginnen. Diese Heiraten waren im Grunde eine ebenso friedliche wie bequeme Methode, sich eine Provinz einzuverleiben, denn wenn die Frauen durch das Salische Gesetz auch von der Thronfolge ausgeschlossen waren, in die Erbfolge des Adels waren sie durchaus einbezogen. So gelangte viel blaues Blut der Junker in königliche Adern: Hugo Capet (987–996) war durch die Ehe mit Adelheid von Poitiers mit gutem Beispiel vorangegangen, und sein Sohn, Robert der Fromme, erheiratete gleich drei Provinzen: mit Rozala Flandern, mit Bertha die Grafschaft Blois und mit Konstanze die Provence. Ludwig VII. hatte es bei seiner ersten Gemahlin Eleonore auf Aquitanien und bei seiner letzten Gattin, Adele, auf die Champagne abgesehen, und Philipp II. August liebäugelte mit Isabellas Hennegau. Ludwig der Heilige vereinigte sich in der Person Margaretes mit der Provence. Ludwig X., der Zänker, hatte Burgund im Visier, ebenso sein Bruder Philipp V. (1316–1322), der Lange, als er Johanna ehelichte, oder Karl IV. (1322–1328), der Schöne, als er Margarete zur Frau nahm, oder Philipp VI. (1328–1350), als er sich ebenfalls für eine burgundische Herzogin namens Johanna entschied. Karl V. (1364–1380), der Weise, vereinnahmte durch seine Ehe das Bourbonnais; Karl VII. (1422–1461) Anjou, und Karl VIII. (1483–1498), der glückliche Sieger in einer Art gesamteuropäischem Wettbewerb, holte Anna von der Bretagne heim. Sein bedeutendster Rivale war Maximilian I. von Österreich, der sich allerdings glänzend entschädigte, denn ihm gelang durch die Ehe mit Maria von Burgund, der Erbtochter Karls des Kühnen, endlich die entscheidende Heirat: Angesichts der Machtfülle seines Enkels Karl V., der nicht nur Kaiser des Heiligen Römischen Reichs Deutscher Nation, sondern auch Herr von Burgund, Flandern und Spanien war, weinten die französischen Könige der von ihnen so lange vergeblich angestrebten Verbindung manche Träne nach. Wohl hatten sie in Rennes Erfolg gehabt und die Bretagne geholt, dafür aber in Dijon Burgund verloren.

In einem zweiten Schritt holen die Könige ihre Gattinnen nicht mehr aus dem eigenen Feudaladel, sondern ehrgeizigerweise aus den Fürstenhäusern ganz Europas. Philipp I. (1060–1108) heiratet Bertha von Holland und Ludwig VI. (1108–1137), der Dicke, Adelheid von Savoyen: Man könnte, wie auch bei der Ehe zwischen Ludwig VII. (1137–1180) und Konstanze von Kastilien, von einer Art Grenz- oder Nachbarshochzeiten sprechen. Die Heiratspolitik der Könige wird von der Außenpolitik diktiert. Aus dem Rahmen fällt zweifellos die Heirat Heinrichs I. von Frankreich im elften Jahrhundert zuerst mit Mathilde von Friesland und später mit Anna von Kiew. Warum der König die blonde Erbin des Großfürsten Jaroslaw nach Reims holt, ist nicht recht zu erklären. Ebenso überrascht die Hochzeit Ludwig des Zänkers mit einer ungarischen Prinzessin; immerhin aber steht das ungarische Königreich damals im Kampf gegen die Ungläubigen an erster Stelle. Die Attraktion Ingeborgs von Dänemark für Philipp II. August (1180–1223) dagegen leuchtet ohne weiteres ein: Die dänische Königsfamilie gehört zu den ältesten Königshäusern Europas überhaupt. Die spanische Seite wird von Ludwig VIII. (1223–1226), dem Löwen, einbezogen, der Blanca von Kastilien ehelicht, aber auch von Philipp III. (1270–1285), dem Kühnen, der über Isabella Aragonien und später über Maria Brabant bekommt, und von Philipp dem Schönen (1285–1314), der durch die Verbindung mit Johanna von Navarra einen Fuß auf die Pyrenäen setzt. Auch Ludwig XI. (1461–1483) schaut bei seinen beiden Eheschließungen über die Landesgrenzen hinaus: Margarete stammt aus Schottland, Charlotte aus Savoyen. Seitdem stehen die Heiraten im Dienst der Diplomatie: König Ludwig XII. (1498–1515) heiratet nach dem Tod Annas von der Bretagne in dritter Ehe eine Maria von England und Franz I. (1515–1547) in zweiter Ehe Eleonore von Österreich. Es ist die erste in einer langen Reihe von Ehen mit Wiener Erzherzoginnen: Ludwig XIII. (1610–1643) verbindet sich mit Anna, der Tochter Philipps III. von Spanien, Ludwig XIV. (1643–1715) mit Maria Theresia, der Tochter Philipps IV. von Spanien; Ludwig XVI. (1774–1792) mit Marie-Antoinette und später Napoleon mit Marie Luise von Österreich, der ältesten Tochter Kaiser Franz I. Junge Österreicherinnen ziehen bevorzugt als Hausherrinnen in die französischen Königspaläste ein. Einzig Ludwig XV. (1715–1774) macht eine Ausnahme und schickt die Infantin von Spanien mit Habsburger Blut wieder nach Hause, um die Polin Maria Leszczynska, die mittellose Tochter eines entthronten Königs, zur Frau zu nehmen. Allerdings hatte der spanische König Philipp V. (1701–1746) seinen Anspruch auf den französischen Thron angemeldet, falls Ludwig XV. ohne Erben sterben sollte, was bei Hof höchste Erregung ausgelöst hatte.

Die beiden Brüder Ludwigs XVI., der Graf von Provence und der Graf von Artois, holten sich ihre Ehefrauen aus Savoyen: Der künftige Ludwig XVIII. (1814–1824) heiratete Luise Maria von Savoyen und Karl X. (1824–1830) deren Schwester Maria Theresia. Diese beiden Eheschließungen kündigen den dritten Aspekt der blaublütigen Heiratspolitik an: Sie dienen weniger diplomatischen Zwecken wie der Anknüpfung von Allianzen als vielmehr dem Beweis der Ehrbarkeit und Achtbarkeit der Souveräne, die nun größtes Gewicht auf das Alter der Familien legen. Je älter ein Geschlecht ist, desto mehr hebt eine Verbindung mit ihm die eigene Würde und das eigene Ansehen. So hält es der Bürgerkönig Louis-Philippe für notwendig, die Erbin einer der ehrwürdigsten, aber machtlosesten Familien Europas, die Königin Marie Amalie von Bourbon, Prinzessin beider Sizilien und Nichte Marie-Antoinettes, zu heiraten. Durch diese Verbindung wurde er übrigens zum Neffen des unglücklichen Ludwigs XVI., für dessen Tod einst auch sein Vater, Louis Philippe Joseph, Herzog von Orléans, genannt Philippe Egalité, als Abgeordneter des Nationalkonvents gestimmt hatte.

Hatte man sich ehedem durch die Heiratspolitik Gebietszuwächse und Verbündete erhofft, so sind Eheschließungen nach der Französischen Revolution nicht viel mehr als ein Zug mit einem Bauern auf einem Schachbrett, eröffnen also keine großen Zukunftsperspektiven mehr. Bestenfalls ermöglichen sie eine Ausschmückung des Wappens, sind ein Unterpfand für die Achtbarkeit der Krone, nachdem man im Europa der Heiligen Allianz übereingekommen ist, daß einzig das reinste und älteste blaue Blut eines Thrones würdig ist.

Mit Ausnahme des schwedischen Königs Bernadotte reißt der Sturz des französischen Kaiserreichs 1815 auch alle französischen Könige von Napoleons Gnaden mit in den Abgrund. Murat wird in Neapel sogar füsiliert; doch hat Napoleon die ehemaligen Herzogtümer oder Großherzogtümer Hannover, Sachsen, Württemberg und Bayern zu Königreichen erhoben und Liechtenstein zu einem souveränen Fürstentum gemacht. Damit hat er dem deutschen Adel die Tür zu den Fürstenhöfen Europas geöffnet. Durch seinen Kinderreichtum und die ausgezeichnete Erziehung seines Nachwuchses konnte dieser seinerseits allen Thronanwärtern eine Auswahl königlicher Hoheiten anbieten. Mit solchen Diensten konnten die Napoleoniden nicht aufwarten. Sie hatten sogar zu kämpfen, um im alten Adel Fuß zu fassen: Jérôme Bonaparte heiratete Katharina, Prinzessin von Württemberg, sein Sohn Napoleon Joseph (genannt Prinz Plon-Plon) Klothilde aus dem illustren Haus Savoyen, die Tochter Viktor Emanuels II., des Königs von Italien; sein Enkel Napoleon Viktor hatte Klementine, Prinzessin von Belgien, zur Frau. Den Nachfahren Murats und Lucien Bonapartes gelang es zwar, in den »Gotha« aufgenommen zu werden; eine Heiratsvermittlung für Kaisertöchter eröffneten sie aber gleichwohl nicht.

Die Revolutionen und Unabhängigkeitskriege des neunzehnten Jahrhunderts hatten für einen regelrechten Königsmarkt gesorgt: Die Belgier, dank ihrer Revolution seit dem 4. Oktober 1830 vom österreichischen Haus Habsburg unabhängig, wünschten einen Franzosen als König: den Herzog von Nemours, einen Sohn Louis-Philippes. Königin Victoria von England aber, in Europa eine allmächtige Figur und selbst aus dem deutschen Hause Hannover, dachte den Belgiern einen Prinzen aus dem Haus ihres Mannes zu: Leopold von Sachsen-Coburg-Gotha. Aufgrund einer Einmischung ähnlicher Art wählten die vom türkischen Joch befreiten Griechen 1832 den deutschen Prinzen Otto von Bayern zu ihrem König. 1862 wurde er allerdings zugunsten des Hauses Dänemark gestürzt.

Die deutschen und dänischen Häuser bestiegen alle neuen Throne: Als Napoleon III. auf dem Pariser Kongreß von 1856 das dem türkischen Reich entrissene Rumänien für unabhängig erklären ließ, erhielt das Land einen Prinzen von Hohenzollern-Sigmaringen zum König. Die seit 1878 unabhängigen Bulgaren wählten den Deutsch-Engländer Alexander von Battenberg, nach dessen Abdankung dann Ferdinand, Prinz von Sachsen-Coburg-Gotha. Einzig die Serben und Montenegriner hatten eine einheimische Dynastie. Rußland war bereits seit langem Abnehmer von Fürstlichkeiten, v. a. von Prinzessinnen und Großherzoginnen, deutscher Herkunft: Anna, die Tochter Peters I. (1682–1725), des Großen, hatte Karl Friedrich, Herzog von Holstein-Gottorp, zum Mann genommen. Peter II. (1727–1730) war der Sohn Sophie Charlottes von Braunschweig-Wolfenbüttel. Paul I. (1796–1801) hatte in zweiter Ehe Sophie Dorothea, eine Tochter des Herzogs von Württemberg, Alexander I. (1801–1825) Luisa, die Tochter des Markgrafen von Baden, und sein Bruder Nikolaus I. (1825–1855) Charlotte, die Tochter Friedrich Wilhelms III., des Königs von Preußen, zur Frau; Alexander II. (1855–1881) und Nikolaus II. (1894–1917) waren mit Töchtern des Großherzogs von Hessen vermählt: Kurzum, das Blut der Romanows war gründlich germanisiert.

Die Höfe des Südens hatten sich diesem Einfluß lange Zeit entzogen. Die Franzosen heirateten häufig Frauen aus dem Hause Kastilien; und der König von Portugal, Sohn der Infantin Theresia von Kastilien und Heinrichs von Burgund (gest. 1112), Alfons I. (1139–1185), der Eroberer, stammte von einem Sohn Hugo Capets ab. Der jüngste Zweig dieser Monarchie, das seit 1640 regierende Haus Braganza, war also mit der französischen Linie blutsverwandt und als einzige Dynastie imstande, in Lateinamerika, in Brasilien, einen dauerhaften Thron für seine Mitglieder zu schaffen. So trugen die Bourbonen von Neapel-Sizilien und die Bourbonen von Orléans in Rio de Janeiro die Königskrone. Das Haus Braganza selbst aber hatte sich inzwischen germanisiert und in seinen Schoß zahlreiche Habsburger sowie Prinzen und Prinzessinnen von Sachsen, Bayern und sogar von Hohenzollern-Sigmaringen aufgenommen. 1889 wurde der Markt in Brasilien, 1910 in Portugal geschlossen und in beiden Staaten eine Republik eingeführt.

Die spanische Königsfamilie hatte seit Karl V. (1516–1556) auch deutsches Blut in den Adern. Allerdings kamen 1701 mit Philipp V. (1701–1746), einem Enkel Ludwigs XIV. und Maria Theresias von Österreich, wieder die Franzosen mit dem Haus Bourbon zum Zuge. Als die Spanier 1870 auf der Suche nach einem König zwischen Anton, Herzog von Montpensier, und Leopold, Prinz von Hohenzollern-Sigmaringen, schwankten, lieferte die Kandidatur eines Prinzen aus der schwäbischen Linie des Hauses Hohenzollern den Vorwand für den Deutsch-Französischen Krieg von 1870/71. De facto fiel der spanische Thron dann für kurze Zeit an einen dritten Kandidaten, an Amadeo von Savoyen, den Sohn des italienischen Königs.

Nationale Leidenschaften bestimmten nun auch die leisen Intrigen der Prinzen. Die rumänischen Untertanen hatten nichts gegen ihren deutschen König einzuwenden, ebensowenig wie die britischen Bürger. Ein König ist ein König und verliert im Augenblick der Thronbesteigung seine ursprüngliche Nationalität. Frauen allerdings scheinen als Regentinnen ihre Nationalität wiederzuerlangen und dadurch unter Umständen zum Gegenstand des Volkszorns zu werden: Die Franzosen haßten Isabella von Bayern, aber nicht Blanca von Kastilien. Sie verabscheuten die beiden Regentinnen aus Florenz, Katharina und Maria von Medici – die Gattinnen Heinrichs II. und Heinrichs IV. –, weil sie in den Königspalast, den Louvre, eine italienische Partei einschleusten, und sie erhoben sich in der Fronde gegen Anna von Österreich wegen ihrer Abhängigkeit von Kardinal Mazarin. In den Adern ihrer illustersten Könige aber floß deutsches, spanisches, italienisches und österreichisches Blut. Dagegen echauffiert sich der gegenwärtige Anwärter auf den französischen Thron, der Graf von Paris, wenn ein Nachfahre der spanischen Bourbonen und Erbe Ludwigs XIV. seine Rechte auf die Krone der Kapetinger geltend zu machen wagt und davon träumt, sich in Reims als Ludwig XX. zum König von Frankreich salben zu lassen.

Sollten im Vielvölkerkontinent Europa neue Ambitionen erwachen und wieder alte Thronstreitigkeiten ausbrechen?

Mit Ausnahme der französischen Republik, des revolutionären Portugal und der Schweiz der Kantone ist Europa im Jahr 1914 ein Europa der Throne. Als letzter ist derjenige Norwegens dazugekommen, nachdem sich das Land 1905 aus der Union mit Schweden löste und einen Dänen, den skifahrenden Sohn Friedrichs VIII., Carl, als Haakon VII. berief. Die Könige West- und Nordwesteuropas sind liberal und regieren mit einer Verfassung: so in Belgien, den Niederlanden, Schweden und Norwegen. Der König von Spanien befürchtet täglich eine Revolution wie in Portugal. Und was den König von Italien betrifft, so hat er zwar die Beziehungen zum Papst nicht geregelt, führt die Regierung aber nach Art der englischen Könige mit Parlament und Ministerpräsident.

In Deutschland und Österreich-Ungarn stützen sich die Könige auf die Aristokraten, die Besitzer von Grund und Boden und Herren im Staat. Der König von Preußen ist gleichzeitig Deutscher Kaiser, und Franz Joseph I. (1848–1916), der Kaiser von Österreich, zugleich König von Ungarn. Die Entwicklung dieser Staaten zu liberalen Demokratien geht nur schleppend voran: Noch 1848 waren ihre Bauern gewissen Formen der Erbuntertänigkeit unterworfen. In der Armee, im diplomatischen Dienst sowie im gehobenen Verwaltungsdienst geben Junker aus dem preußischen Grundbesitzeradel den Ton an. Generalstabschef ist Helmuth von Moltke (1848–1916), ein Neffe des gleichnamigen Generalfeldmarschalls, des Siegers von Sedan 1870. Sein österreichisches Pendant ist Conrad von Hötzendorf, der aus einem sehr alten Adelsgeschlecht stammt.

Kaiser Wilhelm II. hat die Einschränkungen der Sozialdemokratischen Partei durch das Bismarcksche Sozialistengesetz nicht weiter aufrechterhalten, während sein junger Verbündeter, Karl I. von Österreich (1887–1922), davon träumt, sich nach alter Vätersitte wie die katholischen Könige von Ungarn in Budapest krönen zu lassen, um wie sein Vorfahre Karl V.

*Im Glanz der Krone: Fürstliche Galatafel im Weißen Saal des königlichen Schlosses in Berlin.*

seine Macht als Gesalbter des Herrn von Gott zu erhalten. Der Sultan von Konstantinopel ist Theokrat, der Zar von Rußland Autokrat, ihre Reiche sind die rückständigsten Europas. Der Sultan ist gleichzeitig religiöses Oberhaupt, und der Zar legt die Führung der Kirche – mit dem Vorsitzenden des Heiligen Synod – in weltliche Hände und schuldet niemandem außer Gott Rechenschaft. Zar Nikolaus II. hat nicht vergessen, daß sein Großvater Alexander II. 1881 den Kugeln von Anarchisten zum Opfer fiel.

Alle drei östlichen Reiche, Rußland, die Türkei und Österreich-Ungarn, sind von inneren Unruhen bedroht. Kann die Teilnahme Rußlands am Ersten Weltkrieg das zaristische Regime retten? Auch in Wien setzt man die Hoffnung auf den Krieg, um die Doppelmonarchie fortzuführen. Und in Konstantinopel bittet der Sultan seine deutschen Verbündeten, ihn zu retten. Vier Jahre später gehen die drei Reiche mit dem Zusammenbruch des vierten, des deutschen, unter und reißen zahlreiche andere Monarchien mit.

Dennoch gibt es in Europa auch zwischen den beiden Weltkriegen Könige. Der König der Serben und Königin Maria von Rumänien werden in Paris vergöttert, ebenso Albert I., der »Koning-Ridder« von Belgien. Die Könige von Jugoslawien, Griechenland, von Bulgarien, Rumänien, Spanien, Italien, ja sogar von Albanien gelten als festes Bollwerk im Mittelmeerraum und auf dem Balkan gegen die kommunistische Gefahr. Die Weltwirtschaftskrise von 1929 und der Zweite Weltkrieg jedoch provozieren 1945 einen neuen Exodus europäischer Souveräne. Diese klammern sich an die alten Höfe Nordwesteuropas, zumal sie sich im Krieg nach London zurückgezogen hatten. Aber der belgische Thron wackelt, der italienische fällt und der spanische ist bereits verschwunden. Churchill setzt sich für den Erhalt der Monarchien auf dem Balkan ein. Aber Stalin fegt die Höfe leer, verkauft die Kronjuwelen und vertreibt die durch Hitler und Mussolini mehr oder weniger kompromittierten Prinzen. Sollte der endgültige Untergang des blauen Bluts nun besiegelt sein?

*Die Monarchen Friedrich August III. von Sachsen und Wilhelm II. von Württemberg blieben auch nach ihrer Abdankung beim Volk populär.*

Doch schon in den ersten besseren Tagen zeigt sich, daß das königliche Spektakel unbezahlbar ist. Die Franzosen stürzen sich in Schulden, um die Krönung Elisabeths II. am Fernsehschirm live miterleben zu können. Die Monarchie und ihre Prachtentfaltung geraten zum audiovisuellen Medienspektakel. Auch die Könige ohne Krone sind Teil der Inszenierung, beherrschen sie doch weiterhin die Phantasie der Leute. Und da sich zur ersten Welle königlicher Emigranten von 1918 samt all den nachgeborenen Mitgliedern 1945 eine zweite gesellt hat, herrscht wahrhaftig kein Mangel an im Exil lebenden Fürsten, von den Königsgeschlechtern der Habsburger, Hohenzollern, Romanows bis zu den alten Herrscherhäusern der Orléans-Braganza, Bourbon-Parma, der spanischen oder neapolitanischen Bourbonen. Und mit dieser neuen, den Medienmarkt Mitteleuropas beherrschenden zentraleuropäischen Fürstengesellschaft haben auch die russischen Großfürsten die Kasinos von Nizza und Monte Carlo verlassen, um ihre Fühler bis nach Amerika auszustrecken.

All diese Fürsten- und Königsgeschlechter haben nicht aufgehört, Ehebande zu knüpfen, die Klatschspalten der Zeitungen zu füllen, gelegentlich auch unter der Rubrik Vermischtes von sich reden zu machen und sich bei Krönungszeremonien noch regierender Höfe in voller Gala zu präsentieren.

So beginnt man allmählich den Zeiten nachzuweinen, in denen diese Könige herrschten und ihren oft uneinigen Völkern Vertrauen und Hochachtung einflößten. Die Schwierigkeiten, mit denen die Demokratien in den krisengeschüttelten 1980er Jahren zu kämpfen hatten und vor allem die stete Unberechenbarkeit des 1989 über Nacht aufgetauten Ostblocks beschwören nostalgische Erinnerungen an eine Epoche herauf, in der die »herrschenden Häuser« die Stabilität der Staaten gewährleisteten. Was spielte es schon für eine Rolle, daß ein rumänischer König deutsch war, solange er nur nicht aus Moldavien, der Walachei oder Siebenbürgen kam ... Die Wiederaufwertung der Religion im Westen läßt die Wiederaufrichtung der Throne geradezu natürlich erscheinen. Hat man nicht in Spanien gesehen, daß die Inthronisation von Juan Carlos, des Prinzen von Spanien und Enkel des Königs Alfons XIII. und der Königin Viktoria Eugenia aus dem Haus Battenberg, nach dem Tod Francisco Francos, des bluttriefenden galicischen Abenteurers, auf den Thron Karls V. einen Bürgerkrieg vermeiden half? Daß die spanische Geschichte auf diese Weise wieder in ihre alten Bahnen zurückkehren und ein halbes Jahrhundert der Schrecken und Greuel überwunden werden konnten? So warnt uns die Geschichte, nie etwas für ausgeschlossen zu halten: Die Könige sind tot, es leben die Könige!

Erstes Kapitel

# *Der erste Sturz*

Der erste Sturz eines europäischen Monarchen während des großen Umbruchs gegen Ende des Ersten Weltkriegs ist ein Aufbruch ins Jenseits: Der Zar geht nicht ins Exil. Daran hat er auch nie gedacht. Er wird mitsamt seiner Familie ermordet. Die Bolschewiken wollen keine Cäsaren mehr, wie es in der »Internationalen« heißt.

Haben sie Nikolaus II. abgesetzt? Keineswegs. Das hat der Krieg besorgt. Als der Zar am 15. März 1917* abdankt, sind die Bolschewiken weit entfernt von der Macht. Wie aber kommt es, daß dieser kaiserliche Thron, als erster in Europa, so leicht stürzt? Dabei schien dieser Zar der beste zu sein, den sich Rußland an der Schwelle des zwanzigsten Jahrhunderts wünschen konnte. Er hatte nicht die reaktionäre Brutalität und den autokratischen Starrsinn seines Vaters, Alexanders III., der bei seiner Thronbesteigung erklärt hatte: »Wir werden die Geschicke unseres Reiches gelassen lenken, sie werden nur noch zwischen Gott und uns zur Debatte stehen.« Dieser junge Mann hatte Englisch, Französisch und Deutsch gelernt und im Preobraschenskischen Eliteregiment, der Kaisergarde, gedient. Er hatte den Fernen Osten bereist und war in Kioto

* Nach dem Julianischen Kalender am 2. März; die Datumsangaben beziehen sich im folgenden auf den Gregorianischen Kalender, der in Rußland erst seit 1918 den Julianischen ersetzt (Anm. d. Übers.).

nur mit knapper Not dem mörderischen Schwert eines fanatischen Samurai entronnen. Nichts fehlte am Idealbild eines zukünftigen Zaren, nicht einmal die Romanze mit einer neunzehnjährigen Tänzerin, die in einem teuren Luxushotel von Sankt Petersburg logierte und sich später mit einem großfürstlichen Ehemann und dem Titel einer Prinzessin trösten konnte: für eine Bürgerliche geradezu märchenhaft! Kaum hatte der Zarewitsch mit der Tänzerin gebrochen, schon wurde er erneut zum Helden einer romantischen, diesmal allerdings ernst zu nehmenden Liebesgeschichte mit Prinzessin Alix von Hessen, die er entgegen den Wünschen des Zaren heiraten wollte. Nach Meinung des Hofstaats floß ohnedies schon zuviel deutsches Blut in den Adern der Familie Romanow. Und munkelte man nicht, das Haus Hessen sei mit der gefährlichen Bluterkrankheit geschlagen, die, von den Frauen vererbt, lediglich die Männer befällt? Doch Nikolaus zuckte nur die Achseln: Sein Großvater Alexander II. war mit einer Hessen-Prinzessin verheiratet gewesen, die ihm prächtige Söhne schenkte, sein Onkel Sergej hatte keine Bedenken getragen, Alix' Schwester, Prinzessin Elisabeth, zu heiraten, und Paul I. hatte ehedem Wilhelmine, ebenfalls eine Hessin, erwählt. Warum also sollte es ihm versagt sein? Alix war mehr englisch als deutsch. Sie war von ihrer Großmutter, der Königin Victoria, in London erzogen worden und sprach ebenso fließend Englisch und Französisch wie Deutsch. Ohne Alexanders III. Erkrankung aber wäre aus der Hochzeit wohl so schnell nichts geworden. So wurde das junge Paar an das Krankenbett des Zaren auf die Krim gerufen, wo er am 1. November 1894 verschied. Und schon vierzehn Tage nach der Beisetzung des Romanow, am 26. November, heiratete Nikolaus seine »kleine Sonne«. Der Tradition entsprechend begaben sich die Neuvermählten zu einem *Te Deum* in die Sankt Petersburger Kasan-Kathedrale, vor der sich schon eine große Volksmenge versammelt hatte. Der letzte Zar hatte die Bühne betreten.

Seine Liebesheirat mit Alix, die von nun an, zum orthodo-

*Zar Nikolaus II. mit seiner Familie.*

xen Glauben konvertiert, Alexandra Feodorowna heißen sollte, hatte ihn ganz und gar beschäftigt. Die Krönung offenbarte ihm jetzt die tiefe religiöse Bedeutung seines Amtes, das er bisher eher leichtgenommen hatte.

Die Krönungsfeierlichkeiten in Moskau zwei Jahre später bargen ein schlechtes Omen. Wohl war das kaiserliche Paar von der vierhunderttausendköpfigen Menge, die sich um den Kreml drängte, begeistert empfangen worden. Auch hatte man keine Kosten gescheut, den geheiligten Ort festlich zu illuminieren, mit Triumphbögen zu schmücken und mit einem Meer von Blumen zu überschwemmen. Die Großfürsten waren vollzählig zum Defilee erschienen, die Kaiserinwitwe umjubelt worden. Blaß und angespannt hatte die junge Kaiserin Nikolaus' Worte vernommen, als ihm der Moskauer Metropolit die schwere, zu große Krone aufs Haupt setzte: »Ich verneige mich vor Dir, Herr, und bitte Dich, mich in meinem schweren Amt durch Deine Weisheit zu lenken und zu leiten.« Der Pakt mit Gott war besiegelt, und davon überzeugt, daß es die Pflicht des Zaren sei, die Autokratie seiner Väter zu bewahren, war Kaiserin Alexandra die rot ausgelegte Treppe hinaufgeschritten und hatte sich dreimal vor der Menge verneigt. Diese Überzeugung teilte auch die Kamarilla der Großfürsten, die großes Gewicht im Reichsrat hatte: »Onkel Nikolaus«, ein Neffe Alexanders II., ein beliebter Kavalleriegeneral, der im Ersten Weltkrieg bis September 1915 Oberbefehlshaber der russischen Streitkräfte war, sowie schließlich die Brüder des verstorbenen Zaren: »Onkel Sergej«, Generalgouverneur von Moskau, der ein wachsames Auge auf Arbeiter und Studenten hatte; »Onkel Alexej«, der es sich angelegen sein ließ, die Matrosen vor der Ansteckung durch das antizaristische Gift zu bewahren; »Onkel Wladimir«, Kommandant der kaiserlichen Garde, und als jüngster in diesem Kreis Großfürst Paul, der nur acht Jahre älter war als sein Neffe Nikolaus II. Doch das waren noch nicht alle Onkel, dazu kamen noch Michael, Alexanders II. jüngerer Bruder und Präsident des Reichsrats, sowie Großfürst »Sandro«, Alexander Michailowitsch, seines Zeichens persönlicher Berater des Zaren und Ehemann von dessen jüngeren Schwester Xenia. All diese hohen Würdenträger paradierten im Kreml und zierten das gigantische Festbankett, bei dem das Kaiserpaar, auf einem baldachinüberspannten Podest sitzend, von goldenem Geschirr speiste. Dieses spektakuläre Fest, mit dem man das Volk beeindrucken und die Autokratie stärken wollte, endete mit einer Tragödie: Die Ordner waren außerstande, den Ansturm der vierhunderttausend Teilnehmer auf die Buden und Tribünen, die auf dem riesigen Chodynkafeld für das Volksfest aufgeschlagen worden waren, in geregelte Bahnen zu lenken. Männer, Frauen und Kinder wurden zu Tode getrampelt oder stürzten von den schlecht gesicherten Tribünen. Mindestens viertausend Opfer wurden gezählt. Auf Anraten seiner Umgebung entschied sich der Zar für die Fortführung des Festes, versprach den Angehörigen der Opfer zwar eine Entschädigung, fuhr dann aber zu einem Ball in die französische Botschaft. Großfürst Sergej, der für die Sicherheit in Moskau zuständig war, wurde nicht informiert. Bei seiner Rückkehr nach Petersburg wurde der Monarch, der »zum Fest und nicht zur Beerdigung« gegangen war, von Studenten mit Hohngeschrei empfangen. Ein schlechter Anfang für eine neue Regierungszeit.

Ließ sich der harte, autokratische Machtkurs auch weiterhin beibehalten? Anfangs hoffte es Nikolaus II. und noch mehr die Zariza: Dank der klugen Anstrengungen des Grafen Witte, der noch von Alexander III. 1893 zum Finanzminister ernannt worden war und von Nikolaus II. 1903 zum Ministerpräsidenten berufen wurde, veränderte sich Rußland rasch: Fabriken schossen aus dem Boden, die Transsibirische Eisenbahn beförderte Siedler in den Osten des Riesenreichs mit seinen hundertfünfundzwanzig Millionen Einwohnern. Die entstehende Studentenbewegung wurde von der *nagaïka,* den rotuniformierten Kosaken mit der Lederpeitsche, aufs härteste unterdrückt. Der Zar, taub für die verklausulierten Einwände seiner Minister, glaubte als einziger fähig zu sein, Rußland auf dem rechten Weg zu halten. Wie sein Vater meinte er, daß jede Entscheidung seiner Intuition entspringen müsse, allein von Gott inspiriert. Im übrigen hält er das russische Volk für von Gott auserwählt, teilhaftig einer einzigartigen göttlichen Gnade, die ihm Sieg und Einigkeit sichere. Dieser wunderbare Zusammenhalt, diese Tapferkeit sei dem orthodoxen Glauben zu verdanken, der nicht nachlassen dürfe. Das ist die innigste Überzeugung des letzten russischen Souveräns, an ihr wird er festhalten bis zu seinem letzten Atemzug.

Ist es möglich, mit einer solchen Einstellung ein Volk in die Moderne zu führen? Graf Witte bezweifelt es; die Zarin verlangt von ihrem Mann, jenen Großfürsten, die mit geschiedenen Frauen in morganatischer Ehe leben, seine Gunst zu entziehen. Sie ereifert sich über die Prinzen von Geblüt, die Pensionen und Vermögen in den Pariser Nächten durchbringen und in der französischen Hauptstadt bekannter sind als in Sankt Petersburg. Kurzum, sie ist russischer und orthodoxer als der Zar, bestärkt ihn bei jeder sich bietenden Gelegenheit in seinem autokratischen Regierungsstil und mischt sich ohne zu zögern in die Angelegenheiten der Krone ein, um ihm zu helfen. Sie ist überzeugt, daß das Gerede der vornehmen Petersburger Höflinge in keiner Weise die Meinung des russischen Volkes wiedergibt, das den Zaren und die Ikonen der Popen verehrt. Es empört sie, daß die sechzig privilegierten Angehörigen der Kaiserfamilie den Staatssäckel alljährlich sechshunderttausend Goldfrancs an Pensionen kosten, die Einkünfte der Prinzen von Geblüt und der Großfürstinnen noch nicht mitgerechnet. Sie verabscheut die prächtigen Kaiserpaläste von Sankt Petersburg, Moskau, Zarskoje Selo, Peterhof, Gatschina und Livadia auf der Krim, zu deren Unterhalt fünfzehntausend Bedienstete gebraucht werden. Sie fühlt sich weder auf den Yachten noch im Kaiserlichen Salonzug wohl, der nachgebaut werden mußte, um Terroristen irrezuführen. Sie träumt von einem Leben in Abgeschiedenheit und Schlichtheit. Öffentliche Auftritte sind ihr ein Greuel, und sie erreicht nie die große Popularität der Kaiserinwitwe. Auf Auslandsreisen, vor allem nach Frankreich, fürchtet sie mehr als alles andere Attentate.

Die Mißgeschicke, die Rußland treffen, bestärken sie in ihrer Überzeugung: Einzig die Rückbesinnung des Hofes auf Moral und Religion kann das Regime retten. Die Umtriebe der Revolutionäre beunruhigen sie im Grunde nicht mehr als die Ansinnen der bürgerlichen Reformer mit Graf Witte an der Spitze. Und doch sind gerade die revolutionären Parteien unvergleichlich gefährlicher als die Konstitutionellen Demokraten, die sich damit begnügen, eine Verfassung zu fordern. Die Sozialrevolutionäre hetzen die Bauern auf, während sich die Sozialdemokraten von dem harten Kurs des Agitators Lenin faszinieren lassen, der im Exil die Zeitschrift »Der Funke« herausgibt. Angesichts immer neuer Streiks und der Verfolgung der Straßendemonstrationen durch die Polizei fordert der große Tolstoi den Zaren in einem berühmten Brief auf, die Autokratie aufzugeben: Sie tauge bestenfalls für »einen von der Welt abgeschnittenen zentralafrikanischen Stamm«. Vergeblich. Die Vertreibungen, die Verstärkung der Geheimpolizei durch Minister Plewe, den Polizeichef des vorigen Zaren, die Verhaftungen und religiösen Verfolgungen machen das Regime bei den Studenten und sogar beim städtischen Bürgertum immer verhaßter. Ein Teil des liberalen Adels lehnt das Vorgehen des Regimes gleichfalls ab. Minister und andere hochgestellte Persönlichkeiten werden ermordet, ohne daß der Zar bereit wäre, auch nur ein Jota seiner Autorität aufzugeben.

Der Heilige Synod, das höchste Gremium der russischen Kirche, exkommuniziert Tolstoi; Nikolaus äußert sich dazu nicht, während Plewe die Geheimorganisationen der Studenten und Arbeiter mit Spitzeln unterwandert. Die brutale Russifizierung der Grenzprovinzen droht die Einheit des Reichs zu sprengen: Die Finnen revoltieren, im Kaukasus schreitet die Armee gegen die Armenier ein. Kaltblütig beschließt der Minister blutige Feldzüge sowie Pogrome gegen die Juden, die zu ihrer Verteidigung einen Geheimbund gründen. 1903 kartätscht die Polizei einen Arbeiterstreik nieder: fünfundvierzig Tote! Dennoch ist sich Minister Plewe seiner Ohnmacht bewußt. »Ich sitze«, bekennt er gegenüber einem Vertrauten, »auf einem Pulverfaß«, das mit ihm in die Luft gehen wird.

Kann ein siegreicher Krieg ein Regime retten, das durch den Starrsinn seines Kaisers bedroht wird, der dem russischen Volk den Anschluß an das, was Tolstoi »Weltkultur« nennt, verweigert?

Doch der Zar verliert schmählich den Krieg gegen Japan,

eine noch junge Industrienation. Innerhalb weniger Stunden zerstört die Flotte des Mikado das russische Geschwader. Port Arthur ist verloren. Der Zar, durch die Geburt eines Sohnes getröstet und kaum beunruhigt durch das Attentat, das Innenminister Plewe das Leben kostet, bleibt taub für die liberalen Forderungen und weigert sich, auf den Rat von »Onkel Sergej« hin eine parlamentarische Regierungsform einzuführen. Allein und besiegt steht er 1905 der ersten Revolution gegenüber. Außerdem hat er gerade erfahren, daß sein Sohn an der schrecklichen Bluterkrankheit leidet, die sein Leben ständig bedroht.

Der Zar verabscheut Sankt Petersburg mit seinem Winterpalast, seinen Demonstrationszügen, seiner aufmüpfigen Universität und seiner jederzeit zu Streik und Revolte bereiten Arbeiterschaft. Nach den vernichtenden Schlägen durch Japan, vornehmlich nach dem Rückzug aus Mukden und der Niederlage der Flotte bei Tsushima, vertraut er der Armee nicht mehr. Am 22. Januar 1905, einem Sonntag, führt der undurchsichtige Agitator Georgij Gapon, seines Zeichens Pope, eine meuternde Menge zum Winterpalast, um vom Zaren ein parlamentarisches Regime und die Bürgerfreiheiten zu fordern. Nikolaus weigert sich, sie zu empfangen, und läßt die Gardekavallerie auf sie los. Großfürst Paul, entsetzt über die vielen Toten des »Blutsonntags«, wundert sich über den Starrsinn des Zaren: Warum hat er die Delegierten nicht vorgelassen?

In dieser verzweifelten Lage läßt Nikolaus General Trepow aus Moskau kommen, um in Petersburg die Ordnung wiederherzustellen. Schließlich empfängt er doch noch eine Delegation der Arbeiter, der er Tee und Sandwiches servieren läßt. Aber erneut brechen Streiks und Unruhen aus. Großfürst Sergej Alexandrowitsch, der Generalgouverneur von Moskau, wird beim Verlassen des Kremls ermordet. Er ist der Schwager der Kaiserin. Also wagt man schon, Hand an die kaiserliche Familie zu legen! Ist das der Anfang vom Ende?

*Der »Blutsonntag«: Georgij Gapon und seinen Anhängern stehen Truppen gegenüber.*

Der Zar fängt sich wieder, ruft den Grafen Witte zu sich, der dank amerikanischer Vermittlung einen moderaten Frieden mit den Japanern ausgehandelt hat. Er verspricht eine liberale Verfassung und die Einberufung einer gewählten Versammlung, der Duma. Zu diesen Zugeständnissen hat er sich erst nach langem Zögern durchgerungen. Aber die Flotte zeigte höchst beunruhigende Symptome revolutionärer Ansteckung: In Odessa hatte die Mannschaft des Panzerkreuzers *Potemkin* gemeutert und ihre Offiziere massakriert. Den letzten Anstoß hatte dann der Generalstreik in Sankt Petersburg gegeben: Selbst die reaktionärsten »Onkel« hatten den Zaren angefleht nachzugeben. Und so eröffnete der Zar aller Reußen die erste Reichsduma. Das autokratische Regime war tot.

Kann dieses verspätete Zugeständnis den Thron noch retten? Der letzte der Zaren scheint es bereits wieder zu bereuen. Die Ankündigung der Liberalisierung löst politische Bewegungen und soziale Forderungen aus. In Moskau protestieren zweihunderttausend Arbeiter gegen die Ermordung eines Bolschewiken durch die Polizei. Das ganze Reich gerät in Aufruhr, vom Kaukasus bis nach Finnland, von Polen bis weit nach Sibirien hinein. Die Unterdrückung ruft Wut hervor, die blutigen Judenpogrome der »Schwarzen Hundertschaften«, reaktionäre Aktivisten, häufen sich. Weit davon entfernt, diese Fanatiker zu verdammen, empfängt der Zar sie und bestärkt ihre »Union des russischen Volkes«. Sie ihrerseits dringen in ihn, »die Autokratie ohne Abstriche zu erhalten«, und er bittet sie, »allen russischen Menschen zu danken«, die sich ihrer Union angeschlossen haben. Unterdessen laufen die Gardesoldaten im Vorort Presnia Sturm gegen bewaffnete Arbeiter. Wer mit der Waffe in der Hand gefangengenommen wird, wird vom Semionoski-Regiment an Ort und Stelle hingerichtet. Das Ergebnis: 18 000 Tote und 30 000 Verwundete. Die bolschewistischen »Kampfbataillone« sind vernichtet. Doch vermögen Graf Wittes liberale Maßnahmen eine revolutionäre Bewegung solchen Ausmaßes zu beruhigen?

Der Zar will sich von den gewählten Vertretern der Duma nicht gängeln lassen. Ein allgemeines Wahlrecht steht nicht zur Debatte. Gewählt wird im Zweistufensystem in drei getrennten Kollegien: dem der Grundbesitzer, dem der Städter und schließlich dem der Bauern. Die Grundbesitzer gewinnen 58 Prozent der Stimmen. Um ganz klarzustellen, daß er »ihre Meinung lediglich zur Kenntnis zu nehmen« gedenkt, empfängt der Zar die Deputierten von Rang oder Vermögen im Winterpalast in einer wahrhaft erdrückenden Zeremonie, die seine Macht und die Aussichtslosigkeit ihrer Forderungen unterstreichen soll. Unter den 524 Deputierten, die in die Versammlung gewählt wurden, waren nur 18 Sozialdemokraten – Bolschewiki und Menschewiki hatten die Wahlen zunächst boykottiert und ihre Entscheidung, doch daran teilzunehmen, kam zu spät, um mehr Sitze zu gewinnen. 79 Abgeordnete stellten die Trudowiki – eine Fraktion aus bürgerlichen Demokraten, Bauern und sozialistischen Intellektuellen – und 179 gehörten der Konstitutionell-Demokratischen Partei an, die sogenannten »Kadetten«. Dazu kamen in der ersten Duma 105 Parteilose, 63 Vertreter nationaler Gruppen und 16 »Oktobristen«, Anhänger der konservativen Semstwo-Bewegung. Graf Witte, ohne Hoffnung, daß die Reform zu einer Annäherung zwischen der liberalen Partei und dem Zaren, der im Grund seiner Seele Autokrat und Theokrat geblieben ist, führen könnte, demissioniert wie einst Necker in den Anfängen der Französischen Revolution. An seine Stelle tritt ein ultrareaktionäres Kabinett, dessen Ministerpräsident Goremykin und Innenminister Stolypin von der Kaiserin sehr gern gesehen sind.

Zum Empfang der Deputierten hat man den Kaiserthron im Saal des heiligen Georg aufgestellt; Krone und Zepter werden auf kleinen Schemeln zur Schau gestellt. Vor den staunenden Augen der Bauern in ihrem schlichten Kaftan zeigt man einen der größten Diamanten der Welt, den Orlow. Kein Großfürst, keine Großfürstin fehlt bei der Zeremonie, bei der ein Offizier der Palastwache die kaiserliche Standarte aufpflanzt. Patriarchen und Popen sind anwesend, gekleidet in ihre goldbestickten Meßgewänder; der Zar selbst trägt die Uniform des Preobraschenskischen Regiments, das jüngst auf die Arbeiter geschossen hatte. Die Deputierten reagieren mit Kälte auf die Rede, die dem Souverän von einem Würdenträger auf einem Goldtablett vorgehalten wird. »Die Deputierten«, bemerkt die Kaiserin später, »haben uns als ihre Feinde betrachtet.« Von der Menge vor dem Palast werden sie mit Jubelgeschrei und der Forderung nach Amnestie und einer Bodenreform begrüßt.

Keineswegs beeindruckt, eher empört über die kaiserliche Prachtentfaltung, beginnen die gewählten Vertreter des Volkes sich für die Retter einer auf Abwege geratenen Monarchie zu halten.

Doch der Zar verweist sie in ihre Grenzen: Die Regierung ist allein ihm verantwortlich; die Abgeordneten haben kein Recht auf Einblick in den Militär- oder Hofetat; auch kann der Zar nach wie vor Erlasse herausgeben. Die radikalsten Deputierten setzen bei der Versammlung im Taurischen Palais ein hartes Programm durch, das, in einer Adresse zusammengefaßt, dem Zaren vorgelegt wird: Amnestie, Abschaffung der Todesstrafe, Einräumung aller bürgerlichen Freiheiten, Gleichheit vor dem Gesetz, Bodenreform. Wie könnte der Zar diese Vorschläge annehmen? Er löst die Duma kurzerhand auf und ernennt den energischen Stolypin zum Präsidenten des Reichsrates.

Doch die zweite Duma ist nicht besser als die erste. Stolypin kann seine Bodenreform nicht durchsetzen. Sie sollte den reichen Bauern den Kauf der Ländereien aus dem Landwirtschaftskollektiv des Mir zu günstigen Bedingungen ermöglichen und so den Übergang zur individuellen Bewirtschaftung schaffen. »Wir setzen«, erklärt der ehrenwerte Großgrundbesitzer, »nicht auf die Schwachen und Trunkenbolde, sondern auf die Starken und Tatkräftigen.« Während Soldaten und Matrosen revoltieren, Präfekten und Sachwalter bis hin zu jenem General, der das Semionoskische Regiment bei der Unterdrückung in Moskau befehligte, ermordet werden, verweigern die Kadetten der Reform Stolypins die Zustimmung; Stolypin selbst entgeht nur knapp einem Bombenattentat. Der Zar wagt aus Angst vor bolschewistischen Heckenschützen nicht, Peterhof zu verlassen. Erneut löst er die Duma auf und weigert sich, die Juden, wie Stolypin vorschlägt, als gleichberechtigte Untertanen anzuerkennen. So bleiben sie in ihren Gettos den Überfällen der »Schwarzen Hundertschaften« ausgeliefert. Die im März 1907 nach einem ausgeklügelten Zensuswahlrecht neugewählte dritte Duma schickt reiche Repräsentanten und Titelträger ins Taurische Palais. Die Sozialdemokraten sind nur noch mit 19 Deputierten vertreten, nachdem sie in der zweiten Duma 65 Abgeordnete gestellt hatten. Stolypin kann »das neue parlamentarische Regime, das der Souverän dem Volk zum Geschenk gemacht hat«, begrüßen. Er wird nicht länger auf Widerstand stoßen.

1911 wird Stolypin beim Verlassen einer Galasoiree in Kiew ermordet. Mit ihm ist der letzte Reformminister der Monarchie beseitigt. Sehr zur Freude der Linken: War er nicht die Seele der Unterdrückung? Aber auch zur Freude der Rechten: Betrachtete er nicht die Juden als gleichberechtigte Untertanen? Künftig kann das kaiserliche Rußland seine Hoffnung nur noch auf die Schwarzen Hundertschaften und die Union des russischen Volkes setzen, die im Reich über dreitausend fanatische Partisanensektionen zählt. Die Kaiserfamilie schirmt sich in ihrem Vorstadtpalais von der Außenwelt ab. Verzweifelt über die Krankheit des Zarewitsch, bittet die Kaiserin den als Wunderheiler und Wüstling verschrieenen Mönch Rasputin um Hilfe. Skandalöse Gerüchte über das unerhörte Verhalten des »Flagellanten« bei Hof kursieren in den Salons und bald darauf in der Presse. Angeblich habe er die Großfürstinnen mißbraucht haben. Rasputin wird zur Zielscheibe der unterderhand zirkulierenden Gazetten. Er beleidigt sogar die Kaiserinwitwe, die aber weiß, daß der Muschik die Kaiserfamilie wegen Alexejs Krankheit in der Hand hat. Rußland wiederum krankt an der Regierungsunfähigkeit des Zaren, an seiner Weigerung, den Übergang von der Autokratie zu einem liberalen Regime, wie es die neuen Eliten erwarten, zu ermöglichen. Eine Revolution wird immer wahrscheinlicher; nichts scheint sie aufhalten zu können. Der Zar selbst resigniert und empfiehlt sich dem Willen des Allerhöchsten, der ihn mit der tödlichen Krankheit seines einzigen Erben so grausam geschlagen hat.

Die Kriegsräte handeln prompt. Die revolutionäre Agitation fällt, unbarmherzig unterdrückt, mehr oder minder in sich zusammen. Die Masse der Bauern steht der politischen

Agitation in der Hauptstadt gleichgültig gegenüber, und die Arbeiter bekommen es mit der Angst zu tun. Die Mitglieder des Petersburger Sowjets sind verhaftet; Trotzki, der Urheber der Doktrin von der »permanenten Revolution«, ist zu lebenslänglicher Verbannung nach Sibirien verurteilt worden. Um sich ihr zu entziehen, hat er sich nach Österreich abgesetzt. Lenin lebt in Finnland, danach in verschiedenen Hauptstädten Europas. Die Mitgliederzahlen der Gewerkschaften haben einen Tiefstand erreicht, die Streikfront bricht zusammen. Doch die Attentate der Sozialrevolutionäre haben nicht aufgehört – Maria Spiridonowa tötet einen besonders brutalen Polizisten –, und die Polizei, unterstützt von den Schwarzen Hundertschaften, foltert weiter. Viele Bolschewiken wundern sich, daß Lenin die terroristischen Aktionen der Maximalisten, die die Kassen des Staates »enteignen«, Banken oder Goldtransporte überfallen, nicht verurteilt. Kamo, ein Freund Stalins, wird durch den Raub von 340 000 für die Bank von Tiflis bestimmten Rubel berühmt. Die Bolschewiken bekämpfen die Menschewiken, und die Sozialrevolutionäre sind in Gruppierungen mit völlig widersprüchlichen Zielen gespalten. Eingeschleuste Polizeispitzel wie Azew werden enttarnt. Als Stolypins Mörder Bogrow aufgehängt wird, kann man sich zu Recht fragen, ob es dem Regime nicht doch gelungen ist, die Revolution im Keim zu ersticken: Die Produktion ist sprunghaft angestiegen, die russische Bevölkerung wächst um zweieinhalb Millionen pro Jahr. Der Wohlstand der Mittelschicht scheint eine ruhmreiche Zukunft zu verheißen. Und daß Lenins »Prawda« sogar in Sankt Petersburg zu haben ist, beweist, daß sich das Regime wieder sicherer fühlt.

Doch nach Stolypins Tod leben die Unruhen auf dem Land erneut auf, ebenso die studentischen Umtriebe. Die brutale Unterdrückung des Goldwäscherstreiks an der Lena löst allgemein Empörung aus. Auch in Baku und Sankt Petersburg wird auf Streikende geschossen.

Für die Dreihundertjahrfeier der Romanows im Februar 1913 entfaltet die Dynastie zum letzten Mal alle Pracht. Die Kaiserin trägt die Kaiserkrone und die Kronjuwelen. Als der Zar den Präsidenten der Republik Frankreich, Raymond Poincaré, willkommen heißt, ist Petersburg von Streiks erschüttert, werden in den Arbeitervierteln Barrikaden errichtet, ertönt auf der offiziellen Route des Präsidenten die »Marseillaise«. Im Januar 1912 hat Lenin in Prag ein bolschewistisches Zentralkomitee mit Sinowjew und Stalin ernannt. Der Kampf in Rußland soll sowohl auf legaler Ebene als auch im Untergrund vorangetrieben werden. Mehrere Ausgaben der »Prawda« erscheinen in einer Auflage von hunderttausend Exemplaren, und der Innenminister sieht sich gezwungen, eine Zeitung, die die Vernichtung des Zarismus und des Kapitalismus predigt, zu verbieten. Auch in den Grenzprovinzen flammen erneut Unruhen auf: Die Polen erheben sich gegen die Russifizierung ihrer Schulen, die Georgier gegen die Unterdrückung, die Armenier gegen die Auflösung ihrer Partei Daschnak und die Muslime Zentralasiens gegen den starken Zustrom russischer Siedler.

1913 läßt Stalin verbreiten, die Bolschewiken würden den einzelnen Völkern das Recht auf Abspaltung einräumen. Die Handvoll Bolschewiken, die in die ansonsten äußerst reaktionär zusammengesetzte vierte Duma gewählt wurden, nutzen sie als Plattform für Propagandazwecke. Wieder tauchen bei Straßendemonstrationen rote Fahnen auf. Ist das Regime durch einen Krieg zu retten?

Genau das möchte der Zar vermeiden, doch sind ihm durch die interventionistische Balkanpolitik seines Ministers Iswolski zugunsten der »slawischen« Staaten Serbien und Bulgarien die Hände gebunden. Auf Vorschlag des Außenministers Sasonow beabsichtigt Rußland, gedeckt durch die Doppelallianz mit Großbritannien und Frankreich, Klein-Serbien gegen das österreichische Ultimatum, das nach der Ermordung des Thronfolgers Erzherzog Franz Ferdinand gestellt wurde, zu unterstützen. Der Erste Weltkrieg geht aus dieser Konfrontation zweier kranker Reiche hervor, von denen keines zurückstecken kann, ohne den Ausbruch einer Revolution heraufzubeschwören. Im einen Fall drohen die verschiedenen Völker, im anderen die Sozialisten zu rebellieren. Zwar bilden die drei Millionen Arbeiter, die durch Lenins Parolen gewonnen worden sind, in dem riesigen Reich nur eine verschwindende Minderheit; in Sankt Petersburg, Moskau, Odessa und anderen Industriestädten aber treten sie als geballte Kraft auf; und die Meutereien in der Flotte, die Unruhen in verschiedenen Garnisonen zeigen, daß es ihnen allmählich gelingt, das Interesse des Militärs zu wecken. Ohne Zweifel würde eine Kriegserklärung genügen, die Ordnung wiederherzustellen.

Die deutsche Presse und Lenins Propaganda machen den Zaren für den Krieg verantwortlich: Durch die überstürzte Mobilmachung soll er Deutschland in den Konflikt verwickelt haben. Niemand kann damals wissen, daß Wilhelm II. den Österreichern in der serbischen Krise zunächst Unterstützung bis zum äußersten zugesichert hat; niemand kann die Geheimdepesche vom 31. Juli 1914 kennen, in der der Zar dem Deutschen Kaiser verspricht, daß die russischen Truppen nicht eingreifen werden, solange mit Österreich noch verhandelt werden kann. Doch Stunden später hält der Zar die deutsche Kriegserklärung in seinen Händen.

Der Krieg ist für Rußland keineswegs eine einzige Niederlage, aber er ist außerordentlich verlustreich. In seinem Roman »August vierzehn« spürt Solschenizyn den Unzulänglichkeiten des Generalstabs sowie der mangelhaften Bewaffnung der zum Teil in Erwartung eines Besseren nur mit Holzgewehren ausgerüsteten Einheiten nach, deckt das vollständige Versagen der Hofgeneräle auf, bewundert aber auch den unglaublichen Mut der Truppen, die nach der Fahnenweihe in der Morgenmesse hinter den Standarten mit den religiösen Bildern in den heiligen Krieg ziehen. Bei Kriegsausbruch haben sich Hofadel und Offiziere zum Gottesdienst im St. Georg-Saal des Winterpalastes versammelt. Der Heilige Synod zelebriert die Messe, am Altar hat man die Wundertätige Jungfrau von Kasan aufgestellt, das Idol des russischen Volkes. Nach dem *Te Deum* verliest ein Protodiakon die Kriegs-

*Kaiser Wilhelm II. und Zar Nikolaus II.*

erklärung. Danach segnet der Zar die Armee und erklärt, wie ehedem Alexander I. beim vaterländischen Krieg von 1812, nicht eher Frieden schließen zu wollen, »als bis auch der letzte feindliche Soldat von unserem Boden verjagt ist«. Es ist das letztemal, daß ein Romanow Rußland in einen Krieg führt.

Bei seinem Erscheinen auf dem Balkon bricht die Menge vor dem Palast, Arbeiter, Soldaten, Russen aller Stände, in Hurrageschrei aus. Dieselbe heilige Eintracht, derselbe Burgfrieden wird auch in der Duma Wirklichkeit, wo sich alle Deputierten mit Ausnahme der Bolschewiken hinter die Kriegsregierung stellen. Zwei warnende Stimmen allerdings werden laut: Rasputin, der prophetische Mönch, behauptet, der Krieg werde das Regime hinwegfegen; und Lenin verkündet von der Schweiz aus, daß eine Niederlage Rußlands einem Sieg des Zarismus vorzuziehen sei. Vor dem Palast fallen die

Menschen auf die Knie, um zu beten, schwenken Banner mit dem Bild des Souveräns und stimmen die Kaiserhymne an.

Wird Nikolaus mit an die Front ziehen? Seine Minister raten ihm davon ab. Sie erwarten für die ersten Schlachten einen Rückschlag, und der Zar dürfe den Thron nicht bei einem solchen Abenteuer gefährden. So bleibt der Zar in Petersburg, das nun Petrograd heißt. »Seit 1812«, vertraut der Präsident der Duma, Rodsjanko, dem französischen Gesandten Paléologue an, »hat das russische Volk eine solche patriotische Erschütterung nicht mehr erlebt.«

Weiß der Zar, als er vom Kreml aus an seine Truppen appelliert, daß sein Ende nah ist? Die Menge umringt den Wagen seines Sohnes, läßt ihn hochleben, bedrängt ihn so sehr, daß ihn die Polizei befreien muß. Alle rechnen mit einem schnellen Sieg. Wie den Franzosen versprochen, greifen die beiden besten russischen Armeen Ostpreußen an, um Joffre, dem französischen Generalstabschef, an der Westfront Luft zu verschaffen, der dann auch Anfang September die Schlacht an der Marne gewinnt. Doch Hindenburg reibt Samsonows Armee auf, der in seiner Verzweiflung unweit von Tannenberg Selbstmord begeht, und Rennenkampfs Armee muß den Rückzug antreten. Die Russen haben über hunderttausend Mann verloren. Schon rollen Tag und Nacht Züge mit Verwundeten nach Petersburg. Die Kaiserin und ihre Töchter legen Krankenschwesterntracht an und kümmern sich unermüdlich um die Ankommenden. Die Presse steht unter Zensur; die Niederlagen und die Unfähigkeit der Kommandeure werden mit keinem Wort erwähnt. Vergeblich begibt sich Witte in den Palast, um den Zaren zu warnen: Er muß raus aus diesem Wespennest, oder er wird seinen Thron verlieren.

Doch Nikolaus II. schenkt nur noch den Erfolgen gegen die Österreicher Aufmerksamkeit. Die Russen haben Lemberg (Lwow) genommen und sind in Galizien eingefallen. Im Osten haben sie die mit den Deutschen verbündeten Türken bezwungen. Sie stehen an den Karpaten, bereit, in Ungarn einzumarschieren. Doch Deutsche und Österreicher holen zum Gegenschlag aus: Przemysl und Lemberg fallen, Galizien muß geräumt werden. Der Rückzug kommt erst hinter Polen und Litauen zum Stehen. Die Armee verschanzt sich auf russischem Boden, und die Verluste erreichen im Frühjahr 1915 die erdrückende Zahl von 3 800 000 Gefallenen, Verwundeten oder Gefangenen. Es fehlt an Munition, an Kanonen, an Gerät, sogar an Medikamenten. Es fehlt an Lebensmitteln, der Nachschub ist schlecht organisiert. Von Verrat an der Front ist die Rede. Ein Oberst wird der Spionage beschuldigt und zur allgemeinen Genugtuung hingerichtet. »Die Tage des Zarismus«, sagt der Industrielle Putilow zum französischen Botschafter, »sind gezählt. Einen langen Krieg hält das Regime nicht durch, es wird weggefegt werden.« »Das Blut der Opfer«, prophezeit Rasputin am Hof vor den Großfürstinnen, »wird auf den Zaren zurückspritzen, weil der Zar der Vater der Muschiks ist.«

Die Regierung will ihre autokratischen Methoden nicht lokkern. Widerstrebend gestattet sie die Bildung eines Verteidigungsausschusses aus Vertretern der Duma und der Wirtschaft. Um die Liberalen der Duma schart sich ein »fortschrittlicher Block«, der versöhnliche Maßnahmen fordert: Amnestie für politische Häftlinge, Autonomie für Polen, bürgerliche Gleichstellung der Juden. Aber Nikolaus begnügt sich damit, den unpopulären Kriegsminister Suchomlinow zu entlassen, dem Unfähigkeit und Korruption vorgeworfen werden. Er gestattet die Schaffung des halbamtlichen Zemgor, einer Organisation auf Stadt- und Distriktsebene, die sich um die Planung des Munitionsnachschubs und die Versorgung der Verwundeten kümmern will. Er empfängt die Mitglieder des Verteidigungsausschusses. In Wirklichkeit aber will er nur eines erreichen: die tatsächliche Leitung des Krieges selbst zu übernehmen, die bis dahin bei seinem Großonkel lag, dem bei der Truppe sehr beliebten Großfürsten Nikolaus, einem gutmütigen russischen Hünen. Von der Kaiserin angetrieben, ernennt er Nikolaus zum Oberbefehlshaber der Kaukasus-Armee und begibt sich seinerseits an den Dnjepr nach Mogilew zum Generalstab. In seiner Abwesenheit führt die Kaiserin, nun allein in Petrograd, die politischen Geschäfte – äußerst empfänglich für den Rat des Wunderheilers Rasputin, der am Hof und bald auch seitens der Armee verdächtigt wird, von den Deutschen gekauft zu sein.

Der Zar hat seinen Sohn in den Generalstab kommen lassen. Immer häufiger hält er Appelle ab, die die Männer nach den aufreibenden Wochen im Schützengraben aber nur ermatten; Mut machen kann er ihnen nicht, ja, nicht einmal sie beeindrucken: Er ist keine typisch russische Erscheinung mit breiten Schultern und einem Vollmondgesicht wie der Großfürst Nikolaus. Der Zarewitsch, vielfach vom Matrosen Derewenko herumgetragen, begleitet ihn zu den Appellen. Bald aber muß er, wegen häufigen Nasenblutens, zurückgebracht werden.

Der Krieg geht weiter; Siege und Niederlagen, die das Land erschöpfen, lösen einander ab. Die Brussilow-Offensive von 1916, ein mörderischer Vorstoß, wird vor der Entscheidungsschlacht abgebrochen. Die beiden kranken Kaiserreiche, das russische und das österreichische, bekämpfen einander auf Leben und Tod. Der Kampf hat jeden Sinn verloren, es zeichnet sich bereits ab, daß beide Gegner gleichermaßen dem Untergang geweiht sind.

Der russische Thron verliert an Ansehen: Der Kaiserin wird vorgeworfen, Wachs in der Hand eines teuflischen Paares, des Wunderheilers Grigori Rasputin und der Intrigantin Anna Wyrubowa, zu sein. Zweifelhafte Finanziers, Manus und Rubinstein, schlachten Rasputins Verbindung zu den Ministern gewinnbringend aus. Auch auf das Hauptquartier soll Rasputin Einfluß haben. Er wird beschuldigt, die Brussilow-Offensive abgebrochen zu haben. Minister, die sich gegen ihn stellen, werden abgesetzt und durch gefügige Kreaturen wie Chwostow, den neuen Innenminister, ersetzt. Dreimal wird der Kriegsminister, der Landwirtschaftsminister viermal und der Innenminister noch öfter ausgewechselt. Stürmer, ein reaktionärer Höfling und bekannter Intrigant, der das Glück hat,

*»Das russische Herrscherhaus«* (*Karikatur von N. Iwanow*).

sich des Wohlwollens der Zarin zu erfreuen, wird zum Präsidenten des Reichsrates ernannt. Als Stürmer der Empörung der öffentlichen Meinung weichen muß, übernehmen Trepow und Pokrowski, zwei erzreaktionäre Politiker, das Amt des Präsidenten und das Außenministerium. Wie lange noch kann der Zar vor der steigenden revolutionären Flut die Augen verschließen?

Die Revolution gewinnt an Kraft, allen Unterdrückungsversuchen zum Trotz. Die Bolschewiken machen sich Lenins Ziel, »den imperialistischen Krieg in einen Bürgerkrieg umzuwandeln«, zu eigen. Lenin hat nach seiner Ausweisung aus Österreich-Ungarn in Bern Unterschlupf gefunden, wo er sein Buch »Der Krieg und die russische Sozialdemokratie« veröffentlicht. Jetzt will er sich auf diesen revolutionären Krieg vorbereiten. Die Regierung läßt Kamenew und die fünf bolschewistischen Abgeordneten der Duma verhaften und nach Sibirien deportieren, aber eine kleine Gruppe militanter Anhänger sorgt in Petersburg für die Verbreitung von Traktaten, die zu Streiks aufrufen.

Und in der Tat brechen 1916 erneut Streiks aus, die immer mehr Zustimmung finden, angesichts einer Wirtschaftslage, die sich dramatisch verschlechtert. Hunderttausende legen in der Rüstungsindustrie die Arbeit nieder, während in den Schützengräben Soldaten mit dem Feind fraternisieren und auch auf den Kriegsschiffen neue Unruhen ausbrechen. Über die Hälfte der fünfzehn Millionen Einberufenen ist gefallen, verwundet oder in Gefangenschaft geraten. In der Landwirtschaft wie in der Industrie fehlen allenthalben Hände. Die Löhne haben mit dem Preisanstieg bei weitem nicht Schritt gehalten, und das zerrüttete Transportwesen blockiert die Verteilung der Erzeugnisse; die Armee hungert, während der Weizen in der Ukraine tonnenweise verrottet. Der Hunger aber ist ein schlechter Ratgeber. Der Zar, in seinem Hauptquartier abgeschnitten von der übrigen Welt, kann nicht ahnen, daß Petrograd Anfang 1917 kurz vor einer Revolte steht. Nemka, die Deutsche, wie sie von nun an genannt wird, ist in ihrem

Kaiserpalast zur Zielscheibe des öffentlichen Hasses geworden. Die Liberalen in der Duma fordern die Bildung einer repräsentativen Regierung. Rasputins Ermordung in der Nacht des 30. Dezember 1916 durch den Fürsten Jussupow kann den Volkszorn nicht besänftigen. Hat die Stunde des Regimes endgültig geschlagen?

Die Februarrevolution, die den Zaren schließlich verjagt, beginnt mit einem Aufruhr in Petrograd und endet mit der Ausrufung einer parlamentarischen Republik. Die Bolschewiken sind zunächst nur auf der Straße beteiligt. Weder Zar noch Zarin sind auf die Ereignisse vorbereitet. Immerhin verfügt die Hauptstadt unter General Chabalow über 150 000 Soldaten. Außerdem bilden Kosaken und Polizei zahlreiche Einsatztruppen. So scheint jedweder Aufstand von vornherein zum Scheitern verurteilt. Nikolaus hört nicht auf die Warnungen seines Schwagers, des Großfürsten Alexander Michailowitsch, der ihm rät, die Duma unverzüglich mit der Bildung einer Regierung zu beauftragen, die das Vertrauen des Volkes genießt. Der Zar ist verbittert, müde, entmutigt. Die liberalen Forderungen seiner eigenen Familie erdrücken ihn förmlich, während die Kaiserin ihn in seinem Widerstand bestärkt. Die Botschafter der Alliierten sehen dem Verfall des Regimes ohnmächtig zu, in der verzweifelten, eigennützigen Hoffnung auf seine Ablösung durch eine parlamentarische Republik, vorausgesetzt freilich, diese führt den Krieg fort. Rodsjanko, der Präsident der Duma, fordert eine neue Regierung, der Zar jedoch ersetzt nur den Ratspräsidenten Trepow durch den alten Fürsten Nikolaus Galizin, der völlig ungeeignet ist, einer Revolution die Stirn zu bieten. Der höchst unpopuläre Innenminister Protopopow dagegen behält seinen Posten: Er besitzt das Vertrauen des Zaren.

Der Adel war durch den Niedergang des Regimes alarmiert. In den Salons sprach man unverhohlen von der Notwendigkeit, die Zarin aus dem Weg zu schaffen und in ein Kloster zu sperren. Manche schlugen auch die Absetzung des Zaren selbst vor. Die hohen Offiziere planten das Komplott, aber die Großfürsten konnten sich auf keinen Thronanwärter einigen: Michael, der Bruder des Zaren, und Nikolaus, sein Onkel, waren nicht bereit, den Rubikon zu überschreiten, und Großfürst Dimitrij Pawlowitsch, der sich an Rasputins Ermordung beteiligt hatte, war mit seinen fünfundzwanzig Jahren zu jung, um diese Verantwortung zu übernehmen.

Der Zar spielte in seinem Hauptquartier Domino, die Kaiserin umsorgte ihre an Masern erkrankten Kinder, als am 8. März 1917, dem »Internationalen Frauentag«, der Aufstand begann.

Auf den Straßen wurde der Ruf nach Brot laut, man forderte Frieden und das Ende des Zarismus. Die Straßenbahn hatte den Betrieb eingestellt; eine ungeheuere Menschenmenge wälzte sich durch die Straßen. Man rief: »Tod dem Protopopow!« und »Nieder mit der deutschen Zarin!« Die Kosaken schritten nicht ein. Organisiert hatten den Marsch vor allem Menschewiken und Arbeiter, nur wenige Bolschewiken hatten sich daran beteiligt. Auch Angestellte, Beamte und Geschäftsleute unterstützten die Forderungen dieses 8. März.

Am nächsten Morgen fand eine noch größere Demonstration statt, man schwenkte rote Fahnen und sang die »Marseillaise«. Am 10. März feuerte die Polizei in die Menge: Die Bolschewiken hatten zum Generalstreik aufgerufen, und Arbeiter waren, von Norden aus, über die zugefrorene Newa gekommen. Was würde der Zar unternehmen?

Der Präsident der Duma hatte ihm die Ereignisse telegraphiert und ihn gewarnt: »Jede Verzögerung ist tödlich.« Nikolaus hatte daraufhin sofort an General Chabalow gekabelt: »Ich befehle, daß gleich morgen den Unruhen in der Hauptstadt, die nicht toleriert werden dürfen, ein Ende gemacht wird.«

Die Armee soll also eingreifen, doch sie weigert sich. Die Männer des Wolhynischen Garderegiments strecken die Waffen, verhaften ihre Offiziere und schauen gleichmütig zu, wie sich ihr Oberst umbringt. Das Litauische Garderegiment und

*März 1917 in Petrograd: Auf den Trittbrettern eines Autos fahren Soldaten, die rote Fahne auf dem aufgepflanzten Bajonett, durch die Stadt.*

das Preobraschenskische Regiment laufen zur Revolution über. Andere Einheiten gehorchen ihren loyalen Offizieren und schießen: 40 Tote auf dem Znamenskaja-Platz, 150 im Verlauf des 11. März insgesamt. Die Soldaten setzen sich an die Spitze des langen Zugs, der zum Winterpalast marschiert. Die Wachen öffnen die Tore. Die kaiserliche Flagge wird eingeholt und durch die rote Fahne der Revolution ersetzt. Erneut telegraphiert Rodsjanko dem Zaren: »Sofortige Maßnahmen unerläßlich.« Die Antwort des Zaren läßt nicht auf sich warten: Die Duma ist aufgelöst.

Danach ziehen die Demonstranten zum Taurischen Palais, in dem die Deputierten tagen. In einer Ansprache fordert sie der Arbeiterführer Kerenski auf, die Postämter und Bahnhöfe zu besetzen und die Minister zu verhaften. Ein zwölfköpfiges »Komitee« aus fortschrittlichen Deputierten und liberalen

Bürgern wird gebildet und Rodsjanko zum Vorsitzenden bestimmt. Am 12. März ist Petrograd in der Hand der Revolutionäre. Die Matrosen des balitischen Geschwaders exekutieren vierzig Offiziere.

Stadtviertelkomitees und Arbeitermilizen organisieren sich. Überall werden Verräter und Konterrevolutionäre denunziert und verhaftet. In der Nacht tritt ein Sowjet zusammen, um ein Politbüro zu wählen, dem neben Menschewiken und Bolschewiken, darunter Molotow und Schljapnikow, auch Kerenski angehört. Eine Doppelherrschaft entsteht: eine revolutionäre und eine bürgerlich-liberale aus Vertretern der Duma. Kerenski ist der einzige mit Sitz in beiden Komitees.

Der Ministerrat und Großfürst Michael empfehlen dem Zaren telegraphisch, Fürst Lwow, einen Liberalen, zum Ratspräsidenten zu ernennen. Nikolaus II. weigert sich und kündigt seine Ankunft an. Noch glaubt er, die Ordnung mit Hilfe der Armee gewaltsam wiederherstellen zu können. Er ordnet General Iwanow ab, der an der Spitze eines Reiterbataillons von Mogilew aus in Richtung Petrograd aufbricht. Doch die Soldaten, obwohl vom Regime stets mit Ehren überhäuft, dekoriert und durch Pensionen abgesichert, wechseln das Lager, als sie erfahren, daß die Truppen der Hauptstadt zum größten Teil zu den Revolutionären übergelaufen sind. Auf die Armee, die treue Stütze des Regimes, ist nicht länger Verlaß. Noch hofft Nikolaus, die Situation durch sein persönliches Erscheinen retten zu können. »Zugeständnisse unumgänglich«, kabelt ihm seine Frau, »Straßenkämpfe gehen weiter. Verschiedene Einheiten zum Feind übergelaufen.« Die Sonderzüge fahren ab, erreichen ihr Ziel jedoch nicht. Die Linie nach Zarskoje Selo ist in der Hand der Roten. Nikolaus läßt seinen Zug nach Moskau umleiten. Am Bahnhof von Dno wird ihm gemeldet, daß die Revolution in Moskau die Straßen beherrscht. Wieder fährt er nach Norden und bittet in General Russkis Hauptquartier in Pskow um Asyl. Dieser teilt ihm mit, daß die Duma unter Fürst Lwow eine provisorische Regierung gebildet hat mit Miljukow als Außen- und Gutschkow als

Kriegsminister. Demnach gedenken die Liberalen den Krieg fortzuführen. »Dinieren wir«, erwidert der Zar dem General.

General Alexejew hat die Initiative ergriffen und in einem Rundschreiben an alle Frontkommandeure die Abdankung des Kaisers gefordert. Für Nikolaus II. ist das der Todesstoß: Nun kann er auf keinerlei Unterstützung mehr rechnen.

Erstmals erwägt er abzudanken: zugunsten seines Sohnes. Doch der Arzt rät ihm ab. Der Junge ist einer solchen Belastung nicht gewachsen. Die Deputierten Gutschkow und Schulgin treffen im Hauptquartier ein und berichten im Salonwagen des kaiserlichen Zugs über die Entwicklung in Petrograd. Der Zar kündigt ihnen seine Bereitschaft an abzudanken, aber nicht zugunsten von Alexej, sondern zugunsten seines Bruders. Großfürst Michael soll der neue Zar werden. Nikolaus unterzeichnet die Abdankungsurkunde. Er hat, sagen die Deputierten später, sein Kaiserreich abgegeben »wie ein Rittmeister seine Schwadron«.

Aber hatte er überhaupt eine andere Wahl? Der letzte Romanow sitzt in der Falle wie das Wild bei einer Hetzjagd. Alle Auswege sind versperrt, die Hunde warten nur auf das Halali. Dennoch empört sich die Kaiserin über die erzwungene Abdankung. Der Zar überträgt General Alexejew die Befehlsgewalt und kehrt der Front den Rücken. Die beiden Deputierten kehren nach Petrograd zurück, wo sie in den Straßen mit Hohngeschrei und dem Ruf »Nieder mit den Romanow!« empfangen werden. Die von den Bolschewiken ausgegebene Parole »Nikolaus oder Michael ist gehupft wie gesprungen« läuft von Mund zu Mund. Man fordert eine Republik und stimmt lautstark die »Marseillaise« an. Rodsjanko klärt die beiden Delegierten über die Nutzlosigkeit ihrer Mission auf. Kein Mensch ist bereit, Großfürst Michael anzuerkennen, der seinerseits um eine Garantie für seine Sicherheit bittet.

Erschreckt durch die Revolution, trachtet er nur danach, sich einer Verantwortung zu entziehen, die ihm ohnedies keinerlei Handlungsspielraum ließe. Noch am gleichen Tag, am

16. März, informiert die Regierung die Petrograder Bevölkerung über die Abdankung des Zaren und seines Bruders.

Die Kaiserinwitwe eilt nach Mogilew, wo sich ihr Sohn Nikolaus noch immer aufhält. Sie ist so erregt, daß er sie kaum zu beruhigen vermag. Als er den Zug besteigt, um zu seiner Familie im Palast von Zarskoje Selo zurückzukehren, jubeln ihm die Generalstabsoffiziere noch einmal zu. Doch von nun an ist der Zar eine Geisel der Revolutionsregierung. Man hat ihm zu verstehen gegeben, daß er unter Arrest steht – an den Zug wird ein Wagen für die Kommissare der provisorischen Regierung angehängt. Die Veröffentlichung des Tagesbefehls an seine Truppen war verboten worden. Nikolaus ist nur noch der Bürger Romanow, Oberst der russischen Armee. Die Bahnlinie ist völlig in der Hand der Revolutionäre, die Garnison von Zarskoje Selo zur Revolution übergelaufen. General Kornilow, der neue Oberbefehlshaber von Petrograd, erwartet dort die kaiserliche Familie und erklärt sie für interniert. Die Soldaten, die um den Palast Posten bezogen haben, sind keine Beschützer mehr, sondern Bewacher.

Die Familie hat sich durch die Rückkehr des Kaisers etwas beruhigt. Der Zar trägt eine heitere Ruhe zur Schau. Den Exherrschern ist nur ein kleines Häufchen Getreuer geblieben. Anna Wyrubowa und der Matrose Derewenko, der sich dem Zarewitsch gegenüber schlecht benahm, wurden fortgeschickt. Im Palast versehen noch immer Kammerdiener in goldbestickter Livree den Dienst, während draußen nachlässige Soldaten Wache stehen und höhnisch grinsen, wenn die Großfürstinnen vorbeigehen. Briefe und Päckchen werden kontrolliert. Oberst Kobylinski, ein Sozialrevolutionär, zeigt sich äußerst rücksichtsvoll. Er war in einer Kompanie des Petrograder Garderegiments an der Stirn verwundet und von General Kornilow mit der Betreuung der Zarenfamilie beauftragt worden. Zwar hat er die Soldaten nicht daran hindern können, Rasputins Leichnam im Schloßpark auszugraben und auf der Straße zu verbrennen (im Sarg fand man eine Ikone mit Signaturen der Kaiserin und der Großfürstinnen), auch hat er die Beschlagnahmung aller Papiere des Zaren im Palast angeordnet, aber er sorgt auch dafür, daß die Familie gut behandelt wird. Auf seinen Befehl erhält der Zarewitsch sogar das kleine Gewehr zurück, das ihm die Soldaten abgenommen haben. Nur einmal kommt es zu einem unangenehmen Zwischenfall, als sich ein Hauptmann der Garde weigert, dem Exkaiser die Hand zu geben.

Innerhalb der Regierung findet die Kaiserfamilie in Justizminister Alexander Kerenski einen Beschützer. Um sie kennenzulernen, begibt er sich persönlich in den Palast: Sehr schlicht wird er vom Zar empfangen, von der Zarin dagegen voller Hochmut. Er teilt ihnen mit, daß sich das englische Königshaus nach ihnen erkundigt habe. Der Zar ist ein Vetter ersten Grades König Georgs V., die Zariza eine Enkelin Königin Victorias. Hat das Kaiserpaar erwogen, nach London zu gehen? Jedenfalls erleichtert es sie sehr zu erfahren, daß die Regierung Seiner Britischen Majestät durch ihren Botschafter, Sir George Buchanan, die Bereitschaft des Königs zu verstehen gegeben hat, dem Zaren Asyl zu gewähren. Die Deutschen sicherten zu, das Schiff, das den Souverän nach England bringen soll, nicht mit ihren Unterseebooten anzugreifen. Und Kerenski wäre nur allzu erfreut über eine Lösung, die ihm die lästige Familie vom Halse schaffte. Sie ist die Zielscheibe der Bolschewiken, die im Moskauer Sowjet die Exekution des Zaren gefordert haben. Kerenski hat zwar protestiert – er wolle nicht der »Marat der russischen Revolution« werden –, aber der Petrograder Sowjet besteht auf der Internierung des Souveräns in einer befestigten Anlage. Wer wird ihn verteidigen? Frankreich weigert sich, ihn aufzunehmen; Amerikas Präsident Wilson hat Rußland gerade zur Befreiung vom Joch des »Autokraten« beglückwünscht, und Sir Buchanan sieht sich durch den Umschwung der britischen Meinung zu einem peinlichen Rückzug gezwungen: Premierminister David Lloyd George hat dem König zu bedenken gegeben, daß er die Verantwortung für die Reaktion des Volkes bei der Ankunft des Zaren in England nicht übernehmen könne. Damit ist die

Sache entschieden: Die ganze Welt hat die Kaiserfamilie fallengelassen.

Der Zar arbeitet in seinem Gemüsegarten und sägt Holz, als im April die Nachricht eintrifft, Lenin habe in Begleitung einer Handvoll Getreuer Deutschland per Bahn durchquert und in Petrograd triumphal Einzug gehalten. Das Exekutivkomitee der Sowjets beginnt, einen rüden Druck auf die Minister der bürgerlichen Revolution auszuüben. Immer wieder hatte Lenin den Aktivisten empfohlen, sich nicht mit dem dubiosen Kerenski zu kompromittieren. Sofort setzt er die Parole in Umlauf: Frieden mit Deutschland und Österreich-Ungarn, die Fabriken den Arbeitern, der Boden den Bauern und überall Sowjets. Er bereitet eine andere, ungleich radikalere Revolution vor. Dabei hält er sich fürs erste an die provisorische Regierung der bürgerlichen Revolutionäre, die er wegen ihrer »imperialistischen«, kriegstreiberischen Politik angreift. Durch das Scheitern der Kerenski-Offensive in der Region von Tarnopol ermutigt, wagen die Bolschewiken im Juli den Aufstand in Petrograd. Doch die Rädelsführer werden verhaftet, die meuternden Regimenter an die Front geschickt, wo sie die Truppe korrumpieren. Lenin selbst flieht nach Finnland. In der Hauptstadt kursieren Gerüchte von einem Komplott: Eine extrem rechte Gruppierung soll die Entführung des Zaren geplant haben. Ein solches Risiko kann Kerenski, der nach dem Rücktritt des Fürsten Lwow Chef der provisorischen Regierung wurde, nicht eingehen. Was aber tun mit dem Zaren und seiner Familie? Kerenski beschließt, sie nach Osten bringen zu lassen, in eine Provinz, in der die bolschewistischen Agitatoren die Leidenschaften noch nicht entfesselt haben. Die Abreise des Zaren ist beschlossene Sache. Den Palast von Zarskoje Selo sollte er nicht wiedersehen.

Ein Ende des Dramas, das die kaiserliche Familie durchlebt, ist nicht in Sicht. Der Stellungskrieg, der Niedergang der Moral in Armee und Hinterland, all das bedroht die neue Regierung, die trotz der Verhaftung der führenden Bolschewi-

*Kriegsminister Kerenski inspiziert die Front.*

ken unter ständiger Überwachung durch die Sowjets steht. Kerenski stattet dem Zaren einen weiteren Besuch ab, um die Familie auf die Abreise mit unbekanntem Ziel vorzubereiten. Er empfiehlt, warme Sachen mitzunehmen. Nikolaus, der gehofft hatte, auf der Krim interniert zu werden, ist enttäuscht. Kerenski seinerseits hat nichts dagegen, daß man die Vertreter der extremen Linken über die Deportation des Zaren nach Sibirien informiert. Er hat Tobolsk als Aufenthaltsort ausgewählt.

Der Zug fährt am 13. August in der Morgendämmerung ab. Kurz vorher hat der Kaiser seinen Bruder, Großfürst Michael, noch einmal sehen dürfen. Die Bahnbeamten haben eingewilligt, an den Wagen, deren Vorhänge geschlossen sind, Schilder mit der Aufschrift »Japanische Sanitätsmission« anzubringen. Nur wenige Getreue und Diener begleiten die Zarenfamilie: General Tatitschew, Fürst Basil Dolgoruki, die Hofdame Anastasia Hendrikowa, Doktor Botkin, der Matrose Nagorni und die Bediensteten des kaiserlichen Haushalts. Auch der Schweizer Hauslehrer Gilliard ist mit von der Partie, und bald schließen sich ihnen noch sein britischer Kollege Gibbs, Doktor Derewenko und als zweite Hofdame Sophie Buxhoeveden an. Ein weiterer Zug mit Schutztruppen folgt. Am 14. August in Tiumen angelangt, steigt die Reisegesellschaft auf das Schiff um, das sie flußaufwärts nach Tobolsk bringen soll. Von ferne kann die Zariza im Dorf Pokrowskoje Rasputins Geburtshaus grüßen. Am 19. August legt das Schiff vor Tobolsk an, aber die Familie muß vorerst an Bord bleiben; die Vorbereitungen im Haus des Gouverneurs sind noch nicht abgeschlossen. Acht Tage später kann der kaiserliche Haushalt endlich in die weitläufige Residenz einziehen, wo alles für die Annehmlichkeit der Gäste getan worden ist. Oberst Kobylinski, noch immer für die Betreuung der Zarenfamilie zuständig, zeigt sich zuvorkommender denn je. Den Gefangenen steht ein Gemüsegarten und ein von Palisaden eingezäunter Innenhof zur Verfügung, in dem alle Luft schnappen können, während sich der Zar vor allem mit Umgraben und Holzsägen beschäftigt. Die Bevölkerung läßt es nicht an Zeugnissen der Zuneigung fehlen; Päckchen mit Lebensmitteln werden abgegeben, die Schwestern eines benachbarten Klosters schicken Milch und Eier. Sehr zum Ärgernis der Bewacher schlagen die Muschiks, die Bauern, beim Anblick des Zaren das Kreuz. In seinem Soldatenmantel ist Nikolaus leicht zu erkennen, und die Spaziergänger versäumen es nicht, ihn zu grüßen. Schon bald gestattet der Oberst der Familie den Besuch der Messe. Alexandra, die Zarin, ist überzeugt, daß das russische Volk in der Tiefe seiner Seele die Revolution mißbilligt und daß sich die Situation noch einmal ändern kann.

Der Zar ist über die Vorgänge in Petrograd schlecht unterrichtet. Nur selten veröffentlicht die Lokalzeitung irgendwelche Depeschen, und so kann er den Umfang des politischen Kampfes, der im ganzen Land entbrannt ist, nicht ermessen: Kerenski hat eine Diktatur errichtet, die die Unruhen jedoch nicht in den Griff bekommt. Gestützt auf die erzreaktionäre »Allrussische Offiziersvereinigung«, versucht Generalissimus Kornilow einen Putsch. Er fordert unumschränkte Vollmacht als Oberbefehlshaber. Um ihm Paroli bieten zu können, muß Kerenski auf die roten Garden zurückgreifen und die bolschewistischen Führer wieder auf freien Fuß setzen. Trotzki organisiert den Widerstand und bringt den Staatsstreich zum Scheitern. Unmittelbar vor der Abreise der Zarenfamilie aber haben die Bolschewiken in Petrograd einen Parteikongreß einberufen, sich zu den landesweit 240 000 Aktivisten beglückwünscht und beschlossen, einen allgemeinen Aufstand vorzubereiten. Vergeblich ruft Kerenski die Republik aus: Der Petrograder Sowjet verbündet sich mit den Bolschewiken und bietet Trotzki die Unterstützung von 20 000 Rotgardisten an. Der Moskauer Sowjet wird ohnehin von Bucharin, einem Lenin-Anhänger, kontrolliert. In der Abgeschiedenheit seines Exils ahnt der Zar nicht, daß sich im September eine neue Revolution ankündigt, härter noch und unbarmherziger als die erste, und daß es nichts mehr zu hoffen gibt.

Erst am 15. November erfährt er, daß die bolschewistische Revolution geglückt ist – aber keine weitere Einzelheiten. So weiß er nicht, daß Kerenski nicht mehr Herr der Lage ist, daß Lenin und Trotzki den II. Allrussischen Sowjetkongreß minutiös vorbereiten. Laut Lenin ist »die Krise reif«. Die Revolutionäre bilden einen Rat der Volkskommissare, dessen Mitglieder, darunter Stalin und Swerdlow, dem Zaren kein Begriff sind. Am 24. Oktober, dem 6. November nach dem westlichen Kalender, besetzen die Bolschewiken ihre auf Befehl Kerenskis geschlossene Druckerei. Der Kreuzer *Aurora* nimmt zur Unterstützung der Rotgardisten, die die strategischen Punkte besetzen, Kurs auf die Stadt. Kerenski ergreift die Flucht, Lenin und Trotzki begeben sich zum Petrograder Sowjet und leiten den Angriff auf den Winterpalast, der von Soldatinnen und Offiziersanwärtern verteidigt wird. Die Soldatinnen werden vergewaltigt, die Offiziere erschossen, die Minister inhaftiert. Unverzüglich veröffentlicht Lenin Dekrete über die Aufteilung des Bodens und die Eröffnung von Friedensverhandlungen.

Die Bolschewiken haben in allen Städten die Macht übernommen. Die Moskauer Garnison hatte lange Widerstand geleistet. Die von Alexejew, Denikin, Krasnow und Kornilow geführte »Freiwilligenarmee« zählt erst 4000 Mann. Der Pole Dserschinskij setzt sich an die Spitze einer »Allrussischen Sonderkommission« zur Bekämpfung der Konterrevolution – abgekürzt Tscheka –, deren Aufgabe es ist, Verräter zu exekutieren. Befaßt sie sich auch mit dem Zaren und seiner Familie? Sie denkt nicht daran. Die Russische Sozialistische Föderative Sowjetrepublik wird ausgerufen, ohne daß man auch nur einen Gedanken an den gestürzten Herrscher verschwendet. Seit Ende Dezember planen die Alliierten, gestützt auf die erstarkenden konterrevolutionären Kräfte und die 50 000 tschechischen Kriegsgefangenen, die nach ihrer Wiederbewaffnung auf weißrussischer Seite kämpfen, eine Intervention in Rußland. Von alldem ahnt Nikolaus nichts.

Auf den Alltag der Gefangenen von Tobolsk wirkt sich die bolschewistische Revolution erst Monate später aus. Sie sind in ihrem sibirischen Exil in Vergessenheit geraten. Die dringlichsten Aufgaben für Lenin und Stalin sind der Friedensschluß von Brest-Litowsk, die Landverteilung unter den Bauern, die Übernahme des Finanzwesens und der Industrie. Der Zar kann warten ...

Nach Aussagen des Schweizer Hauslehrers Gilliard leidet der Kaiser vornehmlich darunter, daß sein Opfer vergeblich gewesen sein soll. Wenn die Bolschewiken einen schmählichen Frieden mit den Deutschen schließen, verlieren die Kriegsanstrengungen, die erlittenen Verluste, das vergossene Blut jeden Sinn. Diese Schmach, diese Schande für sein Land, kann er kaum ertragen. Es ist ihm unbegreiflich, daß im Namen der

Weltrevolution die nationale Würde mit Füßen getreten werden soll.

Die zur Bewachung der Zarenfamilie abgestellten Soldaten öffnen sich zunehmend der revolutionären Ideologie. Sie bilden Komitees, erteilen Befehle, maßen sich mehr und mehr die Autorität Oberst Kobylinskis an. Der Priester, der an Weihnachten in der Kirche das Gebet um die Verlängerung der Tage der Zarenfamilie gesungen hat, wird in ein fernes Kloster geschickt. Und als das Soldatenkomitee versucht, dem Zaren das Tragen von Epauletten zu untersagen, erkennt er, daß das Gift des Bolschewismus nun auch Sibirien erreicht hat.

Am 25. Februar ändern sich die Haftbedingungen in Tobolsk. Eine Depesche schreibt dem Oberst vor, »Nikolaus Romanow und die Seinen auf Soldatenration« zu setzen. Das Personal wird reduziert, zehn Domestiken werden entlassen. Keine Butter, keinen Kaffee mehr. Die Einschränkungen, unter denen alle Russen leiden, gelten nun auch für die erlauchte Familie. Die Soldaten, die ein Komplott zu befürchten scheinen, hacken einen Eisberg auf, den die Mädchen aufgetürmt haben. Dennoch bleibt die Haft der Zarenfamilie annehmbar, vor allem wenn man bedenkt, daß zur gleichen Zeit die Tscheka ihre Verhaftungen in Petrograd und Moskau vervielfacht, sich die Peter-und-Paul-Festung und alle Gefängnisse des Landes mit Monarchisten oder einfachen Bürgern, von ihren Hausmeistern denunziert, füllen, daß man Domestiken, die man für die Komplizen ihrer Herrschaft hält, gleich mit fortschafft, und sogar Menschewiken eingekerkert werden. Im Winter ist die Kälte unerträglich. Bei minus 38 Grad ist es trotz Heizung in den Zimmern eisig, und die Kaiserin strickt Fausthandschuhe für den Zarewitsch, der das rauhe sibirische Klima erstaunlich gut verträgt. Kommissar Pankratow, der Delegierte des Sowjets, der Kobylinski ablöst, hat nichts dagegen, wenn sich der Zarewitsch und die Kinder der Domestiken Schneeballschlachten liefern.

Die Ankündigung der Unterzeichnung des Friedensvertrags von Brest-Litowsk mit Deutschland Anfang Februar raubt dem Zaren die letzte Hoffnung. Für den Sieg der Alliierten hat er gelebt, für ihn hat er seinen Thron geopfert. Er findet Zuflucht im Gebet, das er nun regelmäßig im Kreise der Familie pflegt. Was bedeutet angesichts der russischen Tragödie schon sein eigenes Ende? Er kann die Verzweiflung des Volkes an den flehentlichen, tränenfeuchten Blicken ablesen, die sich auf dem Weg zur Kirche gelegentlich auf ihn richten. Bald wird ihm jede Ausgangserlaubnis entzogen. Aus Moskau, der Hauptstadt der neuen Republik, trifft der neue, mit Sondervollmachten ausgestattete Kommissar Jakowlew ein.

Werden die Deutschen den Zaren retten? Die Unterzeichnung des Friedensvertrages erlaubt ihnen, zahlreiche Divisionen von der Ostfront abzuziehen. Empfindet Kaiser Wilhelm II. Mitleid mit der kaiserlichen Familie? Arbeitet sein Repräsentant in Rußland, Graf Mirbach, auf die Freilassung des Herrschers hin, bereitet er die Abreise der kaiserlichen Familie ins Ausland vor? »Lieber will ich in Rußland sterben«, bekennt die Kaiserin dem Hauslehrer Gilliard, »als von den Deutschen gerettet zu werden.« Hundert Rotgardisten schließen Tobolsk ein. Sie bewachen die Bahnlinie und die Straßen: Ein Entkommen ist unmöglich.

Kommissar Jakowlew, ein mit Vollmachten des Zentralkomitees ausgestatteter Bolschewist, handelt im Auftrag von Swerdlow, einem der Verschwörer des vergangenen Oktober. Er informiert die Familie, daß er Befehl habe, den Zaren an einen geheimen Ort zu bringen. Er wird von Awedejew begleitet, einem Funker, der Kontakt mit Moskau hält. Jakowlew ist ein hochgewachsener, braunhaariger Bursche in den Dreißigern, gekleidet wie ein Matrose, sauber und gut erzogen; seine Frisur ist ordentlich, und seine Nägel sind gepflegt. Er hat Lenin ins Exil nach Finnland, in die Schweiz und nach Deutschland begleitet. Seine Order lautet, den Kaiser allein fortzuschaffen.

Nikolaus glaubt, daß er in Moskau den Vertrag von Brest-Litowsk gegenzeichnen soll. Er weigert sich abzureisen. Jakowlew droht Gewalt an, erlaubt der kaiserlichen Familie dann jedoch, ihn zu begleiten. Die Verlegung erfolgt in zwei Schüben: Der Zar, seine Frau und die Großfürstin Marie sind beim ersten Transport dabei. Unbequeme Wagen, ungefederte zweirädrige Karren, deren Boden mit Stroh bedeckt ist, bringen sie zum Bahnhof von Tiumen, wo ein Zug nach Jekaterinburg wartet. Die Stadt ist sicher, Bolschewiken haben die Macht übernommen. Der Regionalsowjet dirigiert die Zarenfamilie zum Haus Ipatjew, das für eine »Sonderbestimmung« reserviert ist. Die Menge ist erregt, feindselig, das Haus abgelegen, von Palisaden und Schilderhäuschen umgeben und von Rotgardisten mit aufgepflanztem Bajonett umstellt. Diese Männer, aufgrund ihrer revolutionären Gesinnung ausgewählt, erhalten einen Spezialsold.

Etliche Wochen später trifft der Rest der Familie im Haus Ipatjew ein, zusammen mit einem kleinen Gefolge: dem Doktor Botkin, der Zofe Demidowa, dem Koch Charitonow, der Küchenhilfe Siednew und dem Lakaien Trupp. Die anderen sind entlassen worden.

Kommandant Awedejew – Mitglied des lokalen Sowjets und ehemaliger Fabrikarbeiter –, dem die Rotgardisten unterstehen, ist ein ungehobelter Trunkenbold, der Nikolaus als »Blutsauger« behandelt. Kommissar Jurowski, der für die Sicherheit zuständig ist, bringt zehn Fremde ins Haus, offensichtlich Letten, ausgewählt von der politischen Geheimpolizei. Sie unterhalten keinerlei Kontakt zu den russischen Wachen, die alle aus Awedejews Fabrik kommen. Sämtliche Wachposten sind mit Maschinengewehren bewaffnet und so aufgestellt, als gelte es die Flucht der Gefangenen oder deren Befreiung zu verhindern. Man weiß durch die Aussage Anatoly Jakimows, eines Angehörigen der Arbeitergarde, daß die Kaiserfamilie häufig Kirchenlieder sang und die Priester Meledin und Storoschew im Haus die Messe zelebrierten. Ging die Familie spazieren, begleitete sie der Zarewitsch im Rollstuhl. Die russischen Garden dagegen grölten, wenn sie betrunken waren, revolutionäre Lieder wie »Als Opfer des Krieges seid ihr gefallen« oder »Laßt uns die alte Welt vergessen« oder auch »Auf,

*Nikolaus II., Gefangener der Revolutionsregierung Kerenski, wartet im Park von Zarskoje Selo auf seinen Abtransport nach Sibirien.*

Kameraden, laßt uns marschieren«. Die Kaiserin, blaß und abgemagert, hatte auf die Wände ihres Zimmers ihr Lieblingszeichen, die glückbringende Swastika gemalt. Auf die Wächter wirkte sie in ihrer hochnäsigen Art wie eine »deutsche Generalin«. Dem Zaren gegenüber, der sich hütete, sich provozieren zu lassen, waren sie nachsichtiger. »Er war«, sagte einer der Rotgardisten, »aus demselben Holz wie wir«, ein fatalistischer Russe, würdevoll in seiner Magerkeit, den alten, ausgetretenen Stiefeln, dem Soldatenkittel und dem Offiziersgürtel. Im Gegensatz zu der im Templerturm inhaftierten Familie Ludwigs XVI. hatte die Zarenfamilie keine Schikanen, keine Beleidigungen, kein schlechtes Benehmen, keine gemeinen Beschuldigungen zu erdulden. Die jungen Großfürstinnen waren heiter, gingen mit Eimer und Spaten um, als wären sie russische

Bäuerinnen. Anastasia, ein richtiger Schalk, war stets zu einem Spaß aufgelegt. Ging es dem Zarewitsch gut, strahlten sie vor Freude, gerade als hätte Gott plötzlich den Fluch von ihnen genommen.

Nährte der Zar zu diesem Zeitpunkt noch eine Hoffnung?

Durch Bestechung hat er erfahren, daß die Alliierten beschlossen haben, die Weißen zu unterstützen. Sie halten den Hafen von Murmansk im Norden. Die Japaner haben die Region östlich der Transsibirischen Eisenbahnlinie besetzt, die Engländer den Kaukasus, und die Franzosen beabsichtigen, sich der Krim zu bemächtigen. Ist also eine Befreiung möglich? Der Zar erhält zwei Briefe, die ihm versichern, daß Freunde den Handstreich versuchen werden. Tatsächlich marschiert die Tschechische Legion westwärts in Richtung Jekaterinburg. Damit ist aber auch das Leben der Gefangenen im Sommer 1918 in Gefahr.

Der Jekaterinburger Sowjet entsendet einen Boten nach Moskau, um von Swerdlow Direktiven einzuholen. Ob dieser Bote namens Golostschekin genaue Instruktionen erhalten hat, ist unbekannt. Doch von nun an ist Jurowski Herr im Hause Ipatjew. Die Wachen überprüfen ihre Waffen. Die Letten haben ein Nagani-Gewehr, wie ihr Kommandant, der dazuhin einen Colt besitzt. Man befürchtet das Eintreffen der Tschechen. Die Befreiung der Kaiserfamilie muß unter allen Umständen verhindert werden. Großfürst Michael Alexandrowitsch ist im sibirischen Perm bereits hingerichtet worden. Doch der Zar fühlt sich sicher. Er hält die Russen für unfähig, einen Königsmord zu begehen.

Unterdessen verschwindet Jurowski im Wald, als ob er etwas ausfindig machen oder proben wollte. Lastwagen mit einer Ladung Schwefelsäure treffen ein. Der Kommandant steigt in den Keller hinunter, um den Ort des Verbrechens sorgfältig zu inspizieren. Am Abend des 16. Juli spielt der Zar mit der Familie *Bésigue,* ein französisches Kartenspiel, ehe er sich zu Bett begibt. Mitternacht ist schon vorüber, als Kommandant Jurowski sein Zimmer betritt. Er befiehlt den Dienern wie den Romanows, sich anzukleiden und hinunterzugehen. In den Straßen krachen Gewehrschüsse. Möglicherweise kommt es zu einem Aufstand. Das Haus muß evakuiert werden.

Die elf Gefangenen werden in einen leeren, von Öllampen erhellten Kellerraum geführt. Der Zar trägt seinen kranken, dreizehnjährigen Sohn auf den Armen hinunter. Tatjanas Spaniel Jimmy bellt, bis ihn Anastasia auf den Arm nimmt. Die Zofe Anna Demidowa hat zwei Kissen mitgebracht, um den Zarewitsch zu stützen, in Wirklichkeit, um das Schmuckkästchen mit Alexandra Feodorownas unschätzbaren Juwelen zu verstecken.

»Wir müssen auf die Autos warten«, erklärt der Kommandant.

»Könnten wir Stühle bekommen?« fragt der Zar.

Drei Stühle werden gebracht. Auf dem mittleren nimmt der Kaiser selber Platz, auf dem rechts von ihm sein Sohn, auf dem linken seine Gemahlin. Im Nachbarraum ist Stiefelgetrampel zu hören. Die Mörder bereiten sich vor. Gewehrschlösser knacken, Revolver klicken, werden geladen und entsichert. Der Zar beruhigt sich wieder. Motorengeräusche im Hof, die Wagen sind also eingetroffen ...

Dreieinviertel Stunden dauert das Warten. Plötzlich geht die Tür auf. Die Letten betreten den Raum mit verschlossener Miene. Kommandant Jurowski zieht ein Papier aus der Tasche wie das Urteil eines Tribunals, das nicht existiert:

»Nikolaus Alexandrowitsch, Ihre Freunde haben versucht, Sie zu befreien, aber es ist mißglückt. Wir sehen uns gezwungen, Sie zu erschießen. Ihr Leben ist zu Ende.«

Der Zar möchte das wiederholt haben, seine Frau bekreuzigt sich, Jurowski richtet seine Nagani auf Vater und Sohn und drückt ab; die Letten zielen und feuern. Die Opfer schreien, halb erstickt im Pulverqualm. Alexej lebt noch, der Kommandant tötet ihn mit zwei weiteren Schüssen. Anna Demidowa, die sich über ihn wirft, wird von Bajonetten durchbohrt. Alles in allem hat das Gemetzel keine zwei Minuten gedauert. Nicht einmal im Mittelalter hat man eine Königsfamilie unter so grauenvollen Umständen so kaltblütig ermordet.

Was dann passiert, ist schäbig. Die Leichen werden in Dekken zu den Lastwagen geschleift, aufgeladen, in den Wald geschafft und in der Nähe eines aufgelassenen Bergwerksschachtes bei den »Vier Brüdern«, wie die Stelle heißt, abgeladen. Dort werden sie zerstückelt, die Kleider auf der Suche nach versteckten Juwelen aufgeschlitzt. In der Hast gleiten den Henkern Knöpfe, Rosenkränze, Ohrringe in den Schmutz. Dann werden die Leichen mit Schwefelsäure und Benzin übergossen und verbrannt, die Überreste in den Schacht geworfen. Man achtet peinlich darauf, alle Spuren zu verwischen.

Eine Woche danach marschieren die Weißen in Jekaterinburg ein. Sie beauftragen einen Justizbeamten, Sokolow, mit der Untersuchung des Massakers. Die Leichen werden identifiziert und verschiedene Beteiligte ausfindig gemacht. Der Text von Jurowskis verschlüsseltem Telegramm an Swerdlow ist bekannt: »Die Familie hat das Schicksal ihres Oberhaupts geteilt.«

Am 18. Juli benachrichtigt Swerdlow den Rat der Volkskommissare: »Nikolaus wurde gemäß dem Beschluß des Regionalsowjets hingerichtet. Die Tschechoslowaken waren im Anmarsch auf die Stadt. Nikolaus versuchte zu fliehen. Der Präsident des Zentralkomitees hat beschlossen, diese Maßnahme zu billigen.« Keinerlei Regung, kein Kommentar. Lenin geht zur Tagesordnung über. Nikolaus zählt nicht mehr, ob tot oder lebendig. Auf Lenin wartet ein anderes Problem: die Revolution in Rußland zu retten und in die ganze Welt hinauszutragen. »Diese Maßnahme«, so Trotzki später, als er von dem Attentat erfährt, »war nicht nur opportun, sondern notwendig.« Und in seinem »Tagebuch im Exil« schreibt er: »Die Härte dieses summarischen Aktes hat der Welt bewiesen, daß wir entschlossen waren, den Kampf fortzuführen ... und uns durch kein Hindernis aufhalten zu lassen.« War es nötig, einen kranken Dreizehnjährigen, Domestiken, einen Arzt und wehrlose junge Mädchen zu massakrieren? In Wirklichkeit, fügt Trotzki an, »hatte Lenin sehr wohl begriffen«, daß es auch darum ging, den Russen zu zeigen, daß eine neue Welt heraufzieht, daß er die Taue zum Aberglauben der Vergangenheit gekappt hat. An der Zarenfamilie wurde kein Exempel statuiert, der langen Liste des Kriegsgemetzels wurden nur ein paar Opfer mehr hinzugefügt.

Dennoch meldet die kommunistische Presse nicht den Mord an der ganzen Familie samt Gefolge, sondern nur die Exekution des Zaren. Die Nachricht löst keinerlei Reaktionen aus. Man begreift, nicht ohne Erleichterung, daß ein Zurück zur Autokratie nicht mehr möglich ist. Dagegen hallt die Presse der Alliierten von empörten Kommentaren und Protesten gegen die Roheit der Bolschewiken wider. In der Nacht vom 17. auf den 18. Juli dringen Rotgardisten in das Schulhaus von Alpajewsk in Sibirien ein, um die Großfürstin Elisabeth Feodorowna, die Schwester der Kaiserin, den Großfürsten Sergej Michailowitsch, die Fürsten Johann, Konstantin und Igor, die Söhne des Großfürsten Konstantin, und Fürst Paley, den Sohn des Großfürsten Paul, abzuholen. Sie werden in einen nahegelegenen Wald gebracht und mit Gewehrkolben erschlagen, ihre Leichen in einen Bergwerksschacht geworfen. 1919 werden Großfürst Paul, der Onkel des Zaren, und Großfürst Nikolaus Michailowitsch hingerichtet. Lediglich die Kaiserinwitwe kann sich mit den Großfürstinnen Xenia und Olga nach England, dann nach Frankreich, nach Kanada und schließlich in die Vereinigten Staaten absetzen. Daß Großfürstin Anastasia, wie behauptet wurde, dem Massaker wunderbarerweise entkommen konnte, muß heute, seit das Grab der Zarenfamilie gefunden wurde, als widerlegt gelten. Jedenfalls aber haben die Bolschewiken alles darangesetzt, den Stammbaum der Romanow mit Stumpf und Stiel auszurotten, von der illustren Familie auf russischem Boden nichts übrigzulassen.

Die Familie aber hat zahlreiche Nachkommen und konnte sich im Exil wieder erholen. Olga und Xenia, die Töchter Zar Alexanders III. und Nikolaus' Schwestern, haben ebenso Kinder hinterlassen wie Georg Romanow, der Sohn des ermordeten Michael. Zahlreiche Nachkommen hatte auch Wladimir, der Bruder Alexanders III.; Maria, Sergej und Paul Paley waren wie Alexej, der andere Bruder Alexanders III., gleichfalls mit Kinderreichtum gesegnet, und so kam es zur Verschwägerung mit vielen europäischen Fürstenhäusern. Das blaue Blut der Romanow ist mitnichten versiegt. Der russische Thronprätendent, der 1917 geborene Großfürst Wladimir, der in der Bretagne lebte, wurde nach seinem Tod in die Peter-und-Pauls-Kathedrale überführt und mit einem Pomp beigesetzt, der an die rauschenden Feste des Hofs erinnerte, in einem Petersburg, das nun von roten Fahnen befreit war. Besagter Großfürst Wladimir, Vetter zweiten Grades von Nikolaus II., war mit einer Prinzessin von Georgien verheiratet, die ihren Stammbaum auf König David zurückführte. Und ihre Tochter Maria, verheiratet mit dem preußischen Prinzen Franz Wilhelm, hat 1977 ihren Sohn Georg geboren.

In dem 1918 auseinandergebrochenen Reich selbst konnte allerdings keine Krone wiedererstehen. Die baltischen Länder und Polen wurden, wie die Ukraine, die sich kurz gegen die Bolschewiken aufgelehnt hatte, Republiken. Ein Zwergstaat, Montenegro, dessen Unabhängigkeit von den Zaren garantiert wurde, verschwand gänzlich von der Landkarte. Dieser zwischen Herzegowina im Norden und Albanien im Süden eingekeilte kleine, orthodoxe Gebirgsstaat hatte dank seines ununterbrochenen Kampfes gegen die Türken unter den Fittichen der Zaren die Unabhängigkeit gewonnen. In diesem Kampf hatte sich das Geschlecht Crnojević besonders hervorgetan; nach 1516 hatte diese Rolle die Dynastie der Vladikas oder Fürstbischöfe von Cetinje übernommen, die das Fürstentum später in ein Königreich umwandelte. Sie stammte von einem gewissen Jerak von Njegoš ab und massakrierte die Muslime auf ihrem Boden. Das Bistum war erblich und ging entsprechend der Nachfolgeregelung vom Onkel auf den Neffen über.

Diese Petrović-Njegoš konnten sich nur dank der Protektion des Petersburger Hofes halten, an dem ihre Kinder häufig einige Zeit lebten. Seit dem achtzehnten Jahrhundert hatte der Zar dem Vladika eine jährliche Pension ausgesetzt. 1852 verzichtete Danilo I. auf seine geistliche Würde, das Vladikat, und wurde der erste weltliche Fürst mit entsprechender Nachfolgeregelung. Nach seiner Ermordung 1860 in den Straßen Cattaros trat sein Neffe Nikolaus die Nachfolge an und ließ sich 1910 zum König der montenegrinischen Serben ausrufen. Seine Gemahlin Milena Wukowitsch gebar ihm zwölf Kinder, die alle in europäische Höfe einheirateten. So stellte das montenegrinische Königshaus in der ersten Generation eine Königin von Serbien, eine Königin von Italien, eine Prinzessin Battenberg, eine Großfürstin von Rußland und in der zweiten Generation zwei Könige und eine Königin: Alexander I. von Jugoslawien, Umberto II. von Italien sowie Johanna von Bulgarien, eine Tochter Viktor Emanuels III. und der Helene von Montenegro.

Als das von den Österreichern besetzte Land 1918 von den Serben befreit wurde, gab es die schützende Hand des Zaren nicht mehr: Die in Podgorica zusammengetretene Nationalversammlung verkündete die Absetzung des Königs und die Vereinigung mit Serbien. Vom Schicksal mehr begünstigt als Zar Nikolaus II., beschloß König Nikolaus von Montenegro seine Tage an der Côte d'Azur in Antibes. Nichtsdestoweniger blieb er das einzige königliche Opfer des Sturzes der Romanow im Ausland.

Die neue Macht, die nun in Rußland das Ruder übernahm, war weltlich, ja religionsfeindlich. Die orthodoxen Priester wurden vom Wahlrecht ausgeschlossen, die muslimischen Geistlichen verfolgt. Die orthodoxe Religion wurde vom weltlichen Staat zwar toleriert, Priester, Bischöfe und Ordensgeistliche aber betrachtete man als Stützen des Zarismus und massakrierte sie zu Tausenden. Der Kirchenbesitz wurde eingezogen. In Verlegenheit ob der festen Verwurzelung des Glaubens im Volk, richteten die Bolschewiken 1917 das unter Peter dem Großen 1721 abgeschaffte Patriarchat wieder ein, verhafteten jedoch 1922 den Patriarchen Tichon. Ein Jahr später wurde er aus der Haft entlassen, aber in den Laienstand versetzt. Er und die ganze Kirche standen aber weiterhin unter großem politischem Druck.

Die Revolution hatte nicht nur den Zaren gestürzt, die Romanows in Rußland getilgt, sie vernichtete dazuhin alle Quellen der Macht des Zaren und der Feudalherren: den Grundbesitz und die Religion. Armee und Polizei wurden von der bolschewistischen Partei völlig neu geschaffen und unnachsichtig in ihre Kader eingegliedert. Damit war jede Rückkehr zum Zarismus unmöglich. Die Nabelschnur zwischen den Völkern Rußlands und dem »Autokraten« war mit Feuer und Schwert durchtrennt.

Die Masse der Bauern trauerte den Popen und dem Weihrauchgeruch, dem Verschwinden der Ikonen, die durch rote Fahnen und riesige Porträts von Lenin ersetzt wurden, mehr nach als der Kaiserdynastie, deren Andenken vor allem von den Russen in der Emigration hochgehalten wurde. Nach dem Gemetzel des Weltkriegs und den Schrecken des Bürgerkriegs war das Massaker von Jekaterinburg nur ein kleiner Blutspritzer mehr. Eine ehrfürchtige Erinnerung an ein Regime, das zuerst für den Ersten Weltkrieg und dann für die Revolution verantwortlich gemacht wurde, ist nicht zu erkennen. Vielleicht wären an dem Ort des Königsmords heimlich ein paar Blumen niedergelegt worden, wenn nicht die Sowjets dafür gesorgt hätten, das Haus Ipatjew, den Zeugen ihres abscheulichen Verbrechens, dem Erdboden gleichzumachen.

Wurde Nikolaus II. zu Recht für den Zusammenbruch des Reichs verantwortlich gemacht? Er hatte sich auf einen Krieg des neunzehnten Jahrhunderts eingelassen mit Truppen, die in Deutschland wie in Rußland von Junkern und Großfürsten befehligt wurden. Die Erfindung des totalen Krieges, des Völkerkriegs, der Schützengräben, der fortschreitenden Einbeziehung der Zivilbevölkerung aber brachte die großen Schwächen des Regimes an den Tag, die sich nicht so schnell beheben ließen. Die nichtrussischen Völker und Grenzprovinzen des Reichs trachteten der Russifizierung, der zaristischen Zentralisierung zu entkommen. Die Muslime im Kaukasus und in der südrussischen Tiefebene konnten den Krieg gegen die Türken, ihre Glaubensbrüder, nur schwer hinnehmen. Sie versuchten, sich zu emanzipieren, und Lenin sollte es nicht leichtfallen, sie in der Union zu halten. Die Polen warteten nur auf eine Gelegenheit, sich der verhaßten russischen Knute, unter der sie seit mehr als einem Jahrhundert ächzten, zu entziehen. Die Balten schielten nach Deutschland und forderten gemäß ihrer historischen Tradition vollständige Unabhängigkeit für das Baltikum. Selbst die Ukrainer, stolz auf ihre reichen Ernten und ihre seit kurzem betriebenen Eisenbergwerke, wollten sich sowohl vom Zaren als auch von seinen roten Nachfolgern befreien. Lenin mußte eine Armee schicken, um die Ukraine zu besetzen, und Trotzki Polen mit Krieg überziehen, um die Westgrenze zu sichern, und dennoch konnten sie die Annexion von zehn Millionen Ukrainern und Weißrussen durch die neue Republik von Warschau nicht verhindern. Letztlich umfaßte die Russische Sozialistische Föderative Sowjetrepublik acht autonome Republiken und dreizehn nichtrussische Regionen. Das Zarenreich wurde also zusammengehalten, wenn auch unter großen Schwierigkeiten, amputiert zwar, aber nicht zerstört. Der Sturz des Hauses Romanow hatte nicht Rußlands Verschwinden von der Landkarte Europas zur Folge.

Der zweite Grund für das Scheitern Nikolaus II. lag in der feudalistischen und administrativen Struktur des Landes. Der größte Teil des Bodens befand sich in der Hand von Großgrundbesitzern, die sich einer Landverteilung größeren Umfangs und damit einer Produktionssteigerung widersetzten. Vergeblich hatte der Zar den Weg gewiesen, vergeblich hatte Stolypin das Mir-System gelockert. Die Beamtenhierarchie, noch ganz der monarchischen Kultur verhaftet, hatte die Industrialisierung des Landes gebremst und auf wenige Regionen begrenzt, in denen sich das für revolutionäre Propaganda äußerst aufgeschlossene Proletariat sammelte. Der Übergang zur bürgerlich-liberalen Wirtschaft aber hätte die Abschaffung oder Reformierung dieser starren Hierarchie erfordert, die, ersetzt durch eine effiziente Verwaltung, den Fortschritt durch einen freien Wirtschaftsaustausch und eine unbehinderte Waren- und Geldzirkulation gefördert hätte. Auf diese Weise wäre die Schaffung eines konstitutionellen Regimes möglich gewesen. Zu Beginn des zwanzigsten Jahrhunderts freilich war die Klientel der Fortschrittsparteien auf ein sich erst allmählich entwickelndes Bürgertum beschränkt. Ein liberales Regime hätte keine tragfähigen Bedingungen vorgefunden. Der Fortbestand der alten Hierarchien behinderte im übrigen auch die Modernisierung der Armee, was die schweren Verluste unter den schlecht bewaffneten und schlecht geführten russischen Soldaten erklärt, die von einem Generalstab, der nur über rudimentäre Kommunikationsmittel verfügte, wenig Unterstützung erfuhren. Dem Zaren fehlten nicht nur die modernen Mittel, um den Krieg zu gewinnen; er exponierte darüber hinaus auf gefährliche Weise die Armee dem mörderischen Feuer der Maschinengewehre und Kruppkanonen, obwohl sie die einzig wirkliche Stütze des Regimes war. Die Revolution aber wurde erst möglich, als die Eliteregimenter die Waffen streckten und den Offizieren die Epauletten herunterrissen. Die Revolte der Armee war der entscheidende Faktor; sie verhalf der Februarrevolution, die zur Abdankung des Zaren führte, zum Erfolg. Den Ausschlag gaben nicht die Bolschewiken, sondern eine Palastrevolution, die von einer Meuterei der Marine- und Gardeeinheiten profitierte.

Wenn der Zar für den Zusammenbruch nicht verantwortlich war, wie läßt sich dann erklären, daß seine einstigen Verbündeten, die Sieger dieses Krieges, von ihm abrückten? Daß Wilhelm II. Lenin ohne jegliche Skrupel die Durchfahrt durch Deutschland gestattete, um Feuer und Gift nach Sankt Petersburg zu tragen, ist begreiflich. Schließlich lag es in seinem Interesse, den Feind im Osten zu entwaffnen, um freie Hand im Westen zu haben. Die Verwandtschaft des Kaisers zählte wenig angesichts der von Ludendorff, dem 1. Generalquartiermeister, aufgestellten Divisionsstatistik. Für Wilhelm II. war Brest-Litowsk der Ausgleich für die Marne-Schlacht; die in

Rußland entwickelte psychologische Kriegführung und die Unterstützung der Bolschewiken wogen hundert Divisionen auf.

War die Revolution einmal ausgebrochen, könnten die Deutschen Riga besetzen und sich das Getreide der Ukraine aneignen. Schwerer zu erklären war dagegen die Haltung der Franzosen und Briten, die mit dem Zaren immerhin zwei Feinde gemein hatten: den Kaiser und Lenin.

1918 wurde Europas Schicksal von zwei durch die Umstände an ihren Platz gerückten Männern bestimmt: Lenin und Wilson, die als einzige die Macht besaßen, eine neue Ordnung festzulegen. Der amerikanische Präsident hatte für die mittel- wie für die osteuropäischen Reiche nur Geringschätzung übrig, ganz gleich, ob es sich nun um Deutschland, Österreich, die Türkei oder Rußland handelte. Diese Autokratien waren in seinen Augen für den Weltkrieg verantwortlich, und durch den Abschluß von »Geheimabkommen« mit dem Zaren waren die westlichen Demokratien der Logik der imperialistischen Machtkämpfe gefolgt, deren Devise brutal und zynisch lautete: Gebietseroberung. Laut Wilson aber standen der »Frieden durch Recht«, der das Recht der Völker auf Selbstbestimmung bestätigte, und der von Bismarck und Clausewitz propagierte »Frieden durch Sieg« einander diametral gegenüber. Nach Ansicht des amerikanischen Präsidenten unterdrückte das zaristische Regime unabhängige Völker. Und die Masse der ausgebeuteten Bauern sollte endlich nach einer Landverteilung großen Umfangs befreit werden, indem man eine Demokratie errichtete. Liberal, ebenso antibolschewistisch wie antifeudalistisch, wollte der amerikanische Präsident nicht mit Lenin, sondern mit allen Parteien verhandeln, die die Meinung der Russen repräsentierten. Er hatte sie alle auf die Insel Prinkipo eingeladen. Lenin fehlte: Die bolschewistische Revolution betrachtete Amerika als den größten Unterdrücker, einfach weil es am mächtigsten war. Daher war es auch der Feind Nummer eins einer neuen Welt.

Die Franzosen und die Briten kämpften in Rußland zwar an

der Seite der Weißen gegen Lenin, erlagen aber keinen Augenblick lang der Versuchung, die Truppen von Denikin oder Admiral Koltschak mit Hilfe der verblichenen Magie des Zarismus auf ihre Seite zu ziehen. Denn selbst die russischen Generäle machten den Zaren für das Elend, das ihr Land befallen hatte, verantwortlich. Ein Linksliberaler wie Lloyd George legte keinen Wert darauf, im Unterhaus als Restaurator oder auch nur als Retter der Autokratie dazustehen. Wohl hatte die Tragödie der Zarenfamilie in der englischen Öffentlichkeit Mitgefühl ausgelöst; niemand aber machte der Regierung einen Vorwurf, daß sie dem Zaren nicht zu Hilfe gekommen war. Und was Clemenceau betrifft, so war er aufgrund seiner radikalen Vergangenheit nicht der Mann, Mitleid mit diesem Regime zu empfinden, auch wenn es Frankreich ermöglicht hatte, dem Ansturm der »Feldgrauen«, trotz anfänglicher Niederlagen, an der Marne standzuhalten. Die Ideologie des Rechts der freien Völker und Nationen, der Demokratie – oder vielmehr der Republik –, beherrschte Versailles: Niemand weinte dem Zarismus eine Träne nach. Einzig besonders hellsichtige Beobachter hätten erkennen können, daß gerade die Umstände, die zur Ausschaltung der Zarenfamilie geführt hatten, eine neue Form des Terrors in Europa ankündigten: die totale Mißachtung des Menschenlebens und der humanistischen Werte durch Ideologien, die sich mit der Verheißung einer strahlenden Zukunft rechtfertigten.

Zweites Kapitel

# *Der Habsburger Doppeladler*

Der Niedergang des Hauses Habsburg folgte dem des Hauses Romanow auf dem Fuße – unter ähnlichen Umständen. Beide feindlichen Kaiserreiche waren in den Ersten Weltkrieg verwickelt, das eine auf seiten der Sieger, das andere auf seiten der Besiegten; das eine wurde durch eine Revolution gestürzt, was den Rückzug aus dem Krieg zur Folge hatte, das andere verlor den Krieg, was eine Revolution auslöste. In beiden Fällen zeigten die vier Großen, die den Frieden von 1919 schlossen, keine Lust, hilfreich einzuspringen, um Rußland für die Romanow-Erben zurückzuerobern oder das Habsburger Erbe, wenn auch amputiert, in Mitteleuropa zu erhalten. Für Wilson, Lloyd George, Clemenceau und Orlando war die neue Ordnung aus der Zerstörung der »historischen« Reiche, die sich im Laufe der Geschichte aus Volksgruppen und Volkssplittern ohne eigenen nationalen Willen gebildet hatten, entstanden. Diesen historischen Staaten setzten sie bei den Verhandlungen in Versailles ganz bewußt, fast schon als eine Art Ideologie, die Nationalstaaten entgegen.

Wie in Rußland auf die alles überragende Gestalt Alexanders III. der schwache, farblose Nikolaus II. folgte, so in Österreich der unerfahrene Karl I. auf den alten Franz Joseph. In dessen langer Regierungszeit hatte Österreich, schon zur Zeit Napoleons I. der Krone des Heiligen Römischen Reichs Deutscher Nation verlustig gegangen, allerlei Abstriche hinnehmen und das »Kaiserreich Österreich« im Zuge des Ausgleichs* 1867 in die österreichisch-ungarische Doppelmonarchie umwandeln müssen. Attentate, von denen eines Zar Alexander II. das Leben kostete, hüllten Rußland im neunzehnten Jahrhundert in Trauer. Ein Attentat sorgte auch bei der österreichischen Thronfolge für Trauerflor. Nach dem Selbstmord von Kronprinz Rudolf 1889 in Mayerling wurde durch das Attentat von Sarajewo der Thronfolger Franz Ferdinand beseitigt und der Thron für den farblosen Karl frei.

Diese Attentate offenbarten die Zerbrechlichkeit von Vielvölkerstaaten, deren Nationalitäten, wie im Rußland der Romanow, unruhig wurden. Der Attentäter von Sarajewo, ein bosnischer Serbe, hatte die Unabhängigkeit der Südslawen, einer großen Volksgruppe in der Doppelmonarchie, durchsetzen wollen. Und die Polen im österreichischen Galizien waren nicht weniger unzufrieden als die im Westen Rußlands. Am gefährlichsten für den Fortbestand der Donaumonarchie aber waren die Tschechen, denn sie lebten im industriellen Kern eines Agrarstaats, und Prag war bei den Intellektuellen und Künstlern ebenso beliebt wie Wien. Zunächst hatten die politischen Eliten, vielfach vom Exil aus, für einen »Trialismus«, einen »Dreivölkerstaat« (die Gleichberechtigung der Habsburger-, Wenzels- und Stephanskrone) gekämpft, dann jedoch die Abtrennung Böhmens gefordert. Wie aber hätte Wien auf sein reichstes Volk verzichten sollen, ohne einen schweren Rückschlag befürchten zu müssen? Die Gefahr des Auseinanderbrechens stellte für die Habsburgermonarchie eine weit größere Bedrohung dar als für das Romanowreich mit seinem unermeßlichen, dünnbesiedelten Territorium.

Der schwache politische Zusammenhalt der Donaumonarchie, ihre unzulänglichen Institutionen, die »k. u. k.« – kaiserlichen und königlichen – Truppen, sprich, die von Deutsch-Österreichern und Ungarn befehligten Regimenter, in denen

* Kompromiß zwischen Ungarns Forderung nach Souveränität und seinem bisherigen Status als Provinz (Anm. d. Übers.).

auch Tschechen, Polen und Kroaten dienten, machten Verwaltung und Militärapparat für revolutionäre Parolen ebenso anfällig wie in Rußland. Die Desertionen in der Armee häuften sich, ohne daß der Generalstab etwas dagegen hätte unternehmen können. So richteten Diplomatie und Militär, jederzeit zum Eingreifen bereit, ihre Aufmerksamkeit insonderheit auf die Anrainerstaaten, die den inneren Zusammenhalt des Reiches durch ihre Anziehungskraft und ihren Einfluß bedrohten. Bulgarien, Rumänien, vor allem aber Serbien stellten für die Wiener Regierung eine stete Versuchung dar, sich einzumischen, um die antagonistische Präsenz der Russen, der Verfechter der panslawistischen Idee und der Befreiung der unterdrückten Völker, zu bekämpfen. Jeder Rückschlag auf dem Balkan erhöhte drastisch die Gefahr eines Auseinanderbrechens; die österreichische Außenpolitik war dazu verdammt, Entschlossenheit und Stärke zu demonstrieren.

Das jedoch bedeutete, daß sich Österreich nach Verbündeten umtun mußte. Gegen Serbiens Schutzmächte – die Republik Frankreich und das Zarenreich – aber bot sich der Wiener Regierung nur ein Verbündeter an, so ungern sie seinen Beistand auch suchte: Allein das Deutsche Reich war imstande, der Doppelmonarchie im Namen des Kräftegleichgewichts international Rückendeckung zu verschaffen. Einzig mit Billigung und Unterstützung Deutschlands konnte Serbien in Schranken gehalten werden, jenes Deutschland, das Österreich 1866 ebenso aus dem deutschen Staatenverbund gejagt hatte wie die französischen Siege von Magenta und Solferino die weißen Uniformen der Österreicher aus ihren italienischen Besitzungen. Wie Rußland konnte Österreich-Ungarn seinen Bestand und seine Dynastie nur retten, wenn es sich unter den Schutz einer europäischen Großmacht stellte. Für sich genommen war die Donaumonarchie bloß noch ein zweitrangiges, den Zufällen der Geschichte ausgeliefertes Reich.

Im Jahr 1917 sah die Doppelmonarchie der Niederlage entgegen, während Rußland noch auf einen Sieg hoffen konnte. Angesichts der Katastrophe jedoch, die beiden Reichen bevorstand, fiel dieser Unterschied kaum ins Gewicht. Wie auch immer: Erschien der Zerfall des Reichs in Wien unausweichlicher als in Petersburg, so war doch die Revolution eher abwendbar, da sie der militärischen Niederlage folgte und nicht voraufging. Dank seiner Gesellschaftsstruktur war das österreichisch-ungarische Reich besser gegen revolutionäre Propaganda gefeit: Der Mittelstand, die Kaufleute, Industriellen, Beamten, Studenten und Künstler, Schriftsteller und Ärzte, war in Wien, Prag und sogar in Budapest wohlhabender und zahlreicher als in den Städten des Zarenreichs. Verwaltungsapparat und Finanzwesen waren weit besser ausgebaut, die Entfernungen zwischen den Provinzen geringer. Der größere Reichtum und die weiter fortgeschrittene soziale Entwicklung schienen das Kaiserreich besser gegen das Vordringen des Bolschewismus zu schützen als das Zarenreich.

Allerdings entwickelte sich Österreich hin auf eine liberale, konstitutionelle Regierungsform, während die Ungarn einem autokratischen, neuerungsfeindlichen Feudalismus treu blieben. Diese unterschiedliche Entwicklung blockierte jeden echten Fortschritt von vornherein und verhinderte sogar die freie Wahl des Bündnispartners für die gnadenlose Herausforderung des Ersten Weltkriegs. Der Erhalt der inneren Einheit erforderte offensichtlich einen unverbrüchlichen Pakt mit Deutschland und verhinderte entschieden jedweden Separatfrieden mit den Alliierten. Kurzum, Österreich-Ungarn hatte die Herrschaft über seine Außenpolitik verloren. Die Invasion des ausländischen Großkapitals und die technische Überlegenheit der Deutschen hatten ihm in den Schlachten des Imperialismus ohnehin längst die Unabhängigkeit geraubt.

Und die Deutschen in Berlin, die ihre eigene Niederlage ja anerkannten? Hätten sie einen noch vollständigeren Sieg über ihren ehemaligen Konkurrenten im Kampf um die Einheit der deutschen Völker wünschen können? Aus den Trümmern von Franz Josephs Reich ging ein kleines Österreich hervor, das mit einemmal ganz begierig war, sich der deutschsprachigen Gemeinschaft wieder anzuschließen.

Schloß Schwarzau, 21. Oktober 1911: Karl und Zita sind frisch verheiratet. Zita stammt, wie ihr Mann, von der großen Kaiserin Maria Theresia ab, der Mutter Marie-Antoinettes, doch fließt in ihren Adern auch das Blut Ludwigs XIV. und Philipps V. von Spanien.

Sie selbst erzählte gern, daß ihr Vater, Herzog Robert, neben seiner Muttersprache, dem Französischen, noch Spanisch, die Sprache seiner bourbonischen Vorfahren, sowie als Herzog von Parma Italienisch und auf seinen Londonreisen Englisch sprach; seine Gemahlin Maria Antonia von Braganza, durch ihre Mutter Adelaide von Löwenstein-Wertheim-Rosenberg deutschsprachig, verstand auch Portugiesisch: Ihr Vater Miguel I. war König von Portugal.

»Wir sind französische Prinzen«, pflegte Herzog Robert zu sagen, »die über Parma herrschen.« Zita selbst erlebte diese glorreichen Zeiten allerdings nicht mehr. Sie gehörte bereits jenem Clan Blaublütiger an, der sein Dasein im Exil fristen mußte. 1854, als Robert sechs Jahre alt war, war sein Vater Karl von einem Karbonaro, einem Mitglied eines revolutionären Geheimbunds, erdolcht worden. Mit zwölf hatte Robert das Herzogtum verlassen und seiner Mutter in die Schweiz folgen müssen. Und nach dem Tod der Herzogin 1864 hatte er bei seinem Onkel, dem Grafen von Chambord, dem französischen Thronprätendenten, in dessen österreichischem Schloß Frohsdorf Unterschlupf gefunden. Zita hatte als Kind in der Welt der europäischen Emigranten gelebt, jener Emigranten, die, ihre Kaleschen vollgestopft mit Gold, aus Cavours Italien, dem Italien der nationalen Einigung, flohen. Dem Herzog von Modena, dessen Tochter, Erzherzogin Maria Theresia, Chambord geheiratet hatte, war es nicht besser ergangen als dem Herzog von Parma oder dem König von Neapel oder dem Großherzog der Toskana: Cavour und Garibaldi hatten eine beachtenswerte Anzahl Fürsten arbeitslos gemacht.

Robert allerdings war kein Emigrant wie alle anderen: Seine außergewöhnliche Potenz hatte ihm in zwei Ehen vierundzwanzig Kinder beschert. Nach dem Tod seiner ersten Frau,

Maria Pia, Prinzessin von Neapel und beider Sizilien, hatte er 1862 Maria Antonia geheiratet. Viele seiner Töchter traten, wenn sie nicht wie die älteste, Maria Luisa, das Glück hatten, einen König zu heiraten, in ein Kloster ein. Um seinen Kindern bessere Heiratschancen zu verschaffen, mietete Herzog Robert alljährlich einen Sonderzug mit zwei Lokomotiven, um sie, seine Freunde und seinen ganzen Hausstand in sein Schloß Schwarzau bei Wien bringen zu lassen, wo Erzherzöge seine Nachbarn waren. Die Kinder spielten zusammen, und so hatte Zita Karl kennengelernt. Robert, der auf großem Fuß lebte, lud die Eltern des kleinen Karl, Erzherzog Otto und seine Gemahlin Maria Josepha von Sachsen, die ganz in der Nähe wohnten, häufig ein.

Die Kaiserfamilie hatte eine lange Reihe harter Schicksalsschläge hinnehmen müssen: Rudolf von Habsburg, der Thronerbe, hatte seine Frau, Stephanie von Belgien, mit der jungen Marie Vetsera betrogen und war mit seiner Geliebten in Mayerling tot aufgefunden worden. Nach dem Tod Rudolfs avancierte dessen Vetter Franz Ferdinand 1896 zum Thronfolger. Der hatte jedoch eine böhmische Adlige nichtköniglichen Geblüts, Sophie Chotek, zur Frau genommen; die künftigen Kinder aus dieser morganatischen Ehe waren von der Thronfolge ausgeschlossen. Aus diesem Grund drang der alte Kaiser Franz Joseph, den die Ermordung seiner Frau Elisabeth durch einen italienischen Anarchisten stark erschüttert hatte, auf eine baldige Verheiratung des Enkels seines Bruders Karl Ludwig, des jungen Karl, der die ganze Hoffnung des Throns verkörperte.

Vor seinem Tod im Jahr 1896 hatte Erzherzog Karl Ludwig in dritter Ehe Maria Theresia von Braganza, Zitas Tante, geheiratet. Maria Theresia wurde so auch noch zur Stiefmutter der Erzherzöge Franz Ferdinand und Otto aus der zweiten Ehe Karl Ludwigs mit Maria Annunziata von Sizilien. Zitas Tante forcierte in dieser Position natürlich die Verbindung ihrer Nichte mit Ottos Sohn Karl – ein Unterfangen, das nicht ungern gesehen wurde: Dank Roberts vierundzwanzig Kindern zählte das Haus Parma zu den bedeutendsten »Hoheitenlieferanten« europäischer Fürstenhöfe. Als Kaiser Franz Joseph den jungen Karl aufgefordert hatte, bei der Wahl seiner Frau den Gotha zu konsultieren, hatte dieser geantwortet: »Ich sehe nur einen Namen: den der Prinzessin von Bourbon-Parma.«

Nach dem Tod seines Vaters Otto im Jahr 1906 ist Karl auf Platz zwei der Thronfolgerliste gerückt. Zita wird zum Hofball eingeladen. Maria Theresia nimmt die Sache zielstrebig in die Hand und bringt die beiden in ihrem Jagdpavillon in der Steiermark zusammen. Darauf folgt zur großen Zufriedenheit Franz Josephs die Verlobung. Als Karl nach London entsandt wird, um die Doppelmonarchie bei der Krönung König Georgs V. zu repräsentieren, kann er Fotografien seiner zukünftigen Frau vorzeigen.

»Karl wird der Erbe Kaiser Franz Josephs sein«, eröffnet Papst Pius X. Zita, als sie seinen Segen erbittet. Doch Karl ist gerade erst dreißig Jahre alt und hat lediglich die Ausbildung eines Erzherzogs erhalten, ohne Einführung in die große Welt. Er hat keinerlei Examen abgelegt, weil sich Mitglieder der Kaiserfamilie nicht mit ihren künftigen Untertanen messen dürfen. Dafür ist ihnen eine Blitzkarriere beim Militär sicher: Nach einem Lehrgang im Marinestützpunkt Pola wird Karl das Kommando über das 7. Dragonerregiment übertragen, dessen Uniform ihn gut kleidet. Aber während man in Petersburg kein Hehl aus der Liaison des jungen Nikolaus II. mit einer Tänzerin von der Oper macht, will man in Wien nicht zugeben, daß der junge Karl mit seinem Freund Polzer-Hoditz bei den Chormädchen ein und aus geht. Eine von ihnen, Mizzi Ziverens, soll sich bei einem Juwelier unter Berufung auf den Erzherzog ein Diadem geliehen und später behauptet haben, es geschenkt bekommen zu haben. Polzer-Hoditz schreibt diese Liaison »der echten Liebe des jungen Erzherzogs zu allen Naturschönheiten« zu. Jedenfalls sperrt sich Kaiser Franz Joseph, der zweifelsohne von der Affäre unterrichtet wurde, gegen die Vorstellung, Karl könnte dem

*Vermählung Erzherzog Karls mit Zita von Bourbon-Parma am 21. Oktober 1911 auf Schloß Schwarzau (rechts das Brautpaar, daneben Kaiser Franz Joseph mit Maria Josepha, der Mutter Karls).*

Beispiel von Rudolf und Franz Ferdinand folgen und eine Frau von nichtköniglichem Geblüt nehmen. Zita war eine angemessene Partie; man beeilte sich also mit der Hochzeit!

Der Erzherzog trägt die Uniform eines Dragonerobersten von Lothringen und Bar, der Spitzenschleier der Prinzessin ist mit den Lilien der Bourbonen, ihrer königlichen Vorfahren, bestickt. Auf Einladung Kaiser Franz Josephs sind die Könige von Sachsen und Bulgarien erschienen. Die von Kardinal Bisletti verlesene Ansprache, in der die Brautleute als die künftigen Souveräne der Monarchie gegrüßt werden, hat der Papst höchstpersönlich redigiert. Eine der letzten großen, mit allem Pomp gefeierten Fürstenhochzeiten geht noch einmal nach strengster Hofetikette über die Bühne. Die Speisenfolge wird, der Tradition entsprechend, auf Französisch angekündigt: *quartiers d'artichauts, sauce Colbert, selle de veau bouquetière, langoustine à la parisienne* (Artischockenviertel, Kalbsrücken nach Gärtnerinnenart, Langustinen nach Pariser Art). Als Wein wird ein Château-Léoville 1900 und als Champagner ein Perier-Jouët serviert. Der Hofkapellmeister hat einen »Zita-Walzer« komponiert, die Kapelle des 67. Infanterieregiments spielt abwechselnd Walzer von Johann Strauß Vater und von Johann Strauß Sohn. Jaime, Bourbonenprinz von Spanien, Herzog von Madrid, Herr von Frohsdorf, führt die junge Waise zum Altar, Kaiser Franz Joseph küßt sie auf beide Wangen und heißt sie als »Mitglied des Hauses« herzlich willkommen. Beim Auszug ertönt Mendelssohns »Hochzeitsmarsch«, während die flugbegeisterten Freunde Karls das Schloß in einem riesigen Zeppelin, einem Symbol des Fortschritts, überfliegen ...

Auf der Hochzeitsreise lernt Zita die ganze Vielfalt der habsburgischen Besitzungen kennen und bekommt Gelegenheit, sich an der Seite ihres Mannes in siebzehn verschiedenen Sprachen zu äußern. Das Paar ist überglücklich. Der Erzherzog ahnt nicht, welch dunkle Wolken über Europa aufziehen. Nach dem Besuch einer böhmischen Garnison begibt er sich zu Manövern nach Galizien; überall wird er von der Bevölkerung begeistert empfangen. Die Geburt seines Sohnes Otto am 20. November 1912 macht das Glück des Paares vollkommen. Nun scheint die Zukunft gesichert, und man tauft den erzherzoglichen Sproß mit Jordanwasser. Die katholische Doppelmonarchie scheint konsolidiert, und Karl empfindet für seinen Onkel Franz Ferdinand die lebhafteste Bewunderung.

Allem Anschein nach haben weder Kaiser Franz Joseph noch Franz Ferdinand den Neffen in die Schwierigkeiten eingeweiht, mit denen das Reich zu kämpfen hat. Offenbar hat man die Geheimniskrämerei am Hof zu einem regelrechten Kult erhoben. Der Kronprinz befürwortete die Umwandlung der Doppelmonarchie in eine große Förderation der Donauvölker, in der jedes Volk Platz finden sollte. Den erzreaktionären ungarischen Führern dagegen paßt dies überhaupt nicht. Sie wollen im Gegenteil die anderen slawischen Nationen beherrschen und lehnen die Entwicklung hin zu einer Föderation autonomer Gebiete strikt ab. Seit 1867 teilen sich Ungarn und

Österreicher das Reich unter der Autorität des Kaisers, der zusammen mit den Chefs der beiden Regierungen den Vorsitz im Kronrat führt. Jedes der beiden Reiche hat seine eigene Verwaltung; ausgenommen sind lediglich die »gemeinsamen Angelegenheiten«, die Streitkräfte und die Diplomatie. Aber in beiden Reichen haben es die Staatsführer mit einer Vielzahl von Nationalitäten zu tun: Die Deutschen machen in Österreich nur 10 von 28 Millionen aus. Dazu kommen in den Gebieten, in denen Karl gerade an den Manövern teilgenommen hat, 5 Millionen Polen und 3 Millionen Ukrainer. Über 6 Millionen Tschechen leben in Böhmen und 1 200 000 Slowenen in den österreichischen Provinzen Steiermark, Kärnten und Istrien. In Trient und an den Küsten der Adria um den Marinestützpunkt Pola sind die Italiener zahlreich vertreten, ebenso die Serben und Kroaten (über 700 000). Eine exakte territoriale Zuordnung der Nationalitäten ist unmöglich; die Völker sind unentwirrbar durcheinandergemischt, verteidigen aber gleichwohl eifersüchtig ihre Sprache gegen den Vormarsch des Wiener Deutschs. Franz Ferdinand und Karl sind zu sehr von der Moderne angetan, um nicht zu fühlen, welcher Abgrund sich auftut zwischen den unterentwickelten Grenzgebieten Galiziens, die nach des Erzherzogs Worten »weder Priester noch Bürgermeister noch Rabbiner noch Pastoren« kennen, und den Bergwerks- und Fabrikregionen Österreichs und Böhmens, wo die Arbeiter schon für die sozialistischen Parolen empfänglich und im gewerkschaftlichen Kampf organisiert sind. Die fortschreitende Unternehmenskonzentration hat den Aufbau leistungsstarker Rüstungswerke ermöglicht (Skoda in Böhmen), aber auch politische Forderungen wieder laut werden lassen. Deshalb ist auch das Wiener Parlament in mehr als siebenundzwanzig Parteien und zwanzig parlamentarische Gruppierungen zersplittert, was sich Kaiser Franz Joseph zunutze macht, um den Parlamentarismus mit seinem Durcheinander zu kritisieren. Der alte Autokrat hat dieses Zugeständnis an den Zeitgeist ohnedies nur widerstrebend akzeptiert.

In Ungarn stellen die Magyaren nur die Hälfte der 20 Millionen Einwohner. Hinzu kommen zwei Millionen Slowaken, drei Millionen Rumänen aus Siebenbürgen, eine Million Serben sowie zwei Millionen Kroaten, Sachsen, Bulgaren, Slowenen ...

Jeder Volksgruppe muß Zita in deren Sprache ein paar freundliche Worte entbieten, was die Magyaren höchst widerwillig hinnehmen. Zwar haben sie den Kroaten, dem fortschrittlichsten und vor allem dem katholischsten slawischen Volk, ein paar Zugeständnisse gemacht, dafür aber erwarten sie, daß die Minderheiten ihr »Kauderwelsch« aufgeben und Ungarisch sprechen, das als einzige Sprache an den Schulen unterrichtet wird. Auch Zita selbst muß Ungarisch lernen.

Trotz Einschränkungen des Wahlrechts, gelenkter Wahlen und einer ungleichmäßigen Festsetzung der Wahlkreise, durch die die nationalen Minderheiten eindeutig benachteiligt werden, ist das Budapester Parlament stark aufgesplittert in Konservative oder »Magnaten«, die über riesige Domänen gebieten, in Liberale, meist Advokaten und Professoren, und in Nationale, die alle diejenigen umfassen, die die »k. u. k.« Zwangsjacke ablegen wollen. Ein allgemeines Wahlrecht gibt es in Ungarn nicht, und auch in Österreich wird es erst 1906 eingeführt.

Die Regierungen in beiden Reichsteilen stemmen sich mit aller Macht so lange als irgend möglich gegen eine Änderung des eingeschränkten Wahlrechts, um zu verhindern, daß die Slawen in den Parlamenten die Mehrheit erhalten. Das Regime kann die erste Forderung der Demokratie nicht akzeptieren, ohne sein eigenes Todesurteil zu unterschreiben. Nach der Russischen Revolution jedoch, die Kaiser Franz Joseph einen gehörigen Schrecken eingejagt hat, sieht sich die Regierung zu Zugeständnissen gezwungen, und die Entwicklung wird überstürzt vorangetrieben. Um die Sozialisten, die glühendsten Verfechter des Wahlrechts für alle, zu besänftigen, werden allerlei Versprechungen gemacht. Aus den Wahlen von 1907, bei denen den Nationalitäten a priori eine bestimmte

Anzahl von Sitzen zugestanden wurde, gehen die Sozialisten gestärkt hervor. Sie sind nun mit 87 Abgeordneten im Wiener Reichsrat vertreten. Außerdem eröffnen die Wahlen den slawischen Abgeordneten den Zutritt zur Rednertribüne, so daß sie 1908 protestieren können, als Österreich-Ungarn, um das junge serbische Königreich einzuschüchtern, Bosnien-Herzegowina annektiert, wo zahlreiche Serben leben. Dieser Gewaltakt löst bei den slawischen Minderheiten im Reich Empörung und Revolten aus; dank der Rivalität zwischen den katholischen Polen und den orthodoxen Slawen aber kann sich die prodeutsche Regierung halten. In Ungarn verfügt allein der Nationalliberale Tisza, ein überzeugter Verfechter der ungarischen Autonomie, über eine Mehrheit, wird aber von der Nationalitätenbewegung bekämpft, besonders seit der Affäre von Agram (Zagreb): Einunddreißig ungarische Serben waren wegen separatistischer Umtriebe mit Hilfe gefälschter Beweise zu Zwangsarbeit verurteilt worden. Durch die Annäherung der Kroaten und Serben nach der Resolution von Fiume im Jahr 1905 entstand in den beiden Monarchien eine gemeinsame Kampfbewegung, der Jugoslawismus, während die Tschechen in Wien parlamentarischen Widerstand leisten. Eine Lösung muß schleunigst gefunden werden. Darüber ist sich Erzherzog Franz Ferdinand völlig im klaren, als er in Sarajewo ermordet wird.

Als ebenso notwendig erweist sich eine Heeresverstärkung. Der Sieg Serbiens über die mit deutschen und österreichischen Waffen ausgerüsteten Bulgaren im zweiten Balkankrieg 1913 bestätigte die erhöhte Vernichtungskraft der europäischen Rüstung. Das Rekrutierungsgesetz vom Juni 1912 hat die Dienstpflicht verlängert und das Jahreskontingent von 100 000 auf 160 000 Mann aufgestockt. Österreich-Ungarn ist dem Vorbild der Deutschen, seiner Verbündeten, gefolgt. Nun fordert der Generalstabschef, Conrad von Hötzendorf, neue Truppenstärken und zusätzliche Gelder. Auch Erzherzog Karl ist sich der Bedeutung von Kanonen und Maschinengewehren für die moderne Kriegführung bewußt. Er billigt die Ansichten des

Generalstabs, auch wenn er, wie sein Onkel Franz Ferdinand, für den Frieden eintritt. Letzterer hatte dem Außenminister Berchtold geschrieben, er halte es für ein Unglück, sich mit Rußland in einen großen Krieg einzulassen. Die Annexion Serbiens würde sich als schweres Handikap erweisen. Dieses Land von Königsmördern und Strolchen, das unter seinen Schulden zusammenbreche, müsse auf Distanz gehalten werden; andernfalls würden in den von Serben und Ziegen bevölkerten Bergen, wie einst in Bosnien, nur wieder Milliarden spurlos versickern. Die Ermordung des Erzherzogs war unbestreitbar das Werk der Serben, paßte jedoch nahtlos ins Konzept der unnachgiebigen Dualismus-Anhänger in Budapest und der fanatischen Verfechter einer Politik der Härte, die Generalstabschef Conrad von Hötzendorf durchgesetzt hatte.

Die Kriegserklärung traf die Kaiserfamilie, vor allem die französischstämmige Linie Zitas, unvorbereitet. Ihre beiden in der Schweiz lebenden Brüder Sixtus und Xavier mußten sich in Paris stellen, wurden jedoch abgelehnt; beide dienten später der belgischen Armee. Ihre Brüder Felix und René kämpften in der k. u. k. Armee. Jaime III., der spanische Bourbone, trug, da er für den Zaren gegen die Japaner gekämpft hatte, die Epauletten eines russischen Obersten und wurde auf Anordnung Franz Josephs an die Grenze eskortiert. Große Angst hatte Zitas Mutter Maria Antonia um die belgische Königin Elisabeth, ihre mit König Albert verheiratete Nichte, mehr noch aber um ihre Schwester Marie Anne, die Witwe des Großherzogs von Luxemburg, Wilhelm Alexander, die mit ihren sechs Kindern dem Einmarsch der Deutschen entgegensah.

Was Karl betraf, so wurde er ganz bewußt von den Sitzungen des Kronrats, auf denen der Kriegseintritt und die Mobilmachung beschlossen wurden, ferngehalten. Laut Zita – und die Hypothese leuchtet ein – wollte der Kaiser den Thronerben nicht in tragische Ereignisse verwickeln, damit er freie Hand hätte, wenn Frieden in Sicht wäre.

Karl war völlig überrascht, in Wiener Neustadt – und später auch in Wien selbst – von der Menge mit frenetischem Jubel

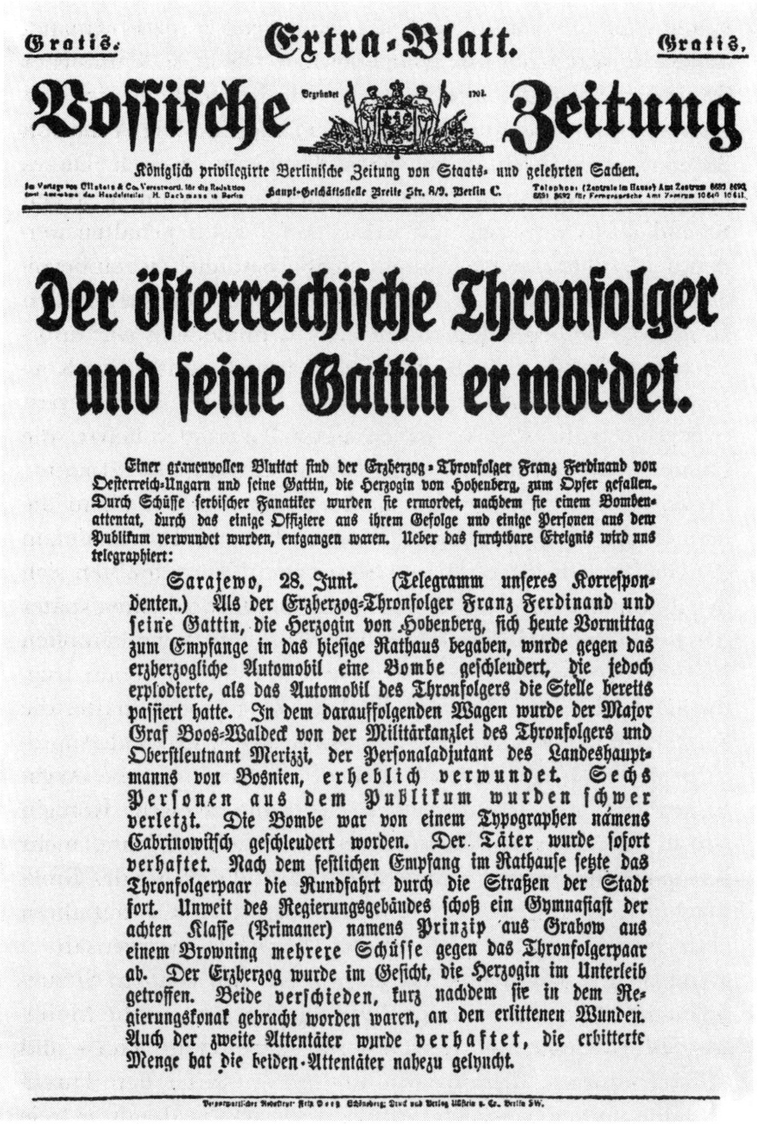

Gratis. **Extra-Blatt.** Gratis.

# Vossische Zeitung

Begründet 1704.

Königlich privilegirte Berlinische Zeitung von Staats- und gelehrten Sachen.

Im Verlage von Ullstein & Co. Verantwortl. für die Redaktion (mit Ausnahme des Handelsteils): H. Bachmann in Berlin. Haupt-Geschäftsstelle Breite Str. 8/9, Berlin C. Telephon: (Zentrale im Hause) Amt Zentrum 8689 8690, 8691 8692 für Ferngespräche Amt Zentrum 10640 10641.

## Der österreichische Thronfolger und seine Gattin ermordet.

**Einer grauenvollen Bluttat sind der Erzherzog-Thronfolger Franz Ferdinand von Oesterreich-Ungarn und seine Gattin, die Herzogin von Hohenberg, zum Opfer gefallen. Durch Schüsse serbischer Fanatiker wurden sie ermordet, nachdem sie einem Bombenattentat, durch das einige Offiziere aus ihrem Gefolge und einige Personen aus dem Publikum verwundet wurden, entgangen waren. Ueber das furchtbare Ereignis wird uns telegraphiert:**

Sarajewo, 28. Juni. (Telegramm unseres Korrespondenten.) Als der Erzherzog-Thronfolger Franz Ferdinand und seine Gattin, die Herzogin von Hohenberg, sich heute Vormittag zum Empfange in das hiesige Rathaus begaben, wurde gegen das erzherzogliche Automobil eine Bombe geschleudert, die jedoch explodierte, als das Automobil des Thronfolgers die Stelle bereits passiert hatte. In dem darauffolgenden Wagen wurde der Major Graf Boos-Waldeck von der Militärkanzlei des Thronfolgers und Oberstleutnant Merizzi, der Personaladjutant des Landeshauptmanns von Bosnien, erheblich verwundet. Sechs Personen aus dem Publikum wurden schwer verletzt. Die Bombe war von einem Typographen namens Cabrinowitsch geschleudert worden. Der Täter wurde sofort verhaftet. Nach dem festlichen Empfang im Rathause setzte das Thronfolgerpaar die Rundfahrt durch die Straßen der Stadt fort. Unweit des Regierungsgebäudes schoß ein Gymnasiast der achten Klasse (Primaner) namens Prinzip aus Grabow aus einem Browning mehrere Schüsse gegen das Thronfolgerpaar ab. Der Erzherzog wurde im Gesicht, die Herzogin im Unterleib getroffen. Beide verschieden, kurz nachdem sie in dem Regierungskonak gebracht worden waren, an den erlittenen Wunden. Auch der zweite Attentäter wurde verhaftet, die erbitterte Menge hat die beiden Attentäter nahezu gelyncht.

Verantwortlicher Redakteur: Fritz Doerg, Schöneberg; Druck und Verlag Ullstein & Co., Berlin SW.

*Extrablatt der Berliner »Vossischen Zeitung« über die Ermordung des österreichischen Thronfolgers Erzherzog Franz Ferdinand am 28. Juni 1914.*

empfangen zu werden. Noch herzlicher wurde er in Budapest aufgenommen. »Ich bin zwar Offizier«, soll er erklärt haben, »trotzdem begreife ich nicht, woher die Leute, deren Angehörige in den Krieg ziehen müssen, diese Begeisterung nehmen.« Der Erzherzog fürchtete weniger die Feuerprobe als den nationalistischen Alptraum, der die Monarchie mit großer Wahrscheinlichkeit wegzufegen drohte. Als Oberst des 1. Husarenregiments überbrachte er in allen Städten des Reichs den an die Front ziehenden Einheiten eine Grußbotschaft des Kaisers. Er selbst brach schließlich nach Galizien ins Hauptquartier Erzherzog Friedrichs auf. Die Heeresleitung lag wie eh und je beim hohen Adel. Während Karl die Feuertaufe und die ersten Niederlagen der k. u. k. Armee erlebte, wurde Zita mit den Kindern in Schönbrunn beim Kaiser untergebracht. Später besuchte Karl die verschiedenen Frontabschnitte, um im Namen des Kaisers Auszeichnungen zu verleihen. Er nutzte die Gelegenheit für einen genauen Bericht über den Zustand der Truppen, ihre Moral und über die Kampfbedingungen. Als Karl seinem Großonkel endlich zu einem Sieg in Galizien gratulieren konnte, antwortete dieser: »Ja, das ist der Anfang, danach wird es aber immer schlimmer kommen, denn diesmal wird der Krieg in einer Katastrophe enden.«

Trotz dieser Einsicht hatte der alte Kaiser im Juli 1914 den Falken im Generalstab freie Hand gelassen. Da in Österreich wie in Ungarn eine Notstandsverordnung die Regierung im Kriegsfall mit Sondervollmachten ausstattete, konnten Mobilmachung, Requirierungen und der Einsatz von Kriegsgerät einfach per Dekret geregelt werden. Damit war jedem Widerstand in den slawischen Ländern gegen die Aushebung von Soldaten von Anfang an der Wind aus den Segeln genommen worden. In Ungarn hatte Graf Tisza die rumänischen Gegner in Siebenbürgen, die Slowaken im Osten und die Serben und Kroaten im Süden fest im Griff. In Österreich hatte die Regierung des Kaisers beschlossen, den Reichsrat nicht einzuberufen, um ihre Beschlüsse ungestört fassen zu können. Damit übernahm der Kaiser aber auch die volle Verantwortung für den Kriegseintritt und regierte, gestützt auf den Generalstab, per Dekret. Den Sozialisten und den Vertretern der Nationalitäten blieb keinerlei Handhabe, dagegen zu protestieren: Das Parlament war ausgehebelt und die Zensur allgegenwärtig; Polizei und Armee standen gewissermaßen Gewehr bei Fuß, um jeden Widerstand auf der Stelle zu unterdrücken. Den Rest besorgte die nationale Begeisterung der Wiener Bevölkerung: Ein Außenstehender hätte meinen können, in Österreich-Ungarn sei die Kriegsbegeisterung ebenso groß wie in Deutschland, als sei man begierig, die Toten von Sarajewo zu rächen. In Wirklichkeit jedoch war dieser Jubel auf die Deutschen und die Ungarn beschränkt. Die anderen Völker teilten ihn kaum.

So wünschten sich weder die nichtdeutsche Mehrheit der Bevölkerung noch die um den Erhalt des Reiches bangenden führenden Kreise den Krieg, am allerwenigsten Franz Joseph selbst. Aber konnte er die serbische Provokation hinnehmen, ohne das Gesicht zu verlieren? Konnte er die zentrifugalen Kräfte, die sich in der k. u. k. Monarchie regten, derartig ermutigen? Die bedingungslose Unterstützung, die ihm Kaiser Wilhelm II. zunächst angeboten hatte, sowie die Entschlossenheit Conrad von Hötzendorfs und dessen Versicherung, Serbien durch eine Blitzaktion zu vernichten, hatten ihn bewogen, das Risiko einzugehen. Die These eines lokalisierten Konflikts hatte lange Zeit das Schreckgespenst einer gesamteuropäischen Völkerschlacht in den Hintergrund gedrängt. Deshalb hatte die Doppelmonarchie einen Krieg in Kauf genommen und ein Heer von letztendlich 7,8 Millionen Soldaten auf die Schlachtfelder geworfen, um dort zu verbluten. Und für diese Leichtfertigkeit sollte, wie es der Kaiser vorausgeahnt hatte, die Geschichte einst Rechenschaft fordern.

Unterwegs zu einer Besprechung mit dem deutschen Bündnispartner, studierte Karl die diplomatischen Dossiers. Als er im Namen seines Großonkels gegen die von Italien als Preis für seine Neutralität geforderte und von Deutschland befürwortete Abtretung Trients und Südtirols von Österreich-Ungarn protestierte, lernte er den ganzen Starrsinn Kaiser Wilhelms kennen. Wie hatte die Doppelmonarchie ihr Geschick nur so eng mit dem eines Verbündeten verquicken können, den ihre Nationalitätenprobleme so wenig kümmerten? Während Zita in Schönbrunn ihr neugeborenes drittes Kind, den Erzherzog Robert, umsorgte, hielt Karl hartnäckig daran fest, Tirol das Elsaß-Lothringen Österreichs zu nennen, was nicht gerade zur Verbesserung der deutsch-österreichischen Beziehungen beitrug. Indessen zwang der italienische Angriff in den Alpen die Österreicher, an der Seite ihrer Bundesgenossen anzutreten. Am 12. März 1916 wurde Karl zum Feldmarschalleutnant ernannt und übernahm unter dem Oberkommando Erzherzog Eugens das Kommando über das aus Tirolern, Steiermärkern und Kärntnern gebildete Edelweiß-Korps. Nachdem er den Italienern den Zugang zu den Tiroler Pässen durch einen erfolgreichen Angriff versperrt hatte, wurde Karl an die Ostfront versetzt, wo dem russischen General Brussilow der Durchbruch gelungen war. Man schrieb es Karl zu, die Offensive aufgehalten zu haben, tatsächlich jedoch hatten die Russen die Operation nicht konsequent zu Ende geführt. Doch nun begann der deutsche Generalstab darauf zu dringen, die österreichischen und ungarischen Einheiten Offizieren mit Westfronterfahrung zu unterstellen. Karl lehnte dies mit der Begründung ab, ein deutsches Kommando würde die Desertion der Tschechen nur forcieren und den Zusammenhalt der kroatischen und serbischen Regimenter bedrohen. Und die Ungarn wollten sich schlichtweg nicht von Deutschen kommandieren lassen. So mußte Hindenburg in ein gemeinsames Kommando einwilligen. Karl wurde umgehend nach Siebenbürgen geschickt, wo die Rumänen einmarschiert waren. Es gelang ihm, mit den ungarischen Truppen und dem deutschen Korps seinerseits in Rumänien einzufallen und Bukarest zu nehmen.

Für diesen glänzenden Sieg wurde er von Franz Joseph zum Oberbefehlshaber der österreichisch-ungarischen Truppen ernannt. Offensichtlich war dem Erben des Regimes das Kriegsglück hold; ihn an die Spitze des Generalstabs zu stellen aber war ebenso riskant wie die Übernahme der militärischen Verantwortung durch den Zaren: Im Falle eines Rückschlags würde man ihm die Niederlage anlasten.

Aber Karl dachte bereits an den Frieden. Und nicht nur er. Schon 1915 hatte seine Schwiegermutter Maria Antonia ihrem Sohn Sixtus, der in der belgischen Armee kämpfte, einen Brief geschrieben, der, wie die Antwort von Sixtus, via Luxemburg kam. Mit seiner Schwester Zita korrespondierte der Prinz auch über den Vatikan. Ende des Jahres 1915 hatte er dem neuen Papst, Benedikt XV., ein Friedensmemorandum vorgelegt; der Papst jedoch hatte nur seine Ohnmacht beklagt. Zu diesem Zeitpunkt war keine der kriegführenden Parteien zu Friedensverhandlungen, geschweige denn den zu geringsten Zugeständnissen bereit.

Als sich der Gesundheitszustand Kaiser Franz Josephs zusehends verschlechterte – er war Mitte November an Grippe erkrankt –, befahl er Karl, in Schönbrunn zu bleiben. Bald darauf, am 21. November 1916, starb der edle Greis im Alter von sechsundachtzig Jahren. Mit den Worten »Gott segne Eure Majestät« machte der frühere Oberkammerherr Fürst von Lobkowitz das Zeichen des Kreuzes auf Karls Stirn. Vor dem Prunkbett kniend, auf dem der Kaiser aufgebahrt lag, empfingen Karl und Zita die Kommunion. Schon am nächsten Morgen wurde ein Manifest veröffentlicht, in dem der neue Herrscher erklärte, sein möglichstes tun zu wollen, »um den Schrecken und Opfern des Krieges so schnell wie möglich ein Ende zu bereiten und meinem Volk die Wohltaten des Friedens wiederzugeben«.

War er also ein Friedensfürst? Besaß er überhaupt die Mittel dazu? So wenig Karl ein Separatabkommen hätte schließen können, so wenig war er Herr über den Krieg. Zwar war er aus politischen Gründen, um das Ansehen des Throns zu heben, zum kommandierenden General ernannt worden, die militärischen Operationen aber bestimmte er ebensowenig wie

*Beisetzung Kaiser Franz Josephs in Wien.*

Nikolaus II. die an der russischen Front. Conrad von Hötzendorf war Herr des Krieges, ebenso wie Brussilow oder Alexejew und Ludendorff oder Hindenburg. In den mittel- und osteuropäischen Staaten fehlte das demokratische Gegengewicht, und so hatte sich die absolute Macht lediglich vom Souverän auf die Militärs verlagert. Konnte Karl, der neue Herrscher, das Ruder wieder herumreißen?

Indem er Conrad von Hötzendorf kaltstellte, glaubte Karl, so wie Nikolaus II. durch die Versetzung des Großfürsten Nikolaus, die Armee in den Griff zu bekommen. Er warf seinem Generalstabschef vor, sich zu eng an den deutschen Interessen orientiert zu haben. Doch schon die Entsendung Karls an die Front – als dieser noch Erzherzog gewesen war – und seine Ernennung zum Oberbefehlshaber hatte vor allem der Propaganda und der Aufrechterhaltung der Moral der österreichischen und ungarischen Truppen gedient. De facto wurde der Krieg vom deutschen Generalstab geführt, mit Conrad von Hötzendorf als Beirat. Jedenfalls aber hatte Karl begriffen, daß sein Land weder Kriegs- noch Friedenspolitik betreiben konnte, solange es so eng an die deutschen Verbündeten gekoppelt war. Die Verabschiedung von Franz Josephs altem »Diener« Hötzendorf, dekoriert mit dem Maria-Theresia-Orden und zum Marschall ernannt, kündigte den Wunsch nach einer sofortigen politischen Veränderung an: Karl verlegte den Generalstab von Teschen nach Wien, um endlich das Kommando selbst zu übernehmen. Die Würfel waren gefallen. »Ich begriff«, schrieb Conrad von Hötzendorf später, »daß ein solch altes Möbel wie ich keinen Platz mehr in einem modernen Salon hatte.«

Konnte Österreich-Ungarn noch gerettet werden? Vor allem ging es Karl darum, den Zusammenhalt der Armee zu stärken, die Fronten zu verkürzen, die Einheiten zu ergänzen und dennoch die Truppenstärke insgesamt zu reduzieren, um Arbeitskräfte für die Rüstungsindustrie freizustellen. Dadurch sollte die Kriegsproduktion gesteigert und eine überlegene Feuerkraft erzielt werden, um die Divisionskommandeure zu einem sparsameren Einsatz von Menschenleben zu bewegen. Diese Einstellung entsprach der neuen Taktik Pétains an der Westfront. Auch die Deutschen hatten Vernichtungsschlachten abgeschworen und bemühten sich, eine Verbesserung der Bewaffnung und der Schlagkraft zu erreichen, um den Durchbruch an der Front zu schaffen. Es war Zeit zu handeln: Die öffentliche Meinung drang auf einen Richtungswechsel. Einen Monat vor dem Tod des alten Kaisers war Karl Graf Stürgkh, der österreichische Ministerpräsident, in einem Wiener Hotel erschossen worden. Der Attentäter, Friedrich Adler, Sohn des sozialdemokratischen Parteivorsitzenden Victor Adler, wird noch an Ort und Stelle verhaftet. »Ich allein bin verantwortlich«, erklärt er, »meine Parteifreunde haben nichts mit meiner Tat zu tun.«

Dieses Attentat macht offenbar, welch undurchdringliche Decke des Schweigens sich über die Innenpolitik gelegt hat. Die Öffentlichkeit fordert Rechenschaft, Maßnahmen, womöglich eine andere Politik. Der junge Kaiser wird sich des Umschwungs sehr bald bewußt. Vor allem will er mit dem »System Stürgkh« brechen und in das Vorgehen des Staates mehr Transparenz bringen. Ebensosehr mißbilligt er Tiszas Diktatur in Ungarn. In Budapest manifestiert sich, vertreten durch Graf Károlyi, eine neue politische Stimmung. Die Politik der gemeinsamen Front aller ungarischen Parteien von Tisza bis Andrássy und Apponyi zugunsten der Allianz mit Deutschland ist unter Beschuß geraten. Károlyi stellt das Bündnis der Mittelmächte zwar noch nicht in Frage, fordert die Regierung aber auf, ihre »Kriegsziele« bekanntzugeben. Die Öffentlichkeit will erfahren, warum dem Volk Opfer in einem Krieg abverlangt werden, der, ohne feste Zielsetzung geführt, sich immer länger hinzieht. Nach Károlyis Meinung darf sich die Doppelmonarchie Deutschland nicht länger unterordnen, da das Reich doch nur seine eigenen Ziele verfolgt. Warum also nicht einen Kompromißfrieden schließen? Wie könnte Kaiser Karl – wie könnten die »Unabhängigen« in Deutschland und die sozialistischen Minderheiten in Frankreich – die Meinung des Grafen Károlyi ignorieren, der zwar in Budapest tauben Ohren predigt, beim immer noch amtierenden ungarischen Parlament aber durchaus Gehör findet? Sollte die Zukunft nicht vielleicht doch den Ansichten des Grafen Károlyi recht geben?

Die Entlassung Conrad von Hötzendorfs scheint eine neue Politik anzukündigen, und in der Tat sieht es so aus, als könnten Kaiser Karl und seine Gemahlin die zwischen den Thronen Europas abgerissenen Verbindungen wiederaufnehmen. Der mörderische Wahnsinn der Generalstäbe und die nationalen Leidenschaften der entfesselten Völker, die, verbittert durch die ihnen abverlangten Opfer und durch eine demagogische Politik verleitet, jetzt nicht mehr aufgeben wollen, müssen durch ein neues Zusammenwirken der christlichen Her-

*Conrad von Hötzendorf.*

renschicht aufgewogen, womöglich gestoppt werden. Das alte Europa der Kreuzzüge muß seine Gegensätze vergessen, über seinen Fortbestand verhandeln und das Gemetzel beenden. Aber können sich die Erzherzöge und die Großfürsten, der deutsche Hochadel und die englischen Lords aus dem mörderischen Streit lösen, in dem schon so viele der Ihren an der Spitze der Regimenter gefallen sind? Werden Zitas und Karls Hoffnungen nicht enttäuscht werden? In ihren Kreisen spricht alle Welt von Frieden, wünschen alle sehnlichst das Ende der Kämpfe herbei. Aber hat der Kaiser die Mittel, eine Politik der Öffnung nach Westen durchzusetzen und so seinen Thron zu retten? Während der Zar zu diesem Zeitpunkt seine ganze Hoffnung auf den Sieg der Alliierten setzt, zielen die Wünsche des neuen österreichisch-ungarischen Herrschers auf den Abschluß eines Separatfriedens.

Aber wird Karl zum Beweis seines guten Willens tatsächlich dem Vorschlag der Regierung folgen, den Eid auf die österreichische Verfassung leisten und damit der Antikriegspartei in seinem eigenen Land das Recht auf freie Meinungsäußerung einräumen? Er zieht es vor, der ungarischen Opposition, die, das spürt er, am Rande einer Krise steht, den Wind aus den Segeln zu nehmen und sich mitten im Krieg in Budapest nach althergebrachtem Ritus feierlich krönen zu lassen. Von juwelen- und goldbehängten Magnaten begleitet, fährt er in der Uniform eines ungarischen Kavalleriegenerals in einer von acht Schimmeln gezogenen Prunkkarosse vor dem Dom vor, um aus den Händen des Kardinals und Fürstprimas Johannes Czernoch die Stephanskrone entgegenzunehmen. Er empfängt das »Zepter der Macht und der Wahrheit« und verpflichtet sich, »die Stolzen zu demütigen und die Demütigen zu erhöhen«.

Unter dem Jubel der Magnaten ruft Graf Tisza aus: »Es lebe der König!« Der König berührt die »Ritter vom goldenen Sporn« mit dem Schwert, und als er die Kirche verläßt, bricht die von Hunger und Trauer gezeichnete Menschenmenge auf dem Vorplatz – seit Kriegsbeginn sind mehr als zwei Millionen Ungarn gefallen, verwundet oder gefangengenommen worden – in ein unbeschreibliches Jubelgeschrei aus. Welch ein Anachronismus, einen von Gott auserwählten König zu weihen in einer Zeit, in der die verschiedenen Gruppen im Parlament übereinander herfallen, bereit, sich gegenseitig zu zerfleischen.

Hat Karl durch die Manifestation der göttlichen Gegenwart eine innere Beruhigung, eine Ermutigung erfahren? Als frommer, aufrichtiger Katholik hat er der feierlichen Bekräftigung des göttlichen Auftrags des von Gott geleiteten König-Kaisers sicher großen Wert beigemessen. Die Deutschen und die Tschechen aber fühlten sich entmutigt: Würde er sich nach der Stephanskrone in Budapest nun in Prag auch noch die Wenzelskrone aufsetzen? Wollte er Souverän einer Tripelmonarchie werden? Doch Karl beließ es bei der einen Krönung und damit bei der von Graf Tisza gewünschten feierlichen Bekräftigung des Dualismus von 1867. Die altmodische Prachtentfaltung aber erweckte beim Volk den Eindruck, es solle nicht nur jeder Hinweis auf eine liberale Politik, sondern auch auf eine Öffnung in der Nationalitätenfrage vermieden werden. Hatte sich Kaiser Karl gegen das politische Testament seines Onkels, des ermordeten Erzherzogs Franz Ferdinand, entschieden?

Doch allein schon der gesunde Menschenverstand forderte, vor einer Liberalisierung des Regimes und einer eventuellen Aufsplitterung des Reichs in einen großen Bund autonomer Völker erst einmal alle Wege hin zu einem Frieden auszuloten. Deshalb fürchtete der Große Generalstab in Deutschland, Kaiser Karl könne wieder Verhandlungen aufnehmen mit dem Ziel, einen Separatfrieden zu schließen.

Bei diesem Dialog mit dem Westen spielte dank ihrer Brüder, der Bourbonenprinzen, auch Zita eine Rolle. Sie mutmaßte, daß die Deutschen den Russen bei ihren Verhandlungen für einen Sonderfrieden österreichische Territorien angeboten hatten. Karl hatte Kaiser Wilhelm II. gebeten, den Alliierten Friedensverhandlungen vorzuschlagen. Doch Briand wies die Note der Mittelmächte vom 12. Dezember 1916, die in der Tat sehr wolkig gehalten war und in der keinerlei bestimmte Zusagen gemacht wurden, brüsk zurück. Daraufhin hatte Karl den Außenminister ausgewechselt und Graf Czernin beauftragt, die Verhandlungen wieder aufzunehmen. Doch Wilhelm II. wollte erst die Stellungnahme der Alliierten abwarten. Am 31. Dezember 1916 ging dann die offizielle Ablehnung der deutsch-österreichischen Friedensresolution ein. Zwei Tage später bat Karl den deutschen Kaiser in einem Brief, »ernsthafte und annehmbare Verhandlungen« einzuleiten. Aber Wilhelm hatte andere Sorgen: die Ausweitung des U-Boot-Krieges auf alle Weltmeere und alle feindlichen und neutralen Handels- und Passagierschiffe. Dabei erwartete er Österreichs Unterstützung, was Karl zunächst kategorisch ablehnte; doch seine Regierung kam später nicht umhin, den uneingeschränkten U-Boot-Krieg dennoch mitzutragen. Karl mißbilligte aber auch weiterhin den Versuch, einen »Siegfrieden« um jeden Preis erzwingen zu wollen. Nun aber blieb ihm nur noch eine Möglichkeit, die Zita schon erkundet hatte. Er mußte versuchen, einen Separatfrieden zu schließen; das allein konnte das Reich noch retten. Am 22. Januar 1917 hatte der amerikanische Präsident Woodrow Wilson seine Botschaft vom »Recht der Völker auf Selbstbestimmung« verkündet, die im Vielvölkerstaat Österreich auf größtes Interesse gestoßen war. Es war keine Zeit mehr zu verlieren.

Die Deutschen schienen zu keinerlei Zugeständnissen bereit. Reichskanzler Bethmann Hollweg hatte Wilson mit einer Provokation geantwortet: Gegen Abtretung der von Frankreich besetzten Teile des Elsaß würde sich Deutschland aus Nordfrankreich zurückziehen. Natürlich aber forderte Frankreich als Voraussetzung für jede Verhandlung die Rückgabe von Elsaß-Lothringen. Außerdem war, wie Raymond Poincaré die Bourbonenprinzen wissen ließ, ein Frieden mit Österreich-Ungarn ohne Einbeziehung Italiens schlecht vorstellbar.

Gleichwohl war Kaiser Karl entschlossen, die Kontakte weiter auszubauen. Zweimal fuhr Graf Erdödy im Februar als Vermittler in die Schweiz, um Wiens Vorschläge zu unterbreiten. Der Graf bekräftigte die deutsch-österreichische Allianz, erklärte aber, Österreich würde, falls sich Deutschland zu diesem Schritt entschlösse, der Rückgabe der beiden Provinzen an Frankreich nichts in den Weg legen. »Wir werden«, hatte Karl dieser nicht eben ermutigenden Klausel hinzugefügt, »Frankreich unterstützen und mit allen Mitteln Druck auf Deutschland ausüben.« Die Entscheidung zum Frieden lag also nach wie vor bei Wilhelm II. Immerhin aber war die von Sixtus von Bourbon überbrachte Note Poincaré so vielversprechend erschienen, daß er sie an Außenminister Briand weitergereicht hatte. Nach Rücksprache mit Reichskanzler Bethmann Hollweg jedoch ergab sich, daß die Deutschen als Grundlage für Verhandlungen das lothringische Eisenerzbekken von Longwy-Briey forderten – eine für Frankreich unannehmbare Bedingung.

Keineswegs entmutigt, begaben sich Sixtus und Xavier von Bourbon-Parma unter dem Namen »Ingenieure Bertrand« nach Österreich, wo sie von ihrem Schwager, dem Kaiser, der sie seit dem August 1914 nicht mehr gesehen hatte, empfangen wurden: Wieder wurde über die Möglichkeit eines Friedensschlusses diskutiert, und auch bei dieser Gelegenheit bekräftigte Karl erneut scinen Friedenswillen. Er erklärte sich zu Zugeständnissen an Italien und Serbien bereit, äußerte seine Befürchtungen hinsichtlich der Rückwirkung der Russischen Revolution auf die Doppelmonarchie und wetterte gegen den Siegfrieden, den die Deutschen in der Überzeugung des bevorstehenden Zusammenbruchs der russischen Front nachdrücklicher anstrebten denn je. Außerdem übergab er Sixtus einen Brief an den Präsidenten der Republik Frankreich, Raymond Poincaré. In diesem Schreiben vom 24. März versprach Karl erneut, Frankreichs Anspruch auf Elsaß-Lothringen unterstützen zu wollen. Verbürgen freilich konnte er sich für die Abtretung nicht, da sie nicht von ihm abhing. Indessen hatte der österreichische Außenminister Czernin allem Anschein nach auf ein Versprechen Bezug genommen, das ihm der deutsche Kanzler Bethmann Hollweg persönlich gegeben hatte: Man könnte sich über Elsaß-Lothringen einigen, wenn Deutschland Galizien erhielte. Michel Dugast-Rouillé, der über diese Verhandlungen berichtet, betont, wie obskur die ganze Affäre gewesen sei, glaubt jedoch, daß Czernin dieses Versprechen dem Kaiser gegenüber erwähnte und alles in allem die Verhandlungen ermutigte. Jedenfalls löste Sixtus, als er am 31. März von Poincaré empfangen wurde, Erstaunen aus. Falls sich Kaiser Karl über die Absichten der deutschen Regierung nicht täuschte, mußten die englischen und italienischen Verbündeten konsultiert werden. Sollte der junge österreichische Kaiser also tatsächlich die unglaubliche Chance haben, die Doppelmonarchie durch Beendigung des Kriegs zu retten? Einige Tage lang scheint man es gehofft zu haben. Aber wie hätten Lloyd George, Briand und Poincaré länger an den guten Willen einer deutschen Regierung glauben sollen, die immer mehr unter die Fuchtel des kaiserlichen Generalstabs geriet?

De facto wächst das Mißtrauen. Karls Besuch im Schloß

von Homburg vor der Höhe bei Frankfurt am 3. April 1917 beunruhigt die Alliierten. Es ist ein freudiges Wiedersehen. Karl stellt Wilhelm II. seine Gemahlin Zita, den neuen Generalstabschef Baron von Arz und seinen Kabinettschef, seinen Jugendfreund Polzer-Hoditz, vor. Man tauscht Geschenke aus, speist miteinander. Wilhelm II. spielt den charmanten Hausherrn und Edelmann. Im Hintergrund ein verkrampfter Czernin, ein hochnäsiger Ludendorff und ein nicht minder arroganter Hindenburg. Zu Kaiser Karls großer Überraschung ist Bethmann Hollweg sprachlos, daß man geglaubt habe, Deutschland werde Elsaß-Lothringen gegen das magere Galizien tauschen. Kein Zweifel, alles bricht zusammen. Darauf bezieht sich Karl in seiner Abschiedsbemerkung zu seinem deutschen Gastgeber: »Bis zum Spätsommer muß das um jeden Preis ein Ende haben.« Der Kaiser antwortet verlegen, er zähle auf seine U-Boot-Flotte und auf die Bolschewiken in Rußland. Die Gefahr der Ansteckung für Europa sieht er nicht. Dabei melden Berlin und Wien Umtriebe sozialistischer Extremisten; doch der deutsche Kaiser, in seinen Friedensanwandlungen vom Generalstab gebremst, ist blind dafür. Karl hat nichts erreicht.

In Paris und London fragt man sich beunruhigt, was diese Friedensangebote zu bedeuten haben, wenn Karl doch offensichtlich in der Hand der Deutschen ist. Sie drohen die Moral des Hinterlandes zu untergraben und die Entente mit Italien, dem die größten Zugeständnisse gemacht worden sind, zu erschweren. Es ist offensichtlich, daß der österreichische Kaiser den Sieg der Deutschen, der sein Land ausbluten und vermutlich um einige Provinzen ärmer machen würde, gar nicht mehr wünscht, von der Wirtschaftsunion, die ihm der Sieger aufzwingen würde, ganz zu schweigen. Er deutet seiner Umgebung an, daß der Kriegseintritt der Vereinigten Staaten – am 6. April 1917 erklärten die USA Deutschland den Krieg – für die Pläne Wilhelms II. den sicheren Ruin bedeute. Sich auf einen Siegfrieden zu versteifen, ist purer Wahnsinn. Ein Sonderfrieden mit Österreich aber kann bestenfalls bei Großbritannien und Frankreich auf Interesse stoßen, die keine gemeinsamen Grenzen mit der Donaumonarchie haben; von den Alliierten Südeuropas – Italien, Serbien und Rumänien – wird er vehement abgelehnt. Sie hoffen auf ein endgültiges Ende des alten Regimes sowie auf kräftige Gebietszuwächse auf dessen Kosten.

Als Frankreich die Zuziehung Italiens zu den Verhandlungen, auch zu den geheimen, fordert, ist Kaiser Karl schachmatt gesetzt, und er weiß es.

Und in der Tat konsultieren die Alliierten in Saint-Jean-de-Maurienne in den Alpen den ebenso nüchternen wie habgierigen italienischen Außenminister Baron Sonnino. Italiens Ansprüche sind maßlos, unannehmbar. Insgeheim allerdings, hinter Sonninos Rücken, macht der italienische General Cardona im Namen König Viktor Emanuels gemäßigtere Vorschläge, an die sich Kaiser Karl klammert. Ein zweites Mal empfängt er Sixtus von Bourbon in Wien und erzählt ihm etwas von »Reduzierung« der italienischen Forderungen. Wen hofft er damit umzustimmen? Nach Paris zurückgekehrt, setzt sich Sixtus erneut mit dem französischen Staatspräsidenten Poincaré in Verbindung. Man beschließt, sich mit London abzustimmen und den italienischen Souverän nach Compiègne einzuladen. Doch zu der Begegnung kommt es nicht, Sonnino versteht sie, zweifelsohne mit Hilfe Ribots, des französischen Außenministers, zu torpedieren. Verbittert kehrt Prinz Sixtus von Bourbon zu seinem Regiment zurück, und Zita bricht in Schönbrunn in Tränen aus.

Nicht viel mehr Erfolg war dem deutschen Versuch vom April 1917 beschieden, mit Hilfe des Barons von Lanken, der im besetzten Belgien offizielle Funktionen bekleidete, ein Treffen mit Ministerpräsident Briand zu organisieren: Briand, von Ribot heftig kritisiert, war zurückgetreten. Auch die Bemühungen Papst Benedikts XV., der im August den Apostolischen Nuntius, Monsignore Pacelli, nach München schickt, verlaufen im Sand. Bethmann Hollweg hat am 13. Juli 1917 den Hut nehmen müssen; auf Anregung des Abgeordneten

Erzberger hat der Reichstag eine Friedensresolution angenommen, die einen Verständigungsfrieden ohne Annexionen und Entschädigungen fordert. Der neue Kanzler, Michaelis, votiert mit dem Generalstab für die Fortführung des Kriegs. Wieder sind die Vermittlungsbemühungen des Papstes gescheitert. Mittlerweile hat Kaiser Karl unverdrossen die von Czernins Agenten, dem Grafen Revertera, in der Schweiz mit dem französischen Grafen Armand geknüpften Kontakte verfolgt: doch wieder ohne Ergebnis. Kühlmann, der Staatssekretär des Auswärtigen Amts, hat von der Reichstagstribüne herunter nachdrücklich verkündet, Deutschland werde Elsaß-Lothringen nie und nimmer abtreten. So gibt es im Hochsommer 1917 keinen Zweifel mehr: Eine Hoffnung auf Verhandlungen besteht nicht. Karl bleibt also nur noch ein Weg, die Rettung seines Reichs zu versuchen: die Liberalisierung.

Anfang des Jahres 1917 leitet sein Ministerpräsident Graf Clam-Martinic eine Politik der Entspannung ein. Sehr bald schon, im Juni desselben Jahres, wird er durch den biederen Ernst von Seidler ersetzt. Dieser ist stets bereit, dem Kaiser, dem die Reform nicht schnell und nicht weit genug gehen kann, zu Diensten zu sein. Unter dem Druck der Nationalitäten war Ende Mai 1917 der Reichstag wieder einberufen worden. Unverzüglich rollt er die politischen Hochverratsprozesse von 1915 wieder auf. Fünfundneunzig bekannte Persönlichkeiten der nationalen Parteien, wie der Tscheche Karel Kramář, sitzen im Gefängnis. Das Parlament fordert, die Kriegsgerichte für nicht zuständig zu erklären, und beschuldigt sie, gefälschte Dokumente zu den Akten zu nehmen. Am 2. Juli verkündet Kaiser Karl eine Amnestie. Czernin ist beunruhigt, die deutschen Generäle sind konsterniert. Nur Kaiser Wilhelm rechtfertigt Karls Verhalten »mit den Umständen«. Aber auch Masaryk und Benesch, die tschechischen Führer im Exil, sind unzufrieden; sie fürchten um ihre Sache, die Sezession. Werden die »nationalen« Abgeordneten von nun an die Einheit des Reiches verteidigen? Haben sie sich durch die Milde des Kaisers umdrehen lassen?

Die europäischen Fürstenhöfe dagegen beglückwünschen sich zu dieser Wendung der österreichischen Politik. Sie sehen darin ein gutes Omen für die Sache des Friedens. Das blaue Blut haßt das Gemetzel, das für die Dynastien das Schlimmste befürchten läßt. Das Kaiserpaar hat sich nach München zu Tante Maria Josephine, der Witwe Herzog Karl Theodors, des Bruders der Kaiserin Elisabeth von Österreich, begeben. Maria ist auch die Mutter der Königin von Belgien. In ganz Deutschland gibt es keinen König, keinen Prinzen, der nicht einen schnellen Friedensschluß wünschte. Trotz aller Fehlschläge braucht sich Kaiser Karl also nicht allein, nicht im Stich gelassen zu fühlen.

Vor allem aber bleibt ihm das Pech treu: Am 2. Juli 1917, am Tag der Amnestie, an dem sich für die verurteilten Tschechen und Serben die Gefängnistore öffnen, starten die Russen einen heftigen Angriff auf einen vom 35. böhmischen Infanterieregiment gehaltenen strategischen Punkt. Die Böhmen strecken schon bald die Waffen, viele laufen zu ihren Brüdern über, ehemaligen Kriegsgefangenen, die der Feind in einer »Tschechoslowakischen Legion« mobilisiert hat, um für den zukünftigen, von Masaryk und Benesch im Exil vorbereiteten freien Staat zu kämpfen. In England führt der Viscount of Northcliffe, der bei den Mittelmächten geradezu als der Erfinder der Haßpropaganda gilt, in den Spalten der »Times« einen heftigen Kampf gegen die Doppelmonarchie. Und in Italien organisieren zwei englische Freunde des Lords, Seton-Watson und Wickham-Steed, die Kriegspropaganda und bombardieren die österreichischen Linien mit Flugblättern in Tschechisch und Serbokroatisch, um die Soldaten zur Fahnenflucht aufzuwiegeln. Besondere Wirkung zeigt die psychologische Kriegführung bei den ungarischen Regimentern, in denen die Rekruten der nationalen Minderheiten von ihren magyarischen Offizieren besonders hart angefaßt werden.

In der deutschen Öffentlichkeit bricht ein Sturm gegen die Amnestie los, und die Wiener Zeitungen fordern die Rückkehr zum harten Kurs, dem der deutschen Kriegführung. Auch in

Ungarn brodelt es: Tisza sperrt sich mit seiner Nationalen Arbeitspartei gegen die Einführung des allgemeinen Wahlrechts, das den Nationalitäten das Wort erteilen würde. Als Karl unter dem Druck der vereinigten anderen Parteien die Reform durchzuführen beschließt, tritt Tisza zurück. Den Kaiser erfüllt der spektakuläre Zulauf zu den Sozialdemokraten und zu den Industriegewerkschaften mit Sorge. Die Sechzig-Stunden-Woche, die Kriegsverluste und die Lebensmittelrationierung lassen eine Ansteckung des ruhigen Ungarn durch den Bolschewismus befürchten. Aber die konservativen Magyaren protestieren noch entschiedener als die Deutschen in Wien gegen die liberale Politik des Kaisers und können durchsetzen, daß Sándor Wekerle, der neue ungarische Ministerpräsident, die Reform aufgibt, ihre Auswirkungen revidiert und versucht, die Nationalitätenbewegung gewaltsam zu stoppen.

Das ungarische Chaos wächst dem Kaiser über den Kopf. Er kann nicht gut zulassen, daß in Ungarn das Wahlrecht noch immer so stark eingeschränkt ist, daß auch den vielen Soldaten slawischer Nationalität der Urnengang verwehrt wird. Doch die Opposition der Magnaten ist stark und entschlossen. Sie werfen dem Kaiser, der dem als militanten Pazifisten bekannten deutschen Professor Foerster eine lange Unterredung gewährt hat, vor, die föderale These der Gleichheit aller Völker im Reich zu vertreten und so die magyarische Vorherrschaft zu untergraben. Tisza, die Deutschen, die in Wien ein Propagandabüro unterhalten, und die konservativen österreichischen Anhänger eines Krieges auf Leben und Tod starten eine regelrechte Verleumdungskampagne gegen Karl: Man wirft ihm die Amnestie, dann die Bemühungen um einen Sonderfrieden sowie die Ermutigung liberaler und demokratischer Tendenzen in Ungarn vor. Man nennt ihn Karl »den Unberechenbaren« und spricht ihm die Fähigkeit zu regieren ab. Ist er nicht das willenlose Werkzeug einer Kamarilla französischer, portugiesischer, belgischer, spanischer Prinzen und Prinzessinnen, die ihn zum Friedensschluß drängen? Zita

*Istvan Graf Tisza (Gemälde von G. Benczur, 1915).*

redet zuviel in die Regierungsgeschäfte hinein. Auch soll er sie entgegen aller Wahrscheinlichkeit mit der Schauspielerin Frida Gombaszögi betrügen. Aber hat nicht schon Napoleon III. Eugénie, die vernachlässigte Gemahlin, in seinen Rat aufgenommen? Ja, man wagt sogar, diesen nüchternen und frommen Mann der Trunksucht zu bezichtigen. Mit allen Mitteln versucht die deutsche Interessenvertretung in Wien, den Kaiser zu diskreditieren.

Die Entmachtung des Zaren und die anschließende Machtergreifung der Bolschewiken, die zum Frieden von Brest-Litowsk führen, sollten in Wien eigentlich freudig begrüßt werden: Dank der Ausschaltung Rußlands könnte Deutschland hundert Divisionen in den Westen verlegen und endlich den Krieg gewinnen. Doch der Kaiser, der den österreichischen Gegenangriff, der zur Niederlage der Italiener bei Caporetto führte, selbst leitete, macht sich keine Illusionen: Amerikas Kriegseintritt wird Rußlands Ausscheiden wettmachen. Außerdem weiß er aus den Berichten der Postzensur, daß in allen Teilen des Reichs Kriegsmüdigkeit herrscht und die Ungarn mit dem Gedanken spielen, eigene Einheiten aufzustellen, um sich aus den gemeinsamen Operationen zurückzuziehen und ihr Schicksal selber in die Hand zu nehmen.

Nichtsdestotrotz verfolgt er sein Vorhaben weiter, das allgemeine Wahlrecht in Ungarn einzuführen, auch wenn er sich dadurch noch tiefer in den Budapester Parteienwirrwarr verstrickt. Durch Öffnung des Kabinetts für die Opposition zieht er sich Tiszas Feindschaft zu, und auch mit der Regierung Wekerle wird er nicht wirklich glücklich: Der Versuch, einen Kompromiß zustande zu bringen, trägt dem Ministerpräsidenten nur den Haß der Extremisten ein: den der nationalistischen Magyaren ebenso wie den der Sozialisten, die von der bolschewistischen Revolution fasziniert sind.

In Wien sind manche so beeindruckt, daß sie sich ein nach dem Friedensschluß an das Deutsche Reich angegliedertes Österreich wünschen. Selbst Czernin wird zum Verfechter einer Zollunion mit Deutschland, doch seine Hoffnung, damit die deutschen Militaristen um Hindenburg und Ludendorff zu Zugeständnissen bewegen zu können, wird bitter enttäuscht. Kaiser Karl sieht sich zunehmend isoliert, einzig bei einigen ungarischen Katholiken und bei den tschechischen Deputierten scheint er dank der Amnestie einen gewissen Rückhalt zu finden. Auf wen kann er sich also überhaupt noch stützen?

Entmutigung befällt ihn: Die Öffentlichkeit ist gegen Italien derart aufgebracht, daß sie sogar eine Verlängerung des Krieges in Kauf nimmt, nur um den arroganten italienischen Politikern mit ihren überzogenen Gebietsforderungen einen Denkzettel zu verpassen. Die Beziehungen mit Deutschland konsolidieren sich, und der Druck des österreichischen Generalstabs macht sich erneut bemerkbar: Karl selbst schreibt dem Papst, territoriale Zugeständnisse an Italien kämen nicht in Betracht, da sie von der Öffentlichkeit nicht mitgetragen würden. Auch

Zugeständnisse an die Nationalitäten werden wieder fallengelassen. Die innenpolitische Verhärtung, die in allen kriegführenden Staaten Ende 1917 um sich greift, verschont auch Österreich-Ungarn nicht.

Die Regierung des Kaisers akzeptiert die Bedingungen der Bulgaren, die nach dem Sieg über die rumänische Armee Anspruch auf die ganze Dobrudscha erheben. Nur auf Einspruch der verbündeten Türken, der Verteidiger der muslimischen Minderheiten, wird die bulgarische Besetzung auf den südlichen Teil der Provinz beschränkt. Sowohl der österreichische als auch der deutsche Kaiser sehen sich gezwungen, imperialistische Forderungen zu akzeptieren, die eindeutig gegen das Völkerrecht verstoßen.

Jedoch weigert sich Karl auf Zitas Drängen, zehn österreichische Divisionen für die von Ludendorff geplante große Westoffensive, die den Durchbruch durch die Front der Alliierten bringen soll, freizustellen. Zita will nicht, daß ihre Brüder in der k. u. k. Armee im Nahkampf ihren beiden Brüdern in der belgischen Armee gegenüberstehen. Schließlich reduziert der deutsche Generalstab seine Forderungen auf ein paar Batterien Artillerie.

Nach der Verkündung des Wilsonschen 14-Punkte-Programms am 8. Januar 1918 als Verhandlungsgrundlage für einen Friedensschluß sieht sich Kaiser Karl gezwungen, die deutsche Sache zu seiner eigenen zu machen. In Punkt 10 verspricht der amerikanische Präsident den Völkern der Donaumonarchie eine »autonome Entfaltung breitesten Umfangs«, eine doppeldeutige Formulierung, die die nationalistischen Verfechter einer Aufsplitterung bestärkt, andererseits aber auch Kaiser Karl beruhigen und ermutigen soll, sein föderalistisches Projekt voranzutreiben. Zweifelsohne haben Wilsons Berater empfohlen, einen Separatfrieden mit Wien nicht durch eine allzu unversöhnliche Position von vornherein zu torpedieren.

Stellen die Ansprüche der slawischen Völker für den kleinen Kaiser mit den hellen Augen und dem gepflegten blonden

Schnurrbart, dem seine Gemahlin, selber gerade erst fünfundzwanzig Jahre alt, schon den dritten Sohn geschenkt hat, eine ernst zu nehmende Bedrohung dar? Ende des Jahres 1917 wohl noch nicht. Im Gegensatz zum russischen Kaiserpaar, das nie populär war, erfreut sich Karl in den Straßen von Wien oder Budapest, aber auch bei der Armee und in den Provinzen mit nichtdeutschen Mehrheiten durchaus einer gewissen Beliebtheit. Ist er nicht für die Demokratie in Ungarn – also für die slawischen Minderheitenparteien – eingetreten, und hat er sich nicht für die Amnestie in Österreich eingesetzt? Dagegen kann sich die tschechische Exilregierung von Benesch und Masaryk, die im Rußland Miljukows und Kerenskis die Tschechoslowakische Legion aufgestellt hat, auf England und Frankreich stützen. Und zudem finden die Bestrebungen der Tschechen wie der Polen, der Serben und Kroaten in London und Paris, ja sogar in den Vereinigten Staaten, wo sich zahlreiche Emigranten aufhalten, eifrige Fürsprecher.

Umgekehrt hat sich trotz der Schrecken des Krieges in Prag, Belgrad und Zagreb eine starke Bindung an die Dynastie erhalten. Die Bedrohung durch Rußland und Italien hat in den Grenzregionen, wo der junge Monarch als Bollwerk gegen mögliche Invasionen erscheint, patriotischen Gefühlen sogar neuen Auftrieb gegeben. Mögen Serben und Kroaten der Donaumonarchie auch nach Autonomie streben, von einer italienischen Herrschaft wollen sie jedenfalls mit Sicherheit nichts wissen. Die politischen Kreise der Tschechen und übrigen Slawen sind weit davon entfernt, die institutionelle Bindung abzulehnen. Wenn die slowenischen Intellektuellen die Möglichkeit eines Zusammenschlusses ihres Volks mit den Kroaten Ungarns erörtern, so schwebt ihnen dabei stets eine Tripelmonarchie unter dem Dach der Habsburgerdynastie vor, in der auch die Slawen ihren Platz hätten. Und die tschechische Partei im Wiener Parlament spielt die Zahl der fahnenflüchtigen Tschechen herunter, um nicht den Eindruck zu erwecken, man lehne das Reich ab. In der Tat sind die tschechischen Abgeordneten völlig integriert in Czernins politisches

Spiel. Einzig die Sozialisten des »Prager Akademikercafés«, Mitglieder der »Mafia«, einer Geheimorganisation, die Kontakt zu Masaryk hält, streben in Prag und Budapest eine Revolution nach dem Vorbild von Sankt Petersburg an, dessen Sowjet noch nicht von Bolschewisten gestellt wird. Im Parlament fordern die tschechischen Abgeordneten am 30. Mai einen »tschechoslowakischen« Staat, und der Gründer der Slowenischen Bauernpartei und Führer der Slowenen, Anton Korošec, will eine Union aus Kroaten, Slowenen und Serben; beide jedoch betonen: »... unter dem Zepter der Dynastie Habsburg.« In einer Thronrede bestätigt der Kaiser, auch nach seinen Vorstellungen solle die Einheit des Staates »Raum für eine freie nationale und kulturelle Entfaltung gleichberechtigter Völker lassen«. Er weiß sehr wohl, daß der orthodoxe serbische Ministerpräsident Nikola Pašić für die Slawen der Monarchie kaum herzliche Gefühle hegt und daß er Trumbić, den Führer der kroatischen Partei Dalmatiens, verabscheut, der in seinem Exil in Frankreich von einem Bundesstaat träumt und keineswegs von einem zentralisierten serbischen Staat. Die Uneinigkeit der Slawen läßt dem Habsburgerkaiser Handlungsspielraum. Als Kramář bei seiner Freilassung aus dem Gefängnis unter dem Beifall der Menge in Prag von einem »großen vereinigten tschechischen Staat« spricht, hütet er sich, Genaueres zu erwähnen. So scheint Ende des Jahres 1917 noch alles möglich, ja, die Siege über die Italiener gestatten dem Kaiser sogar, Reformen für die Zukunft ins Auge zu fassen, die die unruhigsten Völker zufriedenstellen sollen. Für den Augenblick jedoch sind sie durch nichts zu besänftigen. Der Krieg fordert von allen Geduld.

Der Winter 1917/18 ist besonders hart. In Österreich fehlt es an allem; in Wien bilden sich nicht enden wollende Schlangen vor den Lebensmittelgeschäften. Der Hof begibt sich nach Baden in die schützende Nähe des Generalstabs. Fürchtet Kaiser Karl dasselbe Schicksal wie Nikolaus II.?

Heftige Streiks brechen in der Doppelmonarchie aus; in Böhmen sind sie zwar kürzer und seltener, doch der Hunger dezimiert auch dort die Bevölkerung wie in den Bergen und den Bergwerken des Nordens. Stecken hinter diesen Streikbewegungen die Bolschewiken? Jedenfalls sind in erster Linie Munitions- und Eisenbahnfabriken betroffen. In Wien wie in Budapest bilden sich die ersten Arbeiter- und Soldatenkomitees. Die Daimler-Werke in Wiener Neustadt setzen sich an die Spitze einer Bewegung, die Brot und Frieden fordert. In Brest-Litowsk muß Graf Czernin den Ukrainern territoriale Zugeständnisse gegen das Versprechen von Nahrungsmittellieferungen machen. Im ganzen Reich fallen Züge aus; die Wohnungen sind ungeheizt, die Warenlager leer. Die Trambahnen werden von Streikenden blockiert, die vor dem Parlament demonstrieren. Czernin muß Wilhelm II. um eine umgehende Versorgung mit Lebensmitteln bitten. Doch die Deutschen hungern selbst. In Budapest sind Arbeitsniederlegungen an der Tagesordnung; die Arbeiter fordern, wie in Wien, eine Entmilitarisierung der Industrie. Das Regime bröckelt.

Erstmals tritt die tschechische Autonomiebewegung offen für die Unabhängigkeit ein. Während sich Benesch und Masaryk durch Punkt 10 von Präsident Wilsons Programm entmutigt fühlen, sprechen die tschechischen Abgeordneten um Kramář und die Südslawen dem Außenminister Czernin jedes Recht ab, sie auf der kommenden Friedenskonferenz zu vertreten und bekräftigen so ihren Willen, unabhängige Delegationen zu stellen. Eine politische Neugruppierung gegen die Monarchie kommt in Gang. Der Kaiser ist sich bewußt, daß diese Verhärtung die Folge von Wilsons Botschaft ist, aber er weiß auch, daß sich der amerikanische Präsident den Standpunkt von Benesch und Masaryk noch nicht zu eigen gemacht hat. Er traut ihnen nicht recht und ist sich auch nicht sicher, ob die österreichisch-ungarische Doppelmonarchie nicht nach wie vor für das Gleichgewicht in Mittel- und Südeuropa unverzichtbar ist. Die Engländer versuchen ihn vom Gegenteil zu überzeugen, allen voran William Steed, der Auslandsredakteur der »Times«, der alles daran setzt, ihn von einem Sonderfrieden mit einem Regime, das kurz vor dem Zusammenbruch steht, abzubringen. Karl beschließt, seinen Standpunkt Wilson in zwei Briefen darzulegen. Der Präsident beantwortet jedoch nur den ersten, der zweite erreicht ihn gar nicht. Allem Anschein nach hat er sich inzwischen für Lord Northcliffes Vorschlag eines großen Völkerzusammenschlusses in einer Donauföderation als Gegengewicht zu dem deutschen Einfluß auf dem Balkan gewinnen lassen.

Auf internationaler Ebene hat Karl also vollständig ausgespielt. Und im Reich selbst? Wird es ihm gelingen, die soziale Bewegung in den Griff zu bekommen? In Wien kommt es schon bald erneut zu Streiks. Noch weitaus beunruhigender aber ist der Aufruhr, der in dem Flottenstützpunkt Cattaro (Kotor) ausbricht, wo die Besatzungen nach russischem Vorbild meutern und auf den Schiffen die rote Fahne hissen. Die Nationalitätenbewegung driftet beängstigend schnell in Richtung Bolschewismus ab. Kurz entschlossen stellt der ungarische Admiral Horthy die Ordnung mit Hilfe der kaisertreuen Truppen der 3. Marinedivision wieder her und erreicht damit, was der Zar nicht rechtzeitig zuwege brachte. Zur Abschrekkung und Warnung läßt der ungarische Grandseigneur einen tschechischen und drei kroatische Matrosen hinrichten.

Kaiser Karl fürchtet die rote Fahne. Nicht nur er, auch die Alliierten fürchten eine Ausbreitung des Bolschewismus nach Mitteleuropa und beeilen sich, Einfluß auf die Nationalitäten zu gewinnen: Poincaré gibt dem in Cognac aufgestellten 21. tschechischen Regiment vor seinem Abmarsch an die Front seine Fahne wieder. Aber auch der Polen muß man sich vergewissern, da sie über die Abtretung von Cholm an die Ukraine im Frieden von Brest-Litowsk verbittert sind und ihre Abspaltung zu befürchten steht. Präsident Wilson empfängt Paderewski, den polnischen Klaviervirtuosen und Staatsmann, und erfährt, daß in Krakau Hunde mit österreichischen Orden und Ehrenzeichen am Schwanz durch die Straßen laufen. Wann also wird die rote Fahne auch hier gehißt?

Masaryk, ein erklärter Feind des Bolschewismus, unternimmt einen Propagandafeldzug durch die Vereinigten Staa-

*Kaiser Karl I. inspiziert seine Truppen.*

ten, um über die Oktoberrevolution zu berichten, die er in Moskau selber miterlebt hat. Die aus russischer Kriegsgefangenschaft entlassenen Tschechen sollen sich in Frankreich am Kampf beteiligen. Sie an Ort und Stelle gegen Lenin einzusetzen, erwägt man noch nicht. Czernin greift die Tschechen heftig an und beschuldigt sie des Verrats. Der Augenblick scheint gekommen, die Revolte der Nationalitäten in der Donaumonarchie durch eine spektakuläre Aktion im Ausland loszutreten. Dafür sorgen der Engländer Steed und der Amerikaner Nelson Page: Sie organisieren in Rom auf dem Kapitol einen Kongreß der unterdrückten Völker, auf dem der Tscheche Benesch und die polnischen und kroatischen Führer das Wort ergreifen. Zu seinem Mißfallen muß Vittorio Emanuele Orlando, der Chef der italienischen Regierung, jedoch konstatieren, daß die Gebietsverhandlungen zäh zu werden versprechen, denn die verschiedenen Völker haben dazu völlig unterschiedliche Vorstellungen. Im Augenblick aber denkt ohnehin jeder nur an den Sieg. In Italien wird eine zusätzliche tschechische Armee aufgestellt.

In der Doppelmonarchie selbst unterbinden starke Polizeikräfte jede größere Mai-Demonstration. Noch hat das Reich seine Truppen in der Hand; daß sich aber die Tschechen in Prag versammeln, um ihre Unabhängigkeitshymne »Hej Sloveni« anzustimmen, kann es nicht verhindern. Am 16. Mai findet im Prager Nationaltheater mit slawischen und polnischen Delegierten eine Völkerkonferenz statt. Tags darauf wird im Rathaus von den Delegierten eine Unabhängigkeitsresolution unterzeichnet. Die Bewegung scheint unumkehrbar, der Kaiser machtlos; er vermag sie weder zu unterdrücken noch zu kanalisieren. Die sich anbahnende politische Explosion bedeutet unfehlbar seinen Untergang.

Erleichtert wird diese Entwicklung durch das schwindende Ansehen Kaiser Karls. Wilsons Initiative hat auf die Völker der Doppelmonarchie größeren Eindruck gemacht als man nach der Aktion der zerstrittenen, oft entmutigten Grüppchen im Ausland vermuten konnte. Die Schwäche der Regierung, ihre laschen oder widersprüchlichen Reaktionen auf die Streiks und die durch den Hunger bedingten Unruhen lassen die Bürger in den Städten, die Abgeordneten, die Journalisten, sogar den Klerus die Ansteckung durch den Bolschewismus fürchten. Doch diese wachsende Angst allein hätte den Kaiser nicht stürzen können, wäre er nicht das Opfer einer einzigartigen Provokation seines Außenministers Czernin geworden. Czernin hatte im April 1918 vor Wiener Gemeinderäten erklärt – im Gegensatz zu den Äußerungen und Zusagen im Sixtus-Brief –, daß Frankreich kein Recht auf Elsaß-Lothringen besitze. Dagegen hatte sich Clemenceau, der »Tiger«, in schärfster Form verwahrt und den ihm ein Jahr zuvor von Sixtus überbrachten, von Karl selbst unterzeichneten Brief veröffentlicht. Danach konnte kein Zweifel bestehen, daß der österreichische Kaiser selbst die Verhandlungen eingeleitet hatte. Doch anstatt dies zu bestätigen, was die österreichische Öffentlichkeit verstanden hätte, ließ sich der Kaiser von Czernin durch die Drohung, das Geheimdossier an Berlin weiterzuleiten, zur Unterzeichnung eines Dementis bewegen, das Clemenceau der Veröffentlichung einer Fälschung bezichtigte. Czernin verlangte vom diskreditierten Kaiser sogar, zugunsten einer Regentschaft Erzherzog Eugens abzudanken, was Karl ablehnte, wohingegen er die von seinem Minister unvorsichtigerweise angebotene Demission annahm.

Von nun an gibt sich der deutsche Bundesgenosse mißtrauisch und arrogant. Wilhelm II. verurteilt die Leichtfertigkeit eines von »den prinzlichen Hochstaplern Parma-Braganza« beherrschten Kaisers. Er zitiert Karl mit seinem Generalstabschef Arz in sein Hauptquartier in Spa an der Westfront. Karl ist kein gleichwertiger Partner mehr und wird dementsprechend behandelt. Man zwingt ihn zu einer politisch-militärischen Allianz auf zwanzig Jahre und zu einer Wirtschaftsentente, die die Donaumonarchie für deutsche Industrieprodukte und Berliner Investitionen öffnet. Wie aber könnte Österreich-Ungarn den Nationalitäten die Unabhängigkeit verweigern, wo es die eigene gerade verloren hat?

Im Mai glaubt Ludendorff noch an den Sieg, und in Wien wird die Allianz noch lautstark von der deutschen Partei ermuntert. Als in Rumburg in Böhmen eine Meuterei ausbricht, verhaften deutsche Gendarmen die Tschechen; noch können sie die Schuldigen vor das Kriegsgericht stellen, das vierundzwanzig von ihnen erschießen läßt. Noch können auch die Ungarn ein revoltierendes slowakisches Regiment, das seine Offiziere ermorden will, niederkartätschen. Aber die Piave-Offensive vom Juni 1918 wird von den Italienern mit starker französisch-britischer Unterstützung gestoppt. Und auch in Tirol weichen die Österreicher zurück. Sie haben 170 000 Mann verloren, und die Armee, schlecht ernährt, schlecht ausgerüstet und ohne genügend Munition, glaubt nicht mehr an den Sieg. Im Parlament wird Ministerpräsident

Seidler trotz Unterstützung durch die deutschen Deputierten von den Tschechen und übrigen Slawen überstimmt und muß schließlich zurücktreten. Eine schwere Krise: Unter dem Druck der vereinigten Minderheiten muß der Kaiser die Regierung wechseln. Die Deutschen in Wien fühlen sich nicht mehr sicher, zumal sich in Prag ein tschechischer Nationalrat gebildet hat, um die Unabhängigkeit vorzubereiten. Durch das Scheitern der deutschen Juli-Offensive überschlagen sich nun die Ereignisse. Die schwache Regierung Max von Hussareks flößt der Wiener Bevölkerung keinerlei Vertrauen ein. Vom italienischen Luftwaffenoffizier Gabriele d'Annunzio abgeworfen, ist ein Flugblattregen niedergegangen mit der Aufforderung, Frieden zu schließen. Jedermann ahnt, daß dieser Frieden der Doppelmonarchie die Totenglocke läuten wird. Als sich Karl am 15. August erneut nach Spa begibt, stellt er fest, daß Wilhelm II. seine Arroganz zwar verloren hat, zu einem sofortigen Frieden aber noch immer nicht bereit ist. Durch Fortsetzung der Kämpfe hofft er die Verhandlungsbasis verbessern zu können. Wilhelm kann warten, Karl nicht. Der Habsburger ist auf Gnade und Ungnade der Revolution ausgeliefert.

Die Katholiken lassen ihn fallen, allen voran der slawische Klerus, der für die verschiedenen Unabhängigkeitsbewegungen Partei ergreift, zunächst in Polen, dann aber auch in Böhmen und Mähren und sogar in Tirol. Die Rebellion der Sakristeien erlangt eine solche Bedeutung, daß die deutschen Abgeordneten die Anwendung der antiklerikalen Gesetze des neunzehnten Jahrhunderts fordern. Einzig der Wiener Erzbischof, Kardinal Piffl, steht noch zu Karl, doch der tschechische Klerus schert sich nicht um seine Empfehlungen. In Kroatien hat sich der ungarische Minister Tisza den Haß der Bevölkerung zugezogen. In Salzburg weigert sich ein deutsches Regiment, gegen die aus Hunger revoltierende Bevölkerung anzutreten. Kaiser Karl, über den allgemeinen Notstand in seinem Reich bestens im Bild, entschließt sich gegen den Willen Wilhelms II. zu Friedensangeboten.

Er besucht Ungarn, eine der letzten Stationen auf seinem Kreuzweg: Die Budapester Regierung widersetzt sich den letzten überstürzten Reformen zur Verwirklichung des Trialismus beharrlich und konterkariert so die Einigungsbewegung der Südslawen, der österreichischen und der ungarischen Slawen, die unter dem Hirtenstab eines Katholiken, Pater Krosecs, zu einem Versöhnungstreffen in Zagreb zusammengekommen sind. Ungarns Abfall gibt der Doppelmonarchie den Rest. Schon die Abreise der tschechischen Deputierten in die Schweiz hat Karl nicht verhindern können. In Genf haben sie sich mit dem tschechoslowakischen Nationalrat im Exil, der von den Alliierten protegiert und als Gesprächspartner bei den Unabhängigkeitsverhandlungen auf der künftigen internationalen Friedenskonferenz anerkannt wird, getroffen. Kaiser Karl hat in aller Eile einen Entwurf für eine Föderation ausarbeiten lassen, der von den Ungarn abgelehnt wird. Ja, von nun an ist Ministerpräsident Wekerle sogar gegen den Dualismus: Das Reich fällt auseinander.

In Böhmen wird der Doppeladler bereits von den Amtsgebäuden abmontiert. Da sich auch die Ungarn dem Reich verweigern, sprechen die Deutschen in Wien davon, ihrerseits einen Nationalstaat zu gründen, wenn auch nicht unbedingt sofort eine Republik. Mit der Versammlung der Reichsratsabgeordneten aller deutschen Wahlbezirke am 21. Oktober in Wien und dem Beschluß, einen selbständigen deutsch-österreichischen Staat zu gründen, beginnt für das Kaiserreich die Agonie. Als sich Karl am 23. Oktober mit einem Sonderzug nach Ungarn begibt, muß er nach Wekerles Demission und verschiedenen fruchtlosen Versuchen, eine neue Regierung zu berufen, die Macht einem Verfechter der ungarischen Unabhängigkeit, Károlyi, übergeben. Am 28. Oktober rufen anläßlich der voreiligen Ankündigung des Waffenstillstands mit den Alliierten Politiker der zweiten Garnitur in Abwesenheit der in Genf zurückgehaltenen Führer in Prag die Republik aus, ohne daß »auch nur ein Fenster zu Bruch geht«. In Zagreb proklamiert der kroatische Landtag die Unabhängigkeit des Königreichs Kroatien-Slawonien und Dalmatiens, das sich an den slowenisch-kroatischen Staat der Serben anschließt.

Unter den Wiener Deutschen werden Stimmen laut, die den Anschluß an das Deutsche Reich und die Abschaffung der Monarchie fordern, soweit überhaupt noch etwas von ihr übrig ist. Am 30. Oktober triumphiert die Revolution in Ungarn. Anstelle der österreichischen Kokarden stecken Károlyis Soldaten Margueritenblumen ins Knopfloch. Tisza wird in seiner Villa ermordet, bewaffnete Arbeitertrupps machen die Straßen unsicher. Die ungarischen Grenadiere haben die Wachposten in Schloß Schönbrunn verlassen, um nach Hause zurückzukehren. Dem Kaiser bleibt nur noch ein Ausweg: Er muß gehen.

Dieser Abgang vollzieht sich würdevoll, bedächtig, fast ruhig: Béla Kun, der ungarische Kommunist, hat in Moskau den Zug bestiegen, um die bolschewistische Revolution in sein Land zu tragen. Wien fürchtet in Mitleidenschaft gezogen zu werden. Durch schnelle Verhandlungen mit den Alliierten könnten Ruhe und Ordnung wiederhergestellt und der Schutz der besiegten Länder gewährleistet werden. Aber steht dem nicht der Kaiser im Weg? Diese Angst vor dem Kommunismus, aber auch der Abfall der Katholiken führt den Sturz der österreichisch-ungarischen Doppelmonarchie herbei. Immerhin vollzieht sich der Zerfall der Donaumonarchie bei weitem weniger tragisch als der des Zarenreichs. Zu keinem Zeitpunkt wird Kaiser Karl von seinem Land für den Ausbruch des Krieges verantwortlich gemacht, und keinen Augenblick lang hat er in seinen Bemühungen um eine Reform der Doppelmonarchie nachgelassen. Er hätte wohl auch mit Wilsons Wohlwollen rechnen können, hätten die Völker nicht, erschöpft von den Leiden des Krieges und erfüllt von glühender Ungeduld, den Weg zur Unabhängigkeit überstürzt eingeschlagen. So muß sich Wilson der inneren Entwicklung anpassen, die ihn vor das Problem stellt, mit einer Vielzahl ungeduldiger Völker Frieden zu schließen.

In dem »Manifest« vom 16. Oktober 1918 versucht der Kaiser ein letztes Mal, neue, durch die Bande des Föderalismus zusammengehaltene Staaten zu schaffen. Ungarns ablehnende Haltung aber macht diese Initiative zunichte. Durch die Ausrufung einer unabhängigen Republik und den Rückzug seiner Truppen von der Front versetzt es dem jahrhundertealten Kaiserreich den Todesstoß. Der Kaiser regiert nicht mehr, auch nicht in Österreich. Am 30. Oktober tritt in Wien eine Provisorische Nationalversammlung zusammen und übergibt die Macht dem Staatsrat. Im Chinesischen Salon von Schönbrunn empfängt Karl die Delegierten des Staatsrats. Im Vieux-Laque-Zimmer willigt er ein, Schönbrunn, wo ihn bestenfalls noch die Kadetten der Militärakademie verteidigen, zu verlassen und sich auf Schloß Eckartsau zu begeben. Im Miniaturenkabinett bestürmt ihn Kaiserin Zita, die Abdankung abzulehnen. Im Blauen Salon tritt der Kaiser immerhin den Oberbefehl über das Heer an einen alten Marschall ab, um die Verzichtserklärung nicht persönlich unterzeichnen zu müssen. Noch am Vorabend des Waffenstillstands am Sonntag, dem 3. November, zögert er, Schönbrunn mit seiner Familie zu verlassen. Das Volk steht noch hinter ihm, während die jungen Tschechen in Prag, in Brigaden der Nationalmiliz eingegliedert, die Marienstatue, das Symbol des Habsburger Siegs über die Böhmen am Weißen Berg, vom Sockel stürzen. Am 10. November hört die kaiserliche Familie in der Kapelle die Kaiserhymne von Haydn: »Gott erhalte Franz den Kaiser …« Aber Kardinal Piffl, der Erzbischof von Wien, konnte von Monsignore Hauser, dem Führer der Christlich-Sozialen Partei, kein Wort der politischen Ermutigung für die kaiserliche Familie erhalten. Erst einmal, so seine Antwort an Kardinal Piffl, soll der Kaiser auf seine Rechte verzichten und das Volk urteilen lassen.

Am 11. November macht sich in den politischen Kreisen um Karl die Angst breit, die Revolution könnte von Berlin, wo sie bereits im Gang ist, auf Wien übergreifen. Man befürchtet, die Rote Garde und die Arbeiterräte könnten nach Schönbrunn marschieren. Trotzdem will Zita von Abdankung nichts wissen. »Lieber will ich mit dir sterben«, erklärt sie Karl, »Otto wird uns nachfolgen.« Doch letztendlich willigt der Kaiser ein, Wien zu verlassen: »Noch immer von unwandelbarer Liebe zu meinen Völkern erfüllt, will ich nicht, daß meine Person ihrer freien Entfaltung im Wege stehe. Ich anerkenne im voraus die Entscheidungen, die das deutsche Österreich treffen wird ... Ich verzichte auf meinen Anteil an der Lenkung der Staatsgeschäfte.«

Am 13. November 1918 übersiedelt Karl nach Eckartsau im Marchfeld, wo er den Winter über bleibt. Erst am 23. März 1919 verläßt er Österreich in Richtung Schweiz. Am Tag darauf protestiert er gegen seine Absetzung und Ausweisung. Am 2. April stimmt die Nationalversammlung der Republik Österreich der Verbannung der gesamten Familie und der Einziehung ihrer Güter zu.

Im Gegensatz zu Zar Nikolaus II. verläßt Karl sein Land als freier Mann, ohne abgedankt zu haben. So hält er sich den Weg frei, nach dem Friedensschluß die Herrschaft der Habsburger zu restaurieren. Ein erster Anlauf scheitert im März 1921. Gestützt auf äußerst vage Versprechungen Briands, glaubt Karl, nach wie vor König von Ungarn zu sein und dem Reichsverweser Miklós Horthy, der die Revolution von Béla Kun niedergeschlagen hat, seine Rückkehr auf den Thron aufzwingen zu können. Als Gärtner verkleidet verläßt er die Schweiz, nimmt den Orientexpreß nach Wien und trifft im Auto in Budapest ein. Doch Horthy empfiehlt ihm, schleunigst auf ein entlegenes Schloß zu fliehen und erwirkt von der Schweizer Regierung die Wiederaufnahme des exilierten Herrschers. Um kein Blut zu vergießen, kehrt Karl – unbehindert – in die Schweiz zurück und nimmt auf Schloß Herenstein Residenz: Ende der ersten Episode.

Die zweite Episode spielt im Oktober 1921, wieder von Briand angeregt. Begleitet von der schwangeren Zita, verläßt der König die Schweiz. Bald scharen sich 4000 legitimistische Soldaten um ihn, bereit, nach Budapest zu marschieren. Doch

Miklós Horthy, von einem verräterischen Offizier von der Unternehmung benachrichtigt, ergreift die nötigen Schritte, um den kaiserlichen Zug aufzuhalten. Karl wird gefangengenommen, einer alliierten Eskorte übergeben und nach Madeira eingeschifft. Eine Abdankungserklärung aber war ihm nicht abzupressen, obwohl ihn die Nationalversammlung, wie immer Wachs in den Händen des Diktators Horthy, aller Rechte enthoben hatte.

Am 1. April 1922 starb Karl an den Folgen einer Erkältung einen so erbaulichen Tod, daß ihn der Papst seligsprechen wollte. Seine Familie fand in Madrid bei König Alfons XIII. von Spanien eine Bleibe. 1975 überführte Kaiserin Zita Karls Herz in die Abtei Muri in der Schweiz, wo die ersten Habsburger begraben liegen. Eine Dynastie war abgetreten, der Platz, den sie in Europa eingenommen hatte, leer und offen für eine blutige Zukunft.

Drittes Kapitel

# *Der schwarze Adler hat seine Federn verloren*

Hat Exkaiser Wilhelm II. auch nur eine Träne vergossen, als er die Nachricht vom Tod seines Verbündeten, des Kaisers von Österreich und Königs von Ungarn erhielt, der, so hatten es die Botschafter des Völkerbunds gewollt, bewacht von den Schiffen der britischen Flotte im Exil auf Madeira lebte wie einst Napoleon auf Sankt Helena?

Natürlich war Karl I. so wenig mit Napoleon zu vergleichen wie Wilhelm II. Die letzten Herrscher der Mittelmächte waren lediglich Gefährten in einem unseligen Krieg, der beiden den Thron kosten sollte. Karl I. traf keine Schuld. Nicht so Wilhelm II., der nach internationaler Einschätzung so weitreichende Schuld auf sich geladen hatte, daß der englische Premierminister Lloyd George die öffentliche Meinung seines Landes durchaus widerspiegelte, als er seinetwegen sogar einen internationalen Gerichtshof ins Leben rufen wollte, um ihn wegen Kriegsverbrechen zur Verantwortung zu ziehen.

Das preußische Haus Hohenzollern stammte übrigens ursprünglich nicht aus Preußen, sondern aus dem Südwesten des Reichs, wo das Stammschloß der Zollern (später Hohenzollern) dem der Staufer und dem der Habsburger benachbart lag. Wie all die ungeschliffenen, erwerbslüsternen Adelsherren des hohen Mittelalters gingen die Grafen von Zollern der Jagd und dem Krieg nach. Als einer von ihnen 1191 das Glück hatte, die reiche Erbtochter des Nürnberger Burggrafen zu heiraten, avancierten die Hohenzollern zu Burggrafen einer der großen Handelsstädte des mittelalterlichen Deutschland. Doch anstatt sich ausschließlich auf Süddeutschland zu konzentrieren, wagte Burggraf Friedrich IV. von Nürnberg 1415 darüber hinaus – im Auftrag des Kaisers Sigismund – den Sprung vom Verweser der Mark Brandenburg zum Markgrafen. Damit siedelten die Hohenzollern, nun als Kurfürsten, in den von den früheren Landesherren mit der Gründung der Städte Berlin und Frankfurt an der Oder nach Osten ausgedehnten Teil des Landes in der frostig kalten norddeutschen Tiefebene über. Bei Friedrichs Tod im Jahr 1440 wurden die Ländereien aufgeteilt. 1473 jedoch dekretierte einer seiner Nachfahren, Kurfürst Albrecht III. Achilles, in der »Dispositio Achillea« die Unteilbarkeit aller märkischen Landesteile und legte damit einen Grundstein zu Brandenburg-Preußens Macht. 1701 setzte sich Kurfürst Friedrich III. mit Billigung des Kaisers des Heiligen Römischen Reichs Deutscher Nation die Königskrone auf. Sein Sohn Friedrich Wilhelm I., der »Soldatenkönig« (1713–1740), baute in den Jahrzehnten seiner Regierung mit Hilfe einer modernen Verwaltung und gestützt auf eine gut ausgebildete Armee einen der imposantesten Staaten Europas auf. So begründeten die Hohenzollern ihre Militärtradition, die Friedrich II., den »Großen«, befähigte, seit 1740 die Großmachtstellung des Staates auszubauen.

Im Jahr 1914 hieß der späte Erbe des großen Friedrich Kaiser Wilhelm II. Noch ein halbes Jahrhundert zuvor, 1849, hatte sein Großonkel, Friedrich Wilhelm IV. (1840–1861), es abgelehnt, die ihm vom liberalen Frankfurter Parlament angebotene deutsche Kaiserkrone gewissermaßen »aus dem Rinnstein« aufzuheben. Von einem royalistischen Hofstaat umgeben, in dem viele Junker den Ton angaben – unter ihnen deren rührigster Vertreter, Otto von Bismarck, der 1851 ins Rampenlicht der Politik trat –, waren die Preußenkönige fast allesamt reaktionär eingestellt, auch die schwächlichen. Prinzessin Viktoria, genannt »Vicky«, dagegen, die Tochter der britischen Königin Victoria, die siebzehnjährige Braut des preußischen

Thronfolgers Friedrich Wilhelm, war von ihrem Vater, dem Prinzen Albert von Sachsen-Coburg-Gotha, in liberalem Geist erzogen worden. Seit 1858 in Berlin und Potsdam, fühlte sie sich in den preußischen Palästen, wo am hellichten Nachmittag zu Abend gegessen wurde, wo man halb erfror und mangels Wandschränken die Koffer nicht auspacken konnte, todunglücklich. Am unglücklichsten aber war die junge Frau, als sie bei einer lebensbedrohlichen Zangengeburt 1859 ein körperbehindertes Kind zur Welt gebracht hatte: Der linke Arm des kleinen Wilhelm war gelähmt und hing leblos herunter – für die Mutter zeit ihres Lebens eine Obsession; und nicht nur für sie.

Als 1861, kurz vor dem Tod des britischen Prinzgemahls Albert, König Friedrich Wilhelm IV. starb, war Vicky mit dessen Nachfolger, König Wilhelm I., ihrem Schwiegervater, bereits völlig über Kreuz. Der neue König, der England nicht liebte und die Liberalen noch weniger, holte Bismarck an die Macht, der, besessen von der Idee, Preußen durch »Blut und Eisen« zum ersten Staat in Deutschland und – nach 1870 – zum ersten Staat in Europa zu machen, auf das preußische Parlament pfiff. Auch Vickys Gemahl, Kronprinz Friedrich Wilhelm, der unter ihrem Einfluß stand und als Hoffnung der Liberalen galt, wurde von der Politik ferngehalten. So war Wilhelm II. der Sohn eines Thronfolgers, der sein Leben lang Bismarcks mißtrauischer Feindseligkeit ausgesetzt war, und einer von englischer Kultur geprägten Mutter, die ihm Distanz zu den preußischen Sitten und dem gefährlichen Kult der Macht einzupflanzen suchte.

Zwar wandelten sich Vickys Gefühle und Urteile mit der Zeit, und anläßlich des preußisch-österreichischen Kriegs gegen Dänemark im Jahr 1864 ereiferte sie sich sogar heftig gegen ihren Onkel, den Prince of Wales (den nachmaligen Eduard VII.), der eine dänische Prinzessin geheiratet hatte. Zwar war sie stolz auf den Mut, mit dem ihr Mann, Kronprinz Friedrich Wilhelm, 1866 in der Schlacht von Königgrätz und 1870 im Deutsch-Französischen Krieg kämpfte – Bismarck

*Vier Hohenzollern-Generationen:*
*Wilhelm I. (sitzend), Friedrich Wilhelm (stehend, Mitte),*
*Wilhelm II. (rechts) mit seinem Sohn Kronprinz Wilhelm.*

und das preußische Regime aber blieben ihr lebenslang verhaßt. Und der 1871 in Versailles zum deutschen Kaiser gekrönte Wilhelm I. war doch vor allem Autokrat, auch wenn er eine parlamentarische Verfassung mit einem aus allgemeinen Wahlen hervorgehenden Reichstag zuließ.

Ihrem Sohn ließ Vicky eine strenge Erziehung angedeihen. Sie fand nichts dagegen einzuwenden, daß er trotz seines verkrüppelten Arms von seinem kalvinistischen Hauslehrer zum

Reiten gezwungen wurde. Zur Fortsetzung seiner Studien schickte sie ihn, zum großen Ärgernis des Hofes, wie einen ganz normalen Sterblichen auf ein Kasseler Gymnasium: Doch die Hoffnung des Hauslehrers, daß Wilhelm durch das Zusammenleben mit deutschen Bürgersöhnen seine – teils aus Unsicherheit erwachsende – Arroganz ablegt, erfüllte sich nicht. Statt dessen begann er sich gegen seine Eltern aufzulehnen. Mit einundzwanzig heiratete er eine Prinzessin von Schleswig-Holstein, Auguste Viktoria, eine wenig attraktive Person, um mit einem eigenen Hausstand Abstand zu den Eltern zu gewinnen und sich auf die Herrschaft vorzubereiten. Er war bereit, die historische Bühne zu betreten.

Nach dem Tod seines Vaters im Jahr 1888 wurde Wilhelm Kaiser. Der unglückliche Friedrich Wilhelm (als Kaiser Friedrich III.), mit einer Kanüle in der Kehle und durch eine Krebsgeschwulst der Sprache beraubt, hatte ganze drei Monate die Krone getragen. Die Schuld an seinem frühen Tod traf laut Bismarck auch die Prinzessin, da sie den Schwerkranken einem englischen Arzt anvertraut und sich geweigert hatte, einen deutschen Chirurgen maßgebend hinzuzuziehen. Wilhelm, von seinem Großvater schon früh über den Kopf des Kronprinzen hinweg mit diplomatischen Missionen in Europa betraut, hatte sich seit seinem Militärdienst auf seine Regierungsaufgaben vorbereitet. Beim Militär hatte er seiner Behinderung zum Trotz den Mut und die Geschicklichkeit aufgebracht, sich zu einem guten Reiter auszubilden, fähig, mit seinem Regiment die härtesten Manöver durchzustehen. Durch seine leidenschaftliche Parteinahme gegen das demokratische und liberale Europa hatte er die Freundschaft Kaiser Alexanders III. von Rußland gewonnen. Bei der Großjährigkeitsfeier des späteren Nikolaus II., 1884, hatte der Zar eine derartige Zuneigung zu dem deutschen Kronprinzen entwickelt, daß er der von Bismarck gewünschten Erneuerung des »Drei-Kaiservertrags« zustimmte. So spielte Prinz Wilhelm das Spiel des Kanzlers, dessen Freund zu sein er sich schmeichelte – sehr zum Ärger seiner Mutter, von der er sich immer weiter entfernte. Kurz nach dem Tod seines Vaters erlaubte er sich einen so groben Affront gegen sie, daß sie sich weigerte, an den offiziellen Begräbnisfeierlichkeiten teilzunehmen. Über solche Härten zutiefst bekümmert, hielt Englands Königin Victoria ihren Enkel zur Mäßigung an – jedoch vergebens. Der künftige Wilhelm II. anerkannte schließlich nur noch eine Autorität: den »Eisernen Kanzler«. Nach der Thronbesteigung des Kronprinzen am 15. Juni 1888 wähnte sich Bismarck deshalb in seiner Machtstellung völlig unangefochten.

Zwei Jahre später jedoch wurde er entlassen. Er hatte dem Kaiser, diesem auf »Persönliches Regiment« drängenden eitlen Uniformnarren – der sogar im Schottenkilt posierte, einem Geschenk seines Onkels »Bertie«, des Prince of Wales –, nicht länger Paroli bieten können. Als Freund des ultranationalistischen Feldmarschalls Graf Waldersee, der mit dem Prinzen Radziwill in Rußland Bären jagte und in Admiralsuniform die Flottenparade abnahm, hatte Wilhelm für seine fürstlichen Vettern, für Könige und Prinzen, meist nur Verachtung übrig. Diese degenerierte Adelsgesellschaft, so fand er, schnatterte wie eine Schar Gänse, anstatt handfeste Machtpolitik zu betreiben, die Deutschland endgültig als Weltmacht etablieren würde.

Das junge Reich, militärisch und industriell gleichermaßen stark, hatte eine glänzende Galionsfigur erhalten. Der Großvater war zu alt, der Vater todkrank, da kam der Sohn gerade im rechten Moment: Der Vorhang zur barocken Tragikomödie Germania nach preußischer Art konnte hochgehen. Wilhelm, der seine Rolle darin perfekt beherrschte, schaute nur zu einem Menschen auf: zu Bismarck. Er selbst wollte wie Bismarck sein – und diesen Übervater loswerden.

Wilhelm kann sich auf die Armee stützen, auf die Militaristen, die sich mit dem jungen Kaiser identifizieren. Vier Millionen Deutsche tragen den Soldatenrock oder können binnen vierzehn Tagen aus der Reserve einberufen werden. Sie stellen die schlagkräftigste Armee der Welt. In ihrem Geiste militari-

*Wilhelm II. zu Besuch bei Kanzler Bismarck in Friedrichsruh (1888).*

siert der Kaiser den Hof, gefällt sich selbst im zackigen Schritt des Soldaten, gibt sich als leidenschaftlicher Jäger und Reiter, läßt sich eine Yacht mit dem Profil eines Kriegsschiffs bauen. Seine kaiserliche Gemahlin Auguste Viktoria ist eine vorbildliche Soldatenfrau, die zum Frühstück Butterbrote streicht, die Kinder hütet und sich sehr für die Kirche engagiert. Sehr schnell steigt dem frischgebackenen Kaiser die Macht zu

Kopf, zumal Bismarck die Staatsgeschäfte vielfach fern von Berlin, von seinem Gut bei Hamburg aus, leitet. Am Hofe florieren die Intrigen und entfalten sich allerlei Ambitionen. Kritik findet Bismarcks harte Innenpolitik, die den Sozialisten und Liberalen wachsende Popularität einträgt, und schneller als erwartet, 1890, findet Wilhelm den Mut, den Reichsgründer zur Abdankung zu zwingen. Nun hält er die Schalthebel der Macht allein in der Hand, doch weder er noch sein neuer Reichskanzler Leo von Caprivi sind in der Lage, das komplizierte Werk Bismarckscher Vertragskunst zu begreifen. Vor diesem Hintergrund wird auch der Rückversicherungsvertrag zwischen dem Deutschen Reich und Rußland – trotz der Freundschaft zwischen Wilhelm II. und Zar Alexander III. – nicht mehr erneuert.

Wilhelm ist von einer fixen Idee besessen: dem Bau einer großen Flotte. Sehr bald schon braust er gegen die Abgeordneten auf, die Schwierigkeiten bei der Bewilligung von weiteren Geldern für den Flottenbau machen. Doch was kümmern ihn schon ihre Proteste? Zwar übte der Reichstag die Reichsgesetzgebung und das Budgetrecht aus, doch war seine Macht nicht vergleichbar mit der, die die Parlamente in den konstitutionellen Monarchien West- und Nordeuropas besaßen. So war etwa die Ernennung des Reichskanzlers allein Sache des Kaisers, und der Kanzler konnte auch nicht über ein Mißtrauensvotum des Parlaments gestürzt werden. Dazu kam das starke Gewicht des Bundesrates, durch den die Monarchen und Regierungen der Bundesstaaten an der Macht beteiligt waren. Der Bundesrat konnte jeden Mehrheitsbeschluß des Reichstags unwirksam machen. Zur Auflösung des Reichstags genügte eine Mehrheit im Bundesrat und die Zustimmung des Kaisers. So war das Deutsche Reich trotz des allgemeinen Wahlrechts alles andere als eine liberale Demokratie.

Über die Armee herrscht der Kaiser als oberster Kriegsherr, und noch zum geringsten Militärattaché im Ausland sucht er ein persönliches Verhältnis. Er weiß, daß ihm die Kaste der Junker für die Erhaltung ihrer Privilegien und die Behandlung der Offiziere als eine Art Gralsritter, die nur von ihresgleichen zur Verantwortung gezogen und vor Gericht gestellt werden dürfen, dankbar ist. Die Wagnersche »Ring«-Mythologie liefert moderne Bilder für die Beziehung zwischen dem Landesherrn, der in Berlin mehr und mehr zum »Allerhöchsten« wird, und seinen militarisierten Vasallen mit den ihnen unterstellten Gardeeinheiten, die dem Kaiser absoluten Gehorsam schulden. Nach demselben Schema versucht der Kaiser im eigenen Hause zu verfahren und alle Familienmitglieder zu tyrannisieren. Bei seiner Mutter, der »Kaiserin Friedrich«, beißt er auf Granit; mehr Glück hat er bei seinen Schwestern. So zwingt er Viktoria, auf eine Ehe mit Alexander von Battenberg zu verzichten, tadelt Sophie, die Verlobte des griechischen Kronprinzen, weil sie die orthodoxe Religion angenommen hat, und scheut sich auch nicht, zu spionieren und die Prinzessin Luise Sophie, die Schwester seiner Frau, einer harmlosen Verfehlung wegen unter Arrest zu stellen. »Euer Hof«, schreibt er an ihren Mann, »wird für die nächsten vierzehn Tage keinerlei Verbindung zur Außenwelt haben.« Der Nachfahre des »Soldatenkönigs« behandelt seine Verwandten fast wie Grenadiere. Er lädt sie zu einer Kreuzfahrt vor den Küsten Norwegens ein, um sie zu schikanieren, zu demütigen und lächerlich zu machen. Er zwingt seine Gäste, bei Jagdpartien von ihm selbst entworfene Uniformen zu tragen. In manchen Kanzleien gilt er als verrückt.

Und doch scheint das Deutsche Reich Anfang der 1890er Jahre die Chance gehabt zu haben, mit England zu einem Interessenausgleich zu kommen. Selbst Königin Victoria im Interesse des europäischen Friedens für eine kontinentale Allianz mit Österreich-Ungarn und Italien zu gewinnen, wäre wohl nicht unmöglich gewesen; Lord Salisbury hatte sogar schon die Idee angedeutet, türkische Besitzungen zu teilen und so dem österreichisch-russischen Gerangel um die Dominanz auf dem Balkan ein Ende zu machen. Doch da verfällt Wilhelm auf die unselige Idee, den Burenpräsidenten Krüger in Südafrika telegraphisch zur Niederschlagung eines von englischen Freischärlern unternommenen Angriffs auf Transvaal zu beglückwünschen. Die Offiziere der Royal Dragons entfernen empört das Bild des in ihrer Uniform posierenden Kaisers aus dem Kasino. Von nun an scheint atmosphärisch die Chance für ein Bündnis zwischen den beiden Nationen vertan. Königin Victoria sieht mit Recht die Schuld daran bei ihrem Berliner Enkel.

Doch Mahnungen zur Mäßigung treffen beim Kaiser auf taube Ohren. Sein »englisches Blut« giert nach Abenteuern auf hoher See, und schmerzlich vermißt er die Regatten in Cowes, zu denen er in dieser Zeit natürlich nicht selbst erscheinen kann und seine Yacht *Meteor* 1896 daher ohne ihren kaiserlichen Kommandanten gewinnt. Er träumt davon, sich mit einer Flotte aus blitzendem Kruppstahl mit den Verbänden der Royal Navy in den warmen Gewässern der Weltmeere zu messen. Er will die sakrosankte Regel des *two powers standard* der britischen Admiralität, derzufolge die Navy mindestens über doppelt so viele Schiffe verfügen muß wie die beiden nächststarken Flotten zusammengenommen, nicht länger akzeptieren: eine äußerst gefährliche Herausforderung, weil sich hier der Wille des weltweit führenden Industriestaats zur Macht manifestiert; tatsächlich haben die Deutschen rapide Fortschritte gemacht und gegenüber England aufgeholt. Ungeduldig warten die Unternehmer an der Ruhr auf die Freigabe der Gelder für den Bau der großen Flotte, der den Werften, aber auch der Eisen- und Stahlindustrie langfristig volle Auftragsbücher bescheren soll. Auch der neue Staatssekretär des Äußeren, Fürst Bernhard von Bülow – 1897 bis 1900 in dieser Position – betreibt eine Politik, die ihm die Tore zum Kanzleramt weit öffnen wird. Durch seine Öffentlichkeitsarbeit – Vorträge an den Universitäten und viele auf sein Betreiben in der Presse veröffentlichte Artikel über Deutschland als See- und Kolonialmacht – macht er den Kaiser, der Alfred von Tirpitz zum Staatssekretär des Reichsmarineamts ernannt hat, überglücklich.

Die Kaiserinwitwe dagegen mußte eine Politik, die den Kaiser zwangsläufig in eine höchst heikle und ungewisse Rivalität mit Großbritannien brachte, mit Besorgnis erfüllen. Doch Wilhelm wetterte gegen die unentschlossenen Abgeordneten, die ihm die Kreditaufnahme erschwerten. Er wollte England seine Flottenpolitik aufzwingen, und gegen diese Ambition wogen die verwandtschaftlichen Beziehungen nicht schwer genug.

Die Familie hatte sich, einschließlich der Königin Victoria und dem späteren Zaren Nikolaus II., vom 19. bis zum 21. April 1894 in Coburg getroffen, wo man zunächst die Hochzeit zwischen der Prinzessin Viktoria Melitta von Sachsen-Coburg und Großherzog Ernst Ludwig von Hessen-Darmstadt feierte. Am 21. April wurde dann die Verlobung von Zarewitsch Nikolaus und Alix von Hessen-Darmstadt – einer Schwester Ernst Ludwigs – bekanntgegeben. Königin Victoria war von dieser Verbindung nicht entzückt: Am russischen Hof hatte es schon allzu viele Deutsche gegeben, und außerdem war Prinzessin Alix eine Cousine ersten Grades des Kaisers. Wilhelm dagegen hatte sich für diese Ehe stark gemacht und auf Alix eingeredet, die Religion zu wechseln. So verbuchte er die Vermählung der beiden im November desselben Jahres als seinen persönlichen Triumph. Offensichtlich verstand er es, die Familienbande je nachdem für seine politischen Ziele einzuspannen.

Sein Ziel in diesem Fall war es, das Interesse des Zaren von Europa abzuziehen und auf den Fernen Osten zu lenken. Ihn in China zu unterstützen, hieß letztlich, ihn in Gegensatz zu England bringen. Jetzt konnte Wilhelm vor dem Reichstag die These von der englischen Bedrohung auf den Meeren entwikkeln, die Deutschland daran hindere, eine Politik nach Maßgabe seiner Mittel zu konzipieren. Im übrigen war er aber gegen Sirenentöne aus London wie Joseph Chamberlains Einflüsterung, nur eine englisch-deutsche Allianz sei imstande, den Weltfrieden zu erhalten, auch nicht ganz taub. So steuerte Wilhelm einen politischen Zickzackkurs, während seine Großmutter, Königin Victoria, das gute Einvernehmen zwischen ihm und Nikolaus, dem kaiserlichen Gemahl ihrer zur Zarin avancierten Enkelin Alix, nur mit Mühe aufrechterhalten konnte. Der Kaiser wurde derweil nicht müde, zum großen Ärgernis der britischen Admiralität zu wiederholen: »Unsere Zukunft liegt auf dem Wasser.«

Mit wem aber war eine Verständigung letztlich nun wirklich möglich? War es nicht erschreckend, daß der Frieden in Europa vom Erfolg seiner Unternehmungen abhing? Zähneknirschend verfolgten viele deutsche Parlamentarier, und mit noch größerer Sorge die Engländer, seine arrogante Einmischung in die Außenpolitik. War Deutschland denn eine Kaiserdiktatur, daß dieser Mann ungehindert und unkontrolliert aggressive Reden halten und auf der internationalen Bühne nach Belieben Schön- und Schlechtwetter machen konnte, wie es ihm eben gerade in den Sinn kam? Auch Bismarck hatte für den Frieden gearbeitet, aber auf seine Weise. Wilhelms Politik dagegen – Ermutigung der Russen in China bei gleichzeitiger Annäherung an England – mußte scheitern, zumal seine Palästinareise 1898 die Entrüstung des britischen Kabinetts auf den Siedepunkt trieb. In Jerusalem präsentierte er sich mit Helm und – wie einst Bismarck – in weißer Kürassieruniform. Dem türkischen Sultan, der ihm die Konzession für den Bau der Bagdadbahn auf seinem Boden erteilte, versicherte er, die dreihundert Millionen Muslime hätten keinen treueren Freund und Schutzherren als den deutschen Kaiser.

Noch immer hoffte Königin Victoria, mäßigend auf ihn einwirken zu können, doch der Reichstag hatte gerade dem Ersten Flottengesetz zugestimmt. Und im Jahr 1900 wurde Bernhard von Bülow, der sich selbst als »ausführendes Werkzeug seiner Majestät« betrachtete, Reichskanzler. So stürzte der letzte der Hohenzollern sein Land an der Schwelle des zwanzigsten Jahrhunderts ins Abenteuer.

Königin Victoria gab sich nicht geschlagen. Sie liebte den Frieden über alles. Außerdem fand sie es absurd, daß sich ihr Enkel, mochte er auch noch so leicht zu beeindrucken sein, von den Alldeutschen und den Ruhr-Industriellen in eine so gefährliche Politik verwickeln lassen sollte. Immerhin hatte er während des Burenkriegs Besonnenheit gezeigt und sich von

*Victoria, Königin von Großbritannien und Irland (1887).*

der entfesselten deutschen Öffentlichkeit nicht dazu verleiten lassen, dem verzweifelten Hilferuf der Buren nachzukommen. Als die englische Monarchin 1901 starb, begab sich Wilhelm auf der Stelle nach London, um seine Großmutter, als ein Zeichen liebevoller Aufmerksamkeit, zusammen mit König Eduard und dem Herzog von Connaught eigenhändig in den Sarg zu betten. Freudig hatte er die Auszeichnung seines Sohnes mit dem Hosenbandorden und die Verleihung des Titels eines Admirals der Royal Navy an seinen Bruder Heinrich akzeptiert. Doch als die Rede auf Bündnisverhandlungen kam, hintertrieben Reichskanzler Bernhard von Bülow und Friedrich von Holstein, die »graue Eminenz« des Auswärtigen Amtes, alles durch die Forderung an England, sich dem Dreibund bedingungslos anzuschließen. Zurück im Berliner Klima, legte Wilhelm den zivilen Anzug samt der mit Victorias Wappen verzierten Krawattennadel ab und schlüpfte wieder in die Uniform. König Eduard VII. konnte nur noch feststellen, daß eine dauerhafte Annäherung – scheinbar – unmöglich war. So wandte sich England endgültig Frankreich zu.

Hatte der Kaiser, so unbeholfen, wie er sich bei seinen sporadischen Annäherungsversuchen an England gezeigt hatte, bei seinem »Cousin« Nicky größere Chancen? Dem Zaren waren durch die Allianz mit Frankreich von vornherein die Hände gebunden. Diese Allianz war notwendig geworden, weil die Pariser Börse weitgehend die Finanzierung der industriellen Revolution im russischen Reich sicherte. Dennoch rechnete sich Wilhelm während des Russisch-Japanischen Krieges gute Chancen aus. Hatten die Engländer nicht 1902 mit Japan ein Bündnisabkommen unterzeichnet? Unter diesen Umständen aber konnten sich die Franzosen als Verbündete Rußlands den mit der Regierung in Tokio alliierten Engländern nicht gut nähern. Also war die sogenannte, 1904 von Delcassé in London ausgehandelte französisch-britische Entente cordiale im Grund nichts weiter als ein schöner Wahn. Doch die schnelle und definitive Niederlage der Russen sorgte für neue Unruhe: Im Fernen Osten entmutigt, wandte sich der Zar wieder Europa zu, erfreut, hier die Allianz mit Frankreich wiederbeleben zu können.

Die scheinbaren Erfolge der deutschen Marokkopolitik – die sich bald als das genaue Gegenteil herausstellen sollten – gaben dem Kaiser seinen Optimismus wieder. Nach dem aufsehenerregenden Besuch Wilhelms II. in Tanger am 31. März 1905, bei dem er die Souveränität des Sultans betont und Deutschlands Ansprüche angemeldet hatte, hatten die Franzosen ihren von den Engländern gebilligten Plan der »friedlichen Durchdringung« des Landes aufgeben und in eine Konferenz der Schutzmächte Marokkos im spanischen Algeciras einwilligen müssen, die dann von Januar bis April 1906 stattfand. So hatten sie nicht die Möglichkeit, das Schwert zu ziehen. Schon vor der Konferenz von Algeciras betrachtete Wilhelm die vermeintliche Schwäche Frankreichs als eine günstige Gelegenheit, sich mit »Nicky« zu verständigen. Am 24. Juli 1905 kam es zum Treffen der beiden kaiserlichen Yachten in der Bucht von Björkö an der finnischen Küste, wo die beiden Herrscher ohne Zeugen einen Neutralitätsvertrag schlossen. In der Wilhelmstraße stießen diese direkten Verhandlungen jedoch auf äußerst herbe Kritik. Die »graue Eminenz« Holstein beanstandete, daß die deutsch-russische Beistandsverpflichtung auf Europa begrenzt war und Asien nicht einschloß. Holstein empfahl Bülow sogar zu demissionieren, um dem einzigen wirklich verläßlichen Verbündeten Deutschlands, Österreich-Ungarn, gegenüber nicht die Verantwortung für einen Vertrag übernehmen zu müssen, der Mißtrauen auslösen könnte. So sah sich Wilhelm, voller Wut über das nutzlose Papier in der Tasche, von seinen Politikern im Stich gelassen.

Als erster begräbt der Zar den Vertrag. Seine Umgebung hat ihm nachgewiesen, daß sich die Klauseln mit dem französisch-russischen Pakt nicht vereinbaren lassen. Wilhelm macht seiner Verzweiflung in einem Brief an seinen abdankungswilligen Kanzler Luft. Der »Kriegsherr« droht – das ist kaum zu fassen – Bülow mit Selbstmord, wenn er nicht auf seinem Posten bleibe. Er beklagt sich, eine solche Behandlung von ihm nicht verdient zu haben. »Nein, mein Freund, Sie bleiben im Amt! Sonst wäre ich auf ewig blamiert, was ich nicht überleben kann!« Er erinnert an die zahllosen Male, wo er sich auf Bülows Rat für das Wohl des Staates geopfert habe, an das Tanger-Abenteuer, »wo Sie mich persönlich gegen meinen Willen eingesetzt haben«, wo er sich dem Kanzler zuliebe auf ein wildes Pferd gesetzt hat, das ihn um ein Haar ums Leben gebracht hätte. »Ich ritt mitten durch spanische Anarchisten hindurch!« Und im Postskript fügt er an: »Der Morgen nach dem Eintreffen Ihres Abschiedsgesuchs würde den Kaiser nicht mehr am Leben treffen.«

Natürlich kehrt Bülow auf seinen Posten zurück, in der

Gewißheit, es von nun an mit einem gelehrigen und fügsamen preußischen Autokraten zu tun zu haben. Aber ist Wilhelm von da an wirklich nur noch eine Marionette in den Händen der Herren in der Wilhelmstraße? Völlig unzufrieden mit den Verhandlungen über Marokko, die weder eine Annäherung an Frankreich noch eine Abkühlung zwischen Paris und London gebracht haben, willigt er ein, den ihm von Bülow gelieferten Sündenbock, Friedrich von Holstein, zu opfern.

Doch der alte Mann ist mit allen Wassern gewaschen, hat eine gut geführte Kartei und die Seele eines skrupellosen Bürokraten. Er rächt sich für seine Entmachtung, indem er im Verlauf einer perfiden Pressekampagne den Busenfreund des Kaisers, Fürst Philipp zu Eulenburg, Ehemann und Familienvater, der Homosexualität bezichtigt. Von Maximilian Harden, Publizist und Herausgeber der Zeitschrift »Zukunft«, wird Eulenburg beschuldigt, im Mittelpunkt einer verweichlichten und äußerst gefährlichen Kamarilla zu stehen, die die absolutistischen Tendenzen des Kaisers stütze und ihn glauben mache, der wahre Herr über Deutschland zu sein. Desgleichen wird Cuno von Moltke, dem Flügeladjutanten Wilhelms II., vorgeworfen, sich an einer Orgie des Gardekorps beteiligt zu haben. Angesichts all der vom Herausgeber der Zeitschrift mobilisierten und bestochenen Zeugen verzichten die Beschuldigten auf eine Verteidigung. Vom Kaiser, der sein ganzes Vertrauen auf Kanzler Bernhard von Bülow setzt, fallengelassen, ziehen sie sich auf ihre Ländereien zurück. Philipp von Eulenburgs Name wird in den Potsdamer Alleen hinfort nicht mehr erwähnt.

Offensichtlich wurden damals die Chefs von Regierungen und Verwaltungen aller Länder vorgeschoben, um einer Annäherung den Weg zu bereiten oder einem Bruch symbolische Kraft zu verleihen. König Eduard VII. wird vom Foreign Office auf Schritt und Tritt begleitet, und wenn sich die Souveräne einbilden, ganz allein verhandeln zu können, wie in Björkö, werden sie von ihrem Beamtenapparat auf der Stelle desavouiert. Ein vom Zar oder dem deutschen Kaiser unterzeichneter Vertrag muß vom Regierungschef gegengezeichnet werden. So ist es in allen Monarchien; von einer absoluten Macht der Könige kann daher nicht die Rede sein.

Auch steht der König von England eher dem Kabinett zu Diensten als umgekehrt. Verfolgt man die Beziehungen zwischen Wilhelm und Bernhard von Bülow, kann man sich des Eindrucks kaum erwehren, daß die Wilhelmstraße trotz aller tollen Streiche des Kaisers in ähnlicher Weise über Wilhelm II. verfügt wie das Foreign Office über Eduard VII. Dennoch liegen die Dinge in Berlin aufgrund des Einflusses einer von Militär und Industrie gestellten Lobby komplizierter. Dieser Einfluß macht den Kaiser zur glänzenden, helmbewehrten Galionsfigur einer auf Kriegsruhm und Seemacht ausgerichteten Politik, der sich auch Regierung und Parlament nicht versagen können. Alles erweckt den Eindruck, als sei der Kaiser zum Werkzeug einer Pressure-group geworden, die sich seine charakterlichen Eigenarten und gleichzeitig seine privilegierte Stellung zunutze macht, um dem Land die Politik aufzuzwingen, die sie für wünschenswert hält.

Wilhelm II. paßt ausgezeichnet in dieses Bild. Er hat seine sechs Söhne und sogar seine einzige Tochter fest an die Kandare genommen, hält am Hof auf eine puritanische Etikette und untadelige Sitten, kommandiert Diener und Minister öffentlich herum und wettert gegen Onkel Bertie, der sich mit allen Herrschern der Welt trifft, dem König von Spanien, dem König von Italien, dem Zaren von Rußland und dem Präsidenten der Republik Frankreich, und sich bei allen durch seine freundliche Gutmütigkeit Liebkind macht. So glaubt Wilhelm, einerseits in seine Reden Drohungen einflechten und andererseits die protokollarischen Beziehungen durch Entfaltung von persönlichem Charme auflockern zu müssen, beispielsweise indem er an den Lord der englischen Admiralität höchstpersönlich schreibt, um den Bau der vier Schlachtschiffe pro Jahr zu rechtfertigen. Ist er nicht Großadmiral der Royal Navy von Victorias Gnaden? Bertie kennt bei den *Dreadnoughts* – wie die britischen Schlachtschiffe heißen – keinen Spaß, auch wenn er es absurd findet, wegen der Aufrüstung seines Neffen der Marine enorme Kredite bewilligen zu müssen, während die Öffentlichkeit eine Sozialpolitik fordert. Die internationale Krise von 1908 hat Gesprächen zwischen den Herrschern deutliche Grenzen gesetzt: Sobald europäische Rivalitäten direkt ins Spiel kommen, melden sich grollend und drohend die Generalstäbe zu Wort.

Von allen Souveränen Europas schießt zweifelsohne Wilhelm II. den Vogel ab, was die Entfaltung von Pracht und Luxus, die Veranstaltung von Festen und Zeremonien, die Reiselust, die Freude an Einweihungen, Militär- und Flottenparaden, sportlichen Zusammenkünften der Armee und an Manövern angeht. Er wechselt unentwegt die Uniform, um, zum Schrecken seiner Höflinge, in den creme- und goldfarbenen Sonderzug zu springen, der jedesmal sämtliche Geschwindigkeitsrekorde zu brechen scheint. Er versucht den Segelregatten von Cowes in Kiel Konkurrenz zu machen. Beständig lebt er in der Angst, sein Onkel Bertie könnte eine Yacht bauen lassen, die schneller ist als die seine. Er weiß, daß ein König vom Prestige lebt und daß der deutsche Kaiser in einem Zeitalter, in dem die Industrie Triumphe feiert, Reichtum und Macht in ihrer spektakulärsten Ausformung verkörpern muß.

Wilhelm residiert für gewöhnlich in seinem Berliner Stadtschloß »Unter den Linden« oder in Potsdam im »Neuen Palais«, das von Friedrich dem Großen nach dem Siebenjährigen Krieg erbaut worden ist. Er vernachlässigt darüber aber seine dreißig Schlösser und Villen nicht, die er in allen Teilen Deutschlands besitzt. Sie dienen ihm dazu, die Bande zu den fürstlichen Bundesstaaten zu festigen, vornehmlich zu denen im Süden. Die Präsenz des Landesherrn, Wilhelms Vertraulichkeit mit den Oberhäuptern der Fürstenhäuser und die zahlreichen Familienverbindungen der Hohenzollern wirken Wunder. Er stiftet Ehen, verteilt je nach Verdienst den Schwarzen- oder Roten-Adler-Orden und lädt die Fürsten zu Militärparaden ein, an denen er inmitten seiner Schwadron weißer Kürassiere höchstpersönlich teilnimmt. Die flachen preußi-

*Kaiser Wilhelm II. liebte Uniformen; hier posiert er als preußischer Kürassier (1905).*

schen Militärtrommeln und der durchdringende Klang der Pfeifen lassen das Brandenburger Tor erzittern und die Menge Unter den Linden, für Militärparaden stets zu haben, in Vivat-Rufe ausbrechen. Er bittet auch die auswärtigen Militärattachés zu dem Spektakel, um sie die neuen dunkelblauen Gardeinfanterieuniformen und das unauffällige Feldgrau der Infanterie bewundern zu lassen. Er interessiert sich lebhaft für alle Neuerungen auf dem Gebiet der Kriegführung, aber auch für den Alltag der Soldaten, und erzieht den Kronprinzen sowie seine anderen Söhne im Geiste der Armee.

Hat der Kaiser in den Jahren vor dem Ersten Weltkrieg bei der Erledigung der öffentlichen Angelegenheiten völlig freie Hand? Ist seine Autorität, sein »Persönliches Regiment«, ungebrochen? Aufschlußreich in dieser Hinsicht ist Kanzler von Bülows Entlassung im Jahr 1909. Gestützt auf das ihm zustehende Prärogativ in den internationalen Beziehungen, hat der Kaiser ein Jahr zuvor erstmals ein Interview gegeben, das im »Daily Telegraph« erschienen ist. Thema waren die deutsch-englischen Beziehungen, die er verbessern wollte; auch sollte die englische Öffentlichkeit mehr Verständnis für die deutschen Flottenpläne aufbringen. Vor der Veröffentlichung hat Wilhelm II. das Interview Kanzler von Bülow und auch dem Außenministerium vorgelegt. Das Papier läuft von Büro zu Büro, klettert die Beamtenhierarchie hinunter, dann wieder hinauf bis zu von Bülow, der aus Zerstreutheit oder Schmeichelei nichts dagegen einzuwenden findet. Die Veröffentlichung aber ruft in Frankreich, England und Rußland aufgrund der unvorsichtigen Äußerungen und der unerträglichen Naivität einen Sturm der Empörung hervor. Schmeichelt sich der Kaiser darin nicht, seiner Großmutter Victoria den Schlachtplan für den Burenkrieg in Südafrika geschickt zu haben? Am wütendsten aber sind die Deutschen; bestimmte Zeitungen und politische Gruppierungen stellen unverhohlen die Privilegien des Kaisers in Frage. Es ist die Rede von einer Verfassungsänderung, die dem Souverän die Hände binden soll, damit er dem Staat nicht länger schaden könne. Man tuschelt, er führe ein wenig kaiserliches Leben, wenn er Berlin verlasse, um in Österreich, beim Fürsten Max zu Fürstenberg, zu jagen. Ist nicht der Chef des Militärkabinetts, General Dietrich Graf von Hülsen-Haeseler, beim Tanz eines klassischen Balletts im Ballettröckchen von einem Herzschlag dahingerafft worden? Eine Pressekampagne geißelt den Herrscher als verantwortungslos. Wilhelm ist so getroffen, daß er daran denkt, zugunsten seines Sohnes abzudanken. Das »Berliner Tageblatt« wundert sich, daß ein Sechzigmillionenvolk von gehobenem Intelligenzniveau das Schicksal eines Kanzlers und die Wahl seines Nachfolgers einem einzigen Mann überlassen sollte. Das aber heißt nichts anderes, als die deutsche Verfassung und das Bismarcksche System in Frage zu stellen. Nachdem sich der Kaiser wieder gefangen hat, räumt er bereitwillig ein, daß das Interview ein Fehler gewesen sei. Aufgabe des Kanzlers indessen sei es, ihn zu informieren, zu warnen. Er habe ihm den Text des Interviews vorgelegt und ohne jede Bemerkung, ohne einen einzigen Einwand zurückerhalten. Habe Bülow ihn absichtlich ins Messer laufen lassen, um die Kaisermacht zu demütigen? Wilhelm II. konstatiert, daß einzig Bauernopfer gebracht worden sind, daß Bülow nur subalterne Beamte der Wilhelmstraße entlassen hat. Der Kanzler selbst hat es verstanden, sich vor dem Reichstag in einem vorteilhaften Licht zu präsentieren, und schlicht behauptet, jedes Kind habe erkennen können, daß das Interview im »Daily Telegraph« eine Dummheit gewesen sei.

Warum aber hatte Bülow, wenn dem so war, das Interview passieren lassen? Hatte er nicht »seinen Kaiser verraten«? Mehr und mehr setzte sich diese Betrachtungsweise in Kasinos, Cafés und am Wirtshaustisch, kurz, in den meinungsbildenden Kreisen durch. Wilhelm II. spürte, wie sich im Jahr nach dem Interview der Wind drehte. Er wurde bei öffentlichen Versammlungen mit Ovationen bedacht; er wagte wieder, sich hoch zu Roß auf den Berliner Straßen zu zeigen. Und hatte der Reichstag eine Verfassungsänderung verlangt? Mitnichten. Die Deutschkonservative Partei unterstützte Bülow, der gedroht hatte, eine Erbschaftssteuer einzuführen, kaum noch. Das Projekt war im Reichstag durchgefallen. Trotzdem hätte den Kanzler nichts zum Rücktritt gezwungen; er war nur dem Kaiser verantwortlich. Aber konnte er weiterregieren, ohne das Vertrauen des Kaisers zu besitzen? Bülow hielt es für klug, seine Demission anzubieten. Wilhelm II. nahm sie sofort an und entledigte sich so mühelos eines Kanzlers, der Deutschland seit zwölf Jahren regiert hatte. Zum Abschied überreichte er ihm den Schwarzen-Adler-Orden mit Brillanten und ein Goldarmband für seine Frau. Seiner Meinung nach hatte er damit die Dienste eines unterwürfigen Höflings, der um ein Haar die verfassungsgemäßen Rechte des Kaisers in Frage gestellt hätte, überreichlich abgegolten. Die oberste Herrschergewalt hatte die Bewährungsprobe heil überstanden. Armee, Bundesfürsten und Berliner hatten den Kaiser gestützt; Industrielle und Wirtschaftskapitäne hatten sich arrangiert; Presse und Reichstag den Wechsel im Kanzleramt akzeptiert. Offensichtlich waren die Deutschen einverstanden, daß der Kaiser, wenn er schon kein Autokrat war, weiterhin politisch den Ton angab, vorausgesetzt, er würde besser im Zaum gehalten und bei der Ausübung seiner Macht besser geleitet.

So versieht der Kaiser die Depeschen, die an seinen neuen Kanzler, Theobald von Bethmann Hollweg gerichtet sind, der im übrigen von Außenpolitik nichts versteht, weiterhin mit seinen Anmerkungen. Den größten Teil seiner Zeit aber verbringt er auf Kreuzfahrt mit der *Hohenzollern,* auf archäologischen Reisen in Griechenland oder auf der Jagd. 1910 hält er sich höchstens zwei Monate in Berlin auf. Die Berliner nehmen ihn nicht ernst. Sie machen sich über seinen Uniformtick lustig, witzeln, noch zur Einweihung eines Aquariums erscheine er als Großadmiral und werfe sich, um sich bei seinen englischen Verwandten einzuschmeicheln, auch schon mal in einen Schottenkilt. Doch hält er ständig Verbindung zum Kabinett und läßt sich auf allen Reisen von Beamten der Wilhelmstraße

XIX. Jahrgang
Nr. 14

Berliner
# Illustrirte Zeitung

1. April 1910
Einzelpreis
10 Pfg.
oder 15 Heller.

Verlag Ullstein & Co., Berlin SW. 68.

*Der ehemalige und der neue Reichskanzler baden im Tiber:*
*Fürst Bernhard von Bülow (links) und*
*Theobald von Bethmann Hollweg.*

begleiten. Wenn er auch kein Autokrat ist, so posiert er doch als solcher und erklärt in der ostpreußischen Hauptstadt Königsberg in einer markigen Rede, daß er, wie sein Großvater Wilhelm I., der sich die Krone selbst aufsetzte, König »von Gottes Gnaden« sei. Er betrachtet sich als »Werkzeug des Herrn« und erachtet es als seine Aufgabe, das »deutsche Vaterland« gegen jede Bedrohung von außen zu schützen.

Er fühlt sich pudelwohl im Herzen des monarchischen Europa und ist überzeugt, durch ein persönliches Gespräch mit dem Souverän einer konstitutionellen Monarchie wie England die Situation von Grund auf verändern zu können. In diesem Geist hatte er schon den Vertrag von Björkö mit dem Zaren geschlossen. Und auf diese Weise hofft er nun, die sich ankündigenden Krisen zu bewältigen. Er zählt fest auf die Kooperation seines Vetters Georg V. von England und des britischen Außenministers und passionierten Lachsfischers, des lässigen Sir Edward Grey. Er schmeichelt sich, den Botschafter des verabscheuten französischen Regimes, den ruhigen Cambon, auf seine Seite ziehen zu können. Er genießt es, bei den Bestattungsfeierlichkeiten Eduards VII. in London unter den Hochrufen der Massen zu Pferd durch die Straßen zu paradieren und betrachtet den Handschlag, mit dem er den neuen König in der Öffentlichkeit begrüßt, als diplomatischen Akt. In der Tat wird diese symbolische Geste vielfach kommentiert. Zwar macht der Kaiser die Politik nicht selbst; immer aber ist er derjenige, der Kritik oder Beifall auf sich zieht. Man mag Wilhelm II. unverantwortlich oder inkonsequent nennen. In Wirklichkeit aber ist er nicht *auctor,* sondern *actor:* der kostümierte Repräsentant der deutschen Politik in einem theatralischen Spektakel.

Von 1910 bis 1914 steht der Kaiser im Vordergrund der aktuellen Geschehnisse, gerade als zöge die Spitze seiner Pickelhaube den Blitz aller internationalen Stürme auf sich. Dabei verstärkt er seine Bemühungen um den Hof von London, als wollte er den Engländern durch seinen Charme die von Admiral Tirpitz vorangetriebene Flottenrüstung schmackhaft machen. Das Friedenssystem Bismarcks, der verstanden hatte, Rußland und Österreich gleichermaßen zu zügeln, war durch die autoritäre Politik Friedrich von Holsteins ein für allemal gesprengt worden. Der Bruch mit den erneut in die Arme der Franzosen getriebenen Russen allein aber hätte noch keine ernsten Folgen gehabt, wären auf dem Balkan nicht wieder einmal die imperialistischen Interessen aufeinandergeprallt, ausgelöst durch die panslawistischen Bestrebungen in Sankt Petersburg, die die Serben unnachgiebig machten und erst die Franzosen, dann auch die Engländer zu diplomatischer Unterstützung zwangen. Lange Zeit wirkt der Kaiser mäßigend auf seinen österreichisch-ungarischen Partner ein, den die permanenten Spannungen auf dem Balkan am meisten betreffen. So glaubt er, etwas für den Frieden tun zu können, denn er ist sich bewußt, wie sehr das deutsche Volk durch einen europäischen Krieg in seiner so verheißungsvollen Entwicklung zurückgeworfen würde. Wie aber ist der Große Generalstab von seinem Verfolgungswahn, von seiner Einkreisungsphobie zu kurieren? Schon versucht man die Voraussetzungen für einen Zweifrontenkrieg auf der Grundlage des Schlieffenplans – rasche Offensive im Westen, zunächst hinhaltende Defensive, dann eine Offensive im Osten mit den durch den Sieg freigewordenen Streitkräften – zu schaffen.

Im Jahr 1910 ist die kurze Wirtschaftskrise von 1903 vergessen. Die Handelsbeziehungen zu Frankreich werden ausgebaut, die Produktion an der Ruhr – Steinkohle, Eisen, Stahl – ist sprunghaft angestiegen, große Kartelle sind entstanden; Deutschland besitzt das beste Eisenbahnnetz Europas. Der Aufschwung der Banken, das gute Einvernehmen zwischen Unternehmen und Forschung und der Ausbau eines äußerst leistungsfähigen internationalen Handelsnetzes machen das Deutschland Wilhelms II. zu einem Industriestaat von expandierender Dynamik, was England, bis zu diesem Zeitpunkt ohne Rivalen, nicht minder beunruhigt als von Tirpitz' Flottenrüstung. Zwischen 1903 und 1913 verdoppeln sich dank

Dumpingpreisen und staatlicher Subventionen die deutschen Exporte. Unter diesen Umständen kann das politische Leben nur ein Spiegel der wirtschaftlichen Bestrebungen der wichtigsten Regierungsträger sein. Wenn das katholische Zentrum im Grunde bloß die Stimmen einer lediglich auf religiöse Freiheit bedachten Wählerschaft sammelt, so hat die Deutschkonservative Partei ihre Wurzeln im ländlichen Osten, im Großgrundbesitz der Junker, über den der Kaiser seine schützende Hand hält. Ebenso haben die Industriellen ihre politische Vertretung, die Nationalliberale Partei; und die Fortschrittspartei rekrutiert ihre Anhänger unter Advokaten, Zeitungsverlegern, Medizinern, Direktoren pharmazeutischer Laboratorien und der Masse der Studenten und Professoren. Die Sozialdemokraten, die Partei der Arbeiter, haben 1903 einen großen Erfolg errungen und sind seitdem mit über achtzig Abgeordneten im Reichstag vertreten, was den Kaiser jedoch nicht weiter beunruhigt. Sie sind keine Revolutionäre, sondern streben lediglich eine arbeiterfreundliche, den Arbeitsplatz sichernde Sozialgesetzgebung an. Alles in allem kommt es jedenfalls aufgrund der politischen Auffächerung des Reichstags nicht zur Herausbildung einer Kampfmehrheit, der der Kaiser Rechnung tragen müßte. Der Kanzler muß sich seine Mehrheiten aus wechselnden Parteienkoalitionen – zumeist aus Nationalliberalen, Konservativen und Zentrumsabgeordneten – beschaffen, darf aber, um sie zustande zu bringen, keine besonderen Reformabsichten verfolgen. So konnte von Bülow beispielsweise die von ihm geplante Erbschaftssteuer nicht durchsetzen. 1906 löste der Kanzler den Reichstag auf, da das Zentrum und die Sozialdemokraten den Nachtragshaushalt für die Fortführung der Kämpfe in den Kolonien abgelehnt hatten.

1909 führt ebendiese Instabilität der Mehrheitsverhältnisse zum Sturz des Kabinetts Bülow. Und am 12. Januar 1912 bekommt der preußische Beamte und »Schulmeister« des Kaisers, Bethmann Hollweg, der keineswegs die Absicht hegte, Reformen einzuleiten, die Wahlniederlage in voller Wucht zu spüren: Die Sozialdemokraten ziehen mit 110 Mandaten in den

Reichstag ein, die Konservativen haben 17 Sitze verloren. Eine für den Kanzler bedrohliche Mehrheit aber finden die Abgeordneten, die eine parlamentarische Regierungsform nach englischem Vorbild einführen möchten, nicht, aus welcher Ecke die Forderung auch laut wird, ob aus der sozialistischen, ob von der Fortschrittspartei oder von seiten der Katholiken der Zentrumspartei. Unter diesen Umständen bleiben die Staatsgeschäfte letztlich in der Hand der Verwaltungsbeamten mit dem Kaiser als Vorgesetztem, der sich ihrem Einfluß aber natürlich nicht entziehen kann. Kurz, das deutsche Kaisertum ist eher bürokratisch als parlamentarisch.

Für die großen Interessen von Industrie und Handel aber ist die Berliner Bürokratie durchaus aufgeschlossen, auch wenn Heeresleitung und Admiral Tirpitz den Ton angeben. Sie haben 1912 die dritte Flottennovelle und die Heeresverstärkung um 29 000 Mann durchgeboxt. Aufgrund der Erfordernisse des Schlieffenplans, der unter anderem auch eine Invasion des neutralen Belgien vorsieht, drängen die Militärs aber bereits ein Jahr später auf eine neuerliche Verstärkung – und zwar um drei weitere Armeekorps beziehungsweise 300 000 Soldaten. Doch selbst der Kriegsminister hält eine solche Verstärkung für überzogen. Die von der Reichsleitung im März 1913 im Reichstag eingebrachte Vorlage fordert schließlich eine Heeresvermehrung um rund 130 000 Mann. Der Reichstag streicht von dieser Vorlage aber noch einmal drei der sechs beantragten Kavallerie-Regimenter, ansonsten wird der Antrag der Reichsleitung angenommen, so daß die Ist-Stärke des deutschen Heeres 1913/14 bei rund 750 000 Mann liegt. Als Antwort auf diese Erhöhung des deutschen Militärpotentials führt Frankreich die dreijährige Dienstzeit ein. So kann der Kanzler zwar einen von der Militärlobby vorgeschlagenen, vom Kaiser gebilligten und mitgetragenen politischen Kurs steuern, den Reichstag aber nicht völlig übergehen. Deutschland hat keine parlamentarische Regierungsform, wohl aber ein echtes Parlament, das zumindest – wie in der Frage der Truppenverstärkung – Kompromisse erreichen kann.

Auf dem Balkan hat sich die Kriegsbereitschaft dauerhaft eingenistet. Und während der zweiten Marokko-Krise von 1911 versuchte die Reichsleitung, die deutschen Kolonialforderungen mittels Drohungen bei Frankreich durchzusetzen. Dazu hatte der Staatssekretär des Auswärtigen Amtes, Kiderlen-Waechter, ein Machtpolitiker reinsten Schlags, ein Kanonenboot in die marokkanischen Gewässer von Agadir geschickt, um seinen Forderungen mehr Nachdruck zu verleihen. Die Folge war jedoch, daß Großbritannien zur Unterstützung seines bedrängten Bundesgenossen die Flotte mobilisierte. Der Kaiser hatte Kiderlen-Waechter zurückgepfiffen und seinen Sohn, den Kronprinzen, abgekanzelt, weil der im Reichstag den alldeutschen Reden der konservativen Abgeordneten applaudiert hatte, die Wilhelm einen Pazifisten nannten. Doch dem nach Berlin entsandten britischen Bevollmächtigten, Lord Haldane, der eine Reduzierung der deutschen Flottenrüstung aushandeln sollte, hatte Wilhelm eine Abfuhr erteilt, weil sich die Briten zu der als Gegenleistung verlangten Neutralitätszusicherung nicht bereit zeigten.

Um so mehr beunruhigte den Kaiser die Entwicklung auf dem Balkan. Von den Russen finanziert, von den Franzosen bewaffnet, hatte Klein-Serbien 1912 mit Unterstützung seiner Verbündeten – Bulgarien, Griechenland und Montenegro – einen ersten Krieg gegen die geschwächte, aus Europa hinausgedrängte Türkei gewonnen. Als es den albanischen Hafen Durazzo anstrebte, zeigte sich Österreich-Ungarn unnachgiebig, aber Wilhelm weigerte sich, einer Hafenstadt wegen in einen Krieg einzutreten. Ebensowenig rührte er einen Finger, als Bulgarien im Sommer 1913 Serbien angriff. Rumänien, Griechenland und auch die Türkei traten gegen Bulgarien in den Krieg ein. Als die siegreichen Verbündeten die Beute unter sich aufteilten, mischte sich einzig das Wiener Kabinett ein, um den Appetit der Serben zu zügeln, die auch prompt zurücksteckten. Beigelegt wurde die Balkankrise des Jahres 1913 auf einer durch englische und deutsche Initiative einberufenen Botschafterkonferenz in London, die schließlich in den sogenannten Frieden von Bukarest (10. August 1913) mündete. Angesichts der englischen Zusagen an Rußland und Frankreich aber beschloß Wilhelm II., ein Abkommen mit Bulgarien und der Türkei gegen Serbien zu unterzeichnen, das alle Serben Österreich-Ungarns unter seine Herrschaft bringen wollte. Es wurde höchste Zeit, daß Deutschland etwas unternahm und Vorsichtsmaßnahmen für den Fall eines europäischen Krieges plante. Rußland traf bereits Vorbereitungen für die Mobilmachung. Serbiens Absichten auf Montenegro konnten von heute auf morgen einen allgemeinen Krieg auslösen. Deutschland mußte auf jeden Fall gerüstet sein. Unaufhörlich lag der Kaiser Gottlieb von Jagow, dem Nachfolger des im Sommer 1912 verstorbenen Kiderlen-Waechter, damit in den Ohren, Deutschland sei umzingelt. Mehr denn je war er, der Kürassier von Potsdam, der helmbewehrte Kaiser von Tanger, der Admiral der Yacht *Hohenzollern,* ein Opfer dieser fixen Idee. Einzig die mitreißenden Reden der preußischen Offiziere seines Generalstabs vermochten ihn einigermaßen zu beruhigen.

Die Ermordung Erzherzog Franz Ferdinands am 28. Juni 1914 empörte Wilhelm II. Die Nachricht hatte ihn in Kiel bei einer Segelregatta erreicht. Er war sofort aufgebrochen und nach Berlin zurückgekehrt. Seinen Botschafter in Wien, Graf Tschirschky, ließ er wissen, daß man »jetzt oder nie« vorgehen müsse. Seiner Meinung nach müßte sich der Kaiser von Österreich die Serben, diese »Räuberbande«, vom Hals schaffen. Diese Instruktionen standen in krassem Gegensatz zur üblichen Empfehlung, sich zu mäßigen, die Wien sonst aus Berlin zu hören bekam. Warum aber war Kaiser Wilhelm diesmal sofort zum Losschlagen bereit?

Jedenfalls fand der österreichisch-ungarische Außenminister Graf Berchtold in ihm gänzlich unerwartet einen Bundesgenossen gegen den ungarischen Ministerpräsidenten Tisza, der nicht müde wurde, Mäßigung und Besonnenheit auf dem Balkan zu predigen. Doch Berchtold, der die Wankelmütigkeit des Kaisers kannte, wollte auf Nummer Sicher gehen. Er mußte sich darauf verlassen können, daß der deutsche Generalstab dem harten Kurs auch folgen und ihm Rückendeckung geben würde. Am 5. Juli ging im Neuen Palais zu Potsdam ein Schreiben von Franz Joseph ein, in dem sich der alte Kaiser bereit erklärte, Serbien »auszuschalten«.

Wilhelm geriet in Panik. Konnte er seinem Verbündeten eine schriftliche Beistandsverpflichtung geben? Schließlich erteilte er dem Botschafter Graf von Szögyény eine Blankovollmacht: Er sollte Berchtold telegraphieren, er sei von Seiner Majestät ermächtigt, in seinem Bericht zu sagen, daß die Donaumonarchie auf die unbedingte Unterstützung Deutschlands zählen könne. Damit hatte der Kaiser Feuer an die Lunte gelegt; und Kanzler Bethmann Hollweg unternahm nichts, um ihn zurückzuhalten oder den österreichischen Botschafter daran zu hindern, den ihm vorgelegten und von ihm bestätigten Text telegraphisch nach Wien durchzugeben. In der Annahme, daß ein Kriegseintritt Rußlands und Frankreichs wenig wahrscheinlich sei, ging Bethmann Hollweg erneut das Risiko einer diplomatischen Erpressung ein, ohne zu erkennen, daß das Konzept eines »lokalisierten Konflikts« nicht zu verwirklichen war, sondern geradewegs in den Krieg führen mußte. Am 6. Juli brach der Kaiser zu seiner üblichen Nordland-Kreuzfahrt auf, ohne das Geringste an seinem Terminkalender zu ändern. Und Staatssekretär Jagow setzte seine Hochzeitsreise fort. Bethmann Hollweg wollte nicht den Eindruck erwecken, als ob sich Deutschland auf einen Krieg gefaßt mache.

Das Ultimatum an Serbien vom 23. Juli stellte Forderungen, die völlig unannehmbar waren, um die österreichische Invasion zu rechtfertigen. Wilhelms Botschafter in London, Lichnowsky, zeigte sich überrascht: Erstmals ermutigte Berlin Wien zu einem harten Kurs. Als er sich nach den Gründen erkundigte, antwortete ihm Jagow, Deutschland könne der Verdrängung Österreich-Ungarns vom Balkan nicht tatenlos zusehen, denn das bedeute das Ende der Doppelmonarchie, also das Ende von Deutschlands einzig möglichem Verbündeten in einem bevorstehenden europäischen Krieg. Vergeblich gab der Botschafter zu bedenken, die Engländer erwarteten, daß das Deutsche Reich seinen Verbündeten auch diesmal wieder zurückhalte. Wilhelm II., der dahinter nur den typisch britischen Versuch witterte, anderen besserwisserisch und herablassend Befehle zu erteilen, reagierte gereizt. Was ging England die ganze Geschichte überhaupt an?

Den Krieg zu lokalisieren hätte offensichtlich bedeutet, Österreich-Ungarn bei der Vernichtung Serbiens freie Hand zu lassen: eine Möglichkeit, die Rußland, aber auch seine Verbündeten nicht zulassen konnten. Trotzdem glaubte Wilhelm noch immer, der Zar würde zögern, zugunsten der serbischen Königsmörder einzugreifen und damit den Konflikt anzuheizen. In der Tat setzte sich der russische Außenminister Sasonow am 25. Juli, also an dem Tag, an dem das österreichische Ultimatum ablief, im proserbischen russischen Kronrat dafür ein, die für den Notfall vorgesehene allgemeine Mobilmachung in eine Teilmobilmachung umzuwandeln, während Wilhelm II. überstürzt zur Rückreise aufbrach. Als er am 27. Juli in Berlin eintraf, erteilte er der zum Manöver ausgelaufenen Flotte Order zur Rückkehr, lehnte aber gleichzeitig Sir Edward Greys Vermittlungsangebot mit der Begründung ab, die Angelegenheit beträfe nur Österreich, und wies seinen Botschafter in London an, die These eines lokalisierten Konflikts weiter aufrechtzuerhalten.

Die Antwort der Serben vom 25. Juli war überaus konziliant gehalten – sehr zur Verwirrung der Österreicher, die Gefahr liefen, als Kriegstreiber dazustehen, wenn sie jede vernünftige Auseinandersetzung ablehnten. Die Warnung Greys – »Niemand kann sagen, wohin ein solcher Krieg führen würde« – scheint Kanzler Bethmann Hollweg nicht weiter beeindruckt zu haben. Er wiederholte nur, Deutschland habe seinem Verbündeten sein Wort gegeben. Unter diesen Umständen blieb Berchtold nichts anderes übrig, als am 28. Juli Serbien den Krieg zu erklären.

Wäre demnach Kaiser Wilhelm II. an der Ausweitung des Konfliktes schuld? Am 28. Juli scheint er endlich die Gefahr erkannt zu haben, denn er tadelt das Wiener Kabinett, nach der gemäßigten Antwort der Serben den Krieg erklärt zu haben. Nun macht er sich die Mühe, ein Memorandum an seinen Kanzler auszuarbeiten, mit dem Auftrag, die Österreicher zurückzuhalten. »Damit«, schreibt er in bezug auf die serbische Antwort, »fällt jeder Kriegsgrund fort.« Die Donaumonarchie sollte Belgrad als Faustpfand nehmen und verhandeln. Der Kanzler verzögert die Übermittlung der Anregungen des Kaisers, der seinerseits diese Angelegenheit nicht weiter verfolgt. Dem Zaren gegenüber erklärt er allerdings, sich um Zurückhaltung der Österreicher zu bemühen. Zur selben Zeit bittet ihn der Zar in einer Depesche, einzugreifen. Aus Wien nichts Neues. Der Kaiser ereifert sich gegen Bethmann Hollweg. Selbst Admiral Tirpitz räumt ein, das Verhalten des Kanzlers sei ineffizient und gefährlich.

Prinz Heinrich von Preußen berichtet dem Kaiser nach seiner Rückkehr aus London, König Georg V. beabsichtige, neutral zu bleiben. »Ich habe das Wort eines Königs«, triumphiert Wilhelm. Aber Grey dämpft seinen Enthusiasmus: England werde sich mit Sicherheit nicht heraushalten. Bethmann Hollweg ist niedergeschlagen, der Kaiser verärgert. Der Kanzler beginnt, viel zu spät, Wien mit Telegrammen zu bombardieren und zur Vorsicht zu mahnen. Deutschland könne sich nicht leichtfertig und ohne eingeweiht zu werden, in einen weltweiten Konflikt verwickeln lassen. Aber Österreich ist, so Berchtolds Antwort, bereits im Krieg. Infolgedessen versetzt die Depesche von Nikolaus II. mit der Mitteilung einer Teilmobilmachung Wilhelm in Panik. Er ist empört, daß der Zar hinter seinem Rücken mobil gemacht hat. Und Greys Erklärung, daß Großbritannien »keinen Augenblick lang« zögern werde, in dem Konflikt Partei zu ergreifen, erscheint ihm als Gipfel der Böswilligkeit.

Offensichtlich hat er jede Kontrolle über die Krise verloren. Ist ihm wenigstens die Entscheidungsgewalt verblieben? Bethmann Hollweg jedenfalls ist sich seines Einflusses nicht mehr sicher. Wien hat sich in keiner Weise zum Einlenken bewegen lassen. Zu spät erkennt der Kaiser, daß sein Kanzler ebenso inkompetent wie leichtfertig war. Doch die Kriegsbegeisterung der Massen in Wien drängt Franz Joseph und Wilhelm II., den einmal eingeschlagenen Weg weiterzugehen, selbst wenn er in den Abgrund führt. Über den Kopf von Kanzler und Kaiser hinweg legt der deutsche Generalstabschef Moltke dem österreichischen Generalstabschef Conrad von Hötzendorf nahe, sofort nach den Russen mobil zu machen. Danach werde Deutschland seinerseits mobil machen, dafür stehe er ein. Die Nachricht von der allgemeinen Mobilmachung Rußlands bringt den Kaiser an den Rand der Hysterie. Noch einmal bedrängt er Moltke, seinen Kriegsplan aufzugeben und Frankreich nicht als erstes Land anzugreifen, um die Chance einer Neutralität der Westmächte nicht von vornherein zunichte zu machen.

»Unmöglich!« antwortet der Neffe des großen Moltke. Nun braucht bloß noch mobil gemacht und Rußland, dann Frankreich der Krieg erklärt zu werden. England würde nach Belgiens Mobilmachung automatisch folgen. Während der gesamten Krise befindet sich Wilhelm II. in einer Zwangslage, die er unvorsichtigerweise selber geschaffen hatte, als er am 5. Juli dem österreichischen Botschafter rückhaltlose Unterstützung zusagte.

Blaß und verstört, als ermesse er bereits das ganze Ausmaß des Desasters, trat der oberste Kriegsherr zur Schlacht an. Der Zar soll sich erst nach langem Zögern zur Unterzeichnung des schicksalhaften Mobilmachungsbefehls entschlossen haben. Sein Verwandter, Wilhelm, war nicht entschlossener. Dieser Krieg wurde ihm durch die Inkompetenz seiner Regierung, durch den Starrsinn des Kanzlers und durch die Unbeweglichkeit der Generalstabsoffiziere aufgezwungen, die sich weigerten, das geringste Risiko einzugehen, und auf der Durchführung ihres vorher sorgfältig ausgearbeiteten Plans bestanden. Ahnte der Kriegsherr, als er, von begeisterten Hochrufen empfangen, auf dem Balkon des Berliner Stadtschlosses erschien, welch blutigem Zusammenbruch sein Reich entgegenging?

Nachdem er sich mit dem Einzug ins Große Hauptquartier am 16. August nach dem Vorbild seines Vaters und seines Großvaters persönlich an die Spitze des Heeres gestellt hat, glänzt Wilhelm nicht gerade durch militärische Fähigkeiten. Er ist von der fixen Idee besessen, die Russen könnten in Ostpreußen einmarschieren. Anstatt sich vorbehaltlos über den Erfolg der Operationen im Westen zu freuen, fürchtet er die »Dampfwalze« der riesigen Armee des Zaren und begrüßt lauthals die Ernennung Hindenburgs und Ludendorffs, der durch die Eroberung der Zitadelle von Lüttich binnen zweier Tage Ruhm und Ehre erlangt hat, zu Befehlshabern in Ostpreußen. Damit aber macht er sich mitschuldig am ersten Fehler, der in diesem Krieg begangen wird: der Verlegung von Truppen von der West- an die Ostfront, noch ehe die Entscheidungsschlacht an der Marne gewonnen ist. Hindenburgs Blitzsieg in der Schlacht von Tannenberg sollte die Verstärkung im Osten ohnedies überflüssig machen. Außerdem überstrahlt der Ruhm der beiden Generäle den des Kaisers: Deutschland hat sich in ihnen zwei Nationalhelden geschaffen.

Ohnmächtig muß Wilhelm die Niederlage an der Marne am 10. September miterleben. Er wird Zeuge des Zusammenbruchs seines Generalstabschefs Moltke, der nach der Neugliederung der alliierten Front außerstande ist, vernünftige Entscheidungen zu treffen, und kann doch selbst als oberster Kriegsherr die notwendigen Korrekturen nicht durchsetzen. Warum? Schlicht und einfach aus Unfähigkeit. An diesem Tag lernt die Armee die Inkompetenz des ihr bis dahin doch weitgehend unbekannten Kaisers in vollem Umfang kennen.

Die großen Einheiten unterstehen nach wie vor dem Kommando von Fürsten. Der Kronprinz paradiert vor den Truppen in blitzender Kavalleriemontur, fährt in einem blutroten Automobil spazieren und empört seinen Generalstab durch seine Abenteuer mit Französinnen. Nur mit Mühe kann ihn der erboste Kanzler davon abhalten, sich beim französischen Oberkommandierenden Joffre für den Vater einer seiner Eroberungen zu verwenden.

Nach der Niederlage an der Marne ersetzt Wilhelm II., ganz in seinem Element, den zusammengebrochenen, dienstunfähigen Moltke durch den brillanten Falkenhayn, der die verlustreiche Schlacht auf dem Marsch zum Meer schlägt. Untröstlich aber ist der Kaiser über den Verlust von sechshunderttausend Mann in wenigen Wochen, ohne daß die Entscheidung gefallen wäre: Der Schlieffenplan ist Makulatur.

In seinem creme- und goldfarbenen Zug reist Wilhelm II. mit großem Gefolge nach Mézières-Charleville ins neue Hauptquartier. Wie der Zar, besucht auch er häufig die Front, um das Eiserne Kreuz und andere Tapferkeitsauszeichnungen zu verleihen, die Regimenter, die sich im Kugelhagel bewährt haben, zu inspizieren und sich über den Nachschub und vor allem über Lazarette zu informieren. Im Generalstab fühlt er sich überflüssig. Die Offiziere legen ihm fix und fertig ausgearbeitete Pläne der Form halber zur Unterschrift vor. Außerdem verabscheut er lange Sitzungen und drückt sich vor Entscheidungen, um nicht für Fehlschläge geradestehen zu müssen. Anfangs stattet er auch den Kriegsschiffen Besuche ab, muß dann aber darauf verzichten. Die Marineoffiziere sind höchst unzufrieden, weil der Kaiser aus Angst um seine schönen neuen Schlachtschiffe dem Geschwader verbietet, auszulaufen und die Engländer anzugreifen. Wird der Kaiser also wenigstens den Einsatz von U-Booten befürworten? Diese Art der Kriegführung ist wenig ritterlich; es besteht die Gefahr, daß neutrale Schiffe und Passagierdampfer mit Zivilisten versenkt werden.

Dennoch wurde am 22. Februar 1915 der U-Boot-Handelskrieg gegen England beschlossen und am 29. Februar von der Militärführung in verschärfter Form aufgenommen (im Anschluß an die weltweite Empörung über die Versenkung des Fahrgastdampfers *Lusitania*, am 7. Mai 1915, bei der 1200 Menschen, darunter 140 amerikanische Staatsbürger, den Tod fanden, allerdings wieder eingeschränkt). Die Ablehnung eines uneingeschränkten U-Boot-Kriegs durch Bethmann Hollweg und Wilhelm II., der das Odium des Piraten und Totengräbers scheute, führte zum Rücktritt von Admiral Tirpitz. Nach der Schlacht im Skagerrak wurde als Antwort auf die Hungerblokkade am 1. Februar 1917 doch der uneingeschränkte U-Boot-Krieg erklärt, da die deutsche Admiralität – im Gegensatz zur politischen Führung – die Auffassung vertrat, Großbritannien auf diese Weise innerhalb von sechs Monaten in die Knie zwingen zu können. Dieser Meinung schloß sich Wilhelm II. an.

Die Ermächtigung zum U-Boot-Krieg 1917 war die einzig wirkliche Entscheidung des Kaisers im Verlauf des Krieges. Von Tirpitz war es geglückt, Ludendorff für die Bildung einer Lobby in Presse und Parlament zu gewinnen: Hatte man denn überhaupt das Recht, die Leiden der Soldaten zu verlängern, wenn die U-Boote England aushungern und zum Frieden zwingen konnten? Umsonst argumentierte Bethmann Hollweg, man riskiere, Wilson in den Konflikt zu verwickeln und sämtliche neutralen Staaten, allen voran Holland, gegen sich aufzubringen. Doch von Tirpitz' Anhänger hielten dagegen: Die deutsche Zivilbevölkerung sei ausgehungert, die U-Boote seien ein Mittel, die besonders unmenschliche Blockade der Engländer zu brechen. An der Front waren die Verluste 1916 auf 964 000 Mann gestiegen. Am 9. Januar 1917 fiel im Kronrat die Entscheidung, und der Kaiser unterzeichnete die Akte, die ihm weltweit schwere Vorwürfe eintragen sollte.

Bereits einige Monate zuvor hatte er die Demission des alten Admirals von Tirpitz, des Schöpfers der kaiserlichen Marine, angenommen. Er hatte den Oberbefehl Generalfeldmarschall von Hindenburg, dem Idol des deutschen Volkes, und Generalquartiermeister Ludendorff übertragen, der, von ungebrochener Siegeszuversicht erfüllt, den Krieg mit der Präzision eines Besessenen führte. Den Abgeordneten wurden längst keine Erklärungen mehr gegeben. Selbst Bethmann Hollweg war von den Beratungen des Hauptquartiers ausgeschlossen, das von nun an alle Entscheidungen allein traf. Von Bitterkeit und Eifersucht erfüllt, sah Wilhelm II. doch keine andere Möglichkeit: Die Regierung des Reichs war gänzlich in

*Wilhelm II., Hindenburg und Ludendorff im großen Hauptquartier in Pleß (1917).*

die Hände der Militärs übergegangen. Der Kaiser wurde nicht mehr gebraucht, außer um die Verantwortung für die unpopulärsten Maßnahmen zu übernehmen. Und da der Krieg die Fortführung der archäologischen Ausgrabungen in Griechenland verhinderte, konnte er sich nun ganz der Straußen- und Zebuzucht in seinem Park von Cadinen widmen.

Anfang 1917 hat Wilhelm II. das vage Gefühl, daß es in seinem Interesse sein könnte, Friedensverhandlungen zu führen, denn die Lage an der Front ist für Deutschland und seine Verbündeten recht günstig. Zwar war Verdun ein blutiger Fehlschlag, aber noch immer tobt der Krieg im Osten auf russischem, im Westen auf französischem Territorium. Die Mittelmächte sind in Bukarest einmarschiert und haben die Rumänen in die Knie gezwungen, während ihre bulgarischen Verbündeten die Serben vernichtend geschlagen haben und die Alliierten an der Saloniki-Front zurückhalten. Seit dem 31. Oktober 1916 drängt der Kaiser seinen Kanzler, ein Friedensprogramm aufzustellen, das Deutschland seinen Gegnern vorlegen kann. Da keine Aussicht besteht, den Krieg durch einen Sieg zu beenden, muß ein Kompromiß gefunden werden. Voller Nostalgie bedauert Wilhelm, daß ihn der Grabenkrieg mit seinen großen Bataillonen um jene Blitzmanöver bringt, die seine Vorfahren mit Siegeszügen durch das Brandenburger Tor gefeiert hatten. Sein Standbild würde einmal nicht in Bronze gegossen und in der Siegesallee aufgestellt werden.

Bethmann Hollweg entwirft die erste Friedensnote; sie ist jedoch mangels präziser Vorschläge für die Alliierten unannehmbar. Die Note des Kanzlers bekräftigt, gestützt auf einen markigen Tagesbefehl Ludendorffs an die Truppen, den Willen, den Krieg bis zum Ende fortzuführen. Die maßgebenden Politiker der Entente lassen sofort wissen, daß sich damit jede weitere Diskussion erübrige. Über diesen Vorschlag zu »diskutieren«, erklärt Lloyd George dem Unterhaus, »hieße, den Kopf in eine Schlinge stecken, deren Ende die Deutschen in der Hand halten«. Als der amerikanische Präsident Wilson seinen Friedensvorschlag dagegensetzt, beeilen sich die Alliierten, das deutsche Papier offiziell abzulehnen. In seiner Note vom 21. Dezember 1916 verlangt Wilson von den kriegführenden Staaten eine »ehrliche Antwort«. Doch die verantwortlichen Politiker beider Seiten zeigen wenig Lust, ihre »Kriegsziele« den Amerikanern zu offenbaren. Schließlich fragt sich doch, auf wessen Seite der amerikanische Präsident steht. In beiden Lagern ist das Mißtrauen groß. Die Alliierten kommen im Januar 1917 in Rom zusammen und erklären, alle Völker Europas befreien, die Reiche niederwerfen und nach dem

Nationalitätenprinzip Europa neu ordnen zu wollen. Und mit solchen Leuten sollen sich die Kaiser von Wien und Berlin auf eine Diskussion einlassen?

Begreift Wilhelm II., daß Paris, London und bald auch Washington nicht länger bereit sind, ihn als Souverän anzuerkennen, und daß ihm im Fall einer Niederlage nur ein Ausweg bleibt, nämlich die Abdankung? Durch den von Ludendorff unermüdlich propagierten »totalen Krieg« wird er vollständig an die Wand gedrückt. Ein Satz in der Note der Alliierten läßt keinen Zweifel an ihren Absichten nach einem Sieg: »Es erübrigt sich hervorzuheben, daß die Alliierten, wenn sie Europa gegen die Habgier und die Brutalität des preußischen Militarismus verteidigen, doch nie die Ausrottung und den Untergang des deutschen Volkes als Nation im Auge hatten.« Diese Unterscheidung kündigt klar und deutlich an, daß der künftige »Völkerfrieden« jede Diskussion mit dem »obersten Kriegsherrn« ausschließt, daß er zu verschwinden hat. Das ist eine der Bedingungen für eine Rückkehr zum Frieden, für eine europäische Neuordnung, für den Aufbau eines Europas demokratischer Nationen.

Dennoch ist Wilson im Januar 1917 gegen die Alliierten aufgebracht. Er mißbilligt ihre »Kriegsziele«, ihre »Geheimabkommen«, ihre imperialistischen Übereinkünfte. Doch anstatt das für Verhandlungen günstige Klima zu nutzen, weicht der Kaiser auf den von Ludendorff verminten Boden zurück und akzeptiert den U-Boot-Krieg, der Wilson ins Lager der Alliierten zurücktreibt und im April zum Kriegseintritt zwingt. Von nun an ist Wilhelm vollständig in die Kriegslogik des Generalquartiermeisters verstrickt, seine Zukunft hängt am Sieg der deutschen Truppen. Dank der Revolution in Rußland war dieser Sieg laut Ludendorffs Versicherungen noch nie so wahrscheinlich wie jetzt. Den Stift in der Hand, beweist er die Überlegenheit der deutschen Truppenstärke und Rüstung, zumal bis zum Eintreffen der Amerikaner in Europa noch Monate vergingen, soweit ihre Truppentransporte nicht sowieso von deutschen U-Booten versenkt würden.

Der Kaiser möchte nur allzugern an einen Sieg glauben. Aber hat er denn überhaupt eine andere Wahl? Durch das Ja zum U-Boot-Krieg hat er alle Türen zu Verhandlungen zugeschlagen. Er hat sich zum Erfolg verdammt, er hat verzichtet, der Geschichte seinen Stempel aufzudrücken: Der Gang der Dinge hängt nicht mehr von ihm ab. Er hat den Schlüssel zur Macht den beiden ruhmbedeckten Militärs Hindenburg und Ludendorff übergeben, in denen die Deutschen von nun an ihre wahren Führer sehen.

Wilhelm II. ist hinfort nur noch der Schatten eines Kaisers. Weder der Generalquartiermeister noch der Generalfeldmarschall machen sich die Mühe, sich zum Kronrat in den Palast zu begeben, um die weitere Kriegführung zu besprechen. Sie lassen sich auf den Sitzungen durch einen Offizier vertreten. Deutschland ist in der Hand der Industriekapitäne, die den Generalstab weiterhin unterstützen. Sie kommen im Hotel Adlon zusammen, um anzudeuten, daß sie Bethmann Hollweg für den Kanzlerposten nicht länger für qualifiziert halten. Die Bankiers und die Industriellen setzen auf Ludendorffs letzte Karte, den Sieg. Dieses Ziel vor Augen, erscheint es ihnen unmöglich, bei der Organisation der Gewalten auch nur die geringste Nachlässigkeit zu dulden. Dem Kaiser wird keinerlei Spielraum belassen: Er muß Georg Michaelis zum Nachfolger des »Defätisten« Bethmann Hollweg machen. In Frankreich ernennt das Parlament zur gleichen Zeit Clemenceau, den unnachgiebigen Verfechter eines Siegfriedens, zum Ministerpräsidenten. Die Verhärtung der politischen Fronten erfaßt alle kriegführenden Parteien. Der Kaiser, wegen seines Hin- und Herschwankens zwischen dem totalen Krieg und einem Verständigungsfrieden als lau und unentschlossen eingestuft, hat sich den Beschlüssen der wirklich Verantwortlichen zu fügen. Als sich zeigt, daß Michaelis eine schlechte Wahl war, wird er ausgebootet und im Oktober 1917 durch den vierundsiebzigjährigen Zentrumspolitiker und bayrischen Ministerpräsidenten Hertling ersetzt.

Anlaß war die Annahme der von Erzberger, dem Deputierten der katholischen Zentrumspartei, initiierten »Friedensresolution« am 19. Juli 1917 gewesen, in der der Reichstag – in offenem Gegensatz zu den Militärs – jede Annexion und Eroberung ausdrücklich abgelehnt hatte. Daraufhin hatten die Generäle die Umbesetzung des Kanzleramts erzwungen, wodurch die Zivilgewalt ein für allemal von der Kriegführung ausgeschaltet worden war. War der Kaiser ebenfalls ausgeschaltet? Marschall Hindenburg war ein echter preußischer Monarchist und weigerte sich, die Monarchie zu demütigen, doch die schwierige innenpolitische Lage Deutschlands, die Ausweitung der Streiks, die drohende Auflehnung in Heer und Marine, das mögliche Übergreifen der russischen Revolution – alles schien darauf hinzuweisen, daß die Macht in starke Hände gehörte, die keine Schwäche duldeten.

Die mit einem Truppenkommando betrauten Fürsten und Könige waren dem Generalquartiermeister direkt unterstellt: Die deutsche Offensive war am 11. November 1917, auf den Tag genau ein Jahr vor dem Waffenstillstand, bei einer Konferenz in Mons besprochen worden. Ludendorff hatte sich mit seinem Plan, die Nahtstelle zwischen englischer und französischer Front anzugreifen, gegenüber Prinz Rupprecht von Bayern und dem Kronprinzen von Preußen, der ein zweites Verdun befürwortete, durchgesetzt. Den ersten Sieg bei Saint-Quentin trugen die Aristokraten von Below, von der Marwitz und von Hutier davon; im März wurde von Below Rupprecht und von Hutier dem Kronprinzen unterstellt. Aus einer Art Koketterie mit den Dynastien achtete Ludendorff bei der Ernennung der Vorgesetzten darauf, Bayern nicht als einzigen Staat am Sieg zu beteiligen. Taub für die Kritik der Politiker, glaubte der Generalquartiermeister noch immer, die Monarchie und die Dynastie retten zu können. Prinz Rupprecht kommandierte die Truppen noch bei der zweiten Frühjahrsoffensive an der Front von Armentières am 9. April. Die Soldaten des Kaisers ließen keinerlei Kriegsmüdigkeit erkennen. Sie hatten die beiden von den Engländern rekrutierten portugiesischen Divisionen auseinandergesprengt, die Lys überschritten, den Berg

Kemmel eingenommen, während Ludendorff im Generalstab in Spa (Belgien) den widerstrebenden, da nach der Czernin-Affäre in erster Linie um die Rettung seines Thrones besorgten Kaiser von Österreich zwang, mit Deutschland ein Bündnis auf zwölf Jahre abzuschließen. Die Alliierten waren überrascht, ja verwirrt über die Schlagkraft dieser Armee, an deren Auseinanderbrechen sie schon geglaubt hatten. In Rußland waren die Deutschen nach dem im März unterzeichneten Frieden von Brest-Litowsk sogar noch Verpflichtungen eingegangen. Sie hatten mit der Ukraine und Rumänien einen Separatfrieden geschlossen und Schutz gegen die Bolschewisten versprochen. Außerdem hatten sie sich für die Sicherheit Polens und der baltischen Provinzen verbürgt. In Riga bereitete ein »Nationalrat« den Anschluß an das Deutsche Reich vor. Dem finnischen Reichsverweser von Mannerheim schickte Ludendorff ein Korps zur Unterstützung: Die finnischen Konservativen, die von der Wiedereinführung der Monarchie träumten, beabsichtigten, den Thron einem Schwager Wilhelms II., dem Prinzen Friedrich Karl von Hessen, anzutragen. Eine ähnliche Entwicklung erhoffte sich Ludendorff in Polen; auch die Polen sollten zum Dank für gewährten Schutz einen deutschen Fürsten zum König wählen. Kurzum, der Generalstab stellte das dynastische Prinzip keineswegs in Frage. Er hoffte, im Osten ein monarchistisches Europa unter der Vorherrschaft Deutschlands aufbauen zu können.

Durch die Unterzeichnung des Friedens mit den Bolschewisten sind auf einen Schlag eine Million Soldaten und dreitausend Geschütze freigeworden. Ab März ist die Verstärkung einsatzbereit. Voll aufmerksamer Zuvorkommenheit tauft Hindenburg die Siegesoffensive »Kaiserschlacht«. Im Hauptquartier in Charleville frohlockt der Kaiser: Ludendorffs Ausfälle werden den Weg nach Paris öffnen. Im Mai bringt der dritte Angriff die Deutschen wieder an die Marne. Der Kaiser ist mit an der Front, wacht darüber, daß die englischen Verwundeten geborgen und versorgt werden. Hat er, seitdem der Sieg winkt, sein Ansehen als »oberster Kriegsherr« wiedergefunden?

Nach drei Siegen in zwei Monaten sind Ludendorffs Bestände zusammengeschmolzen. Zwar hält er Paris unter Beschuß der »dicken Berta« (oder des »langen Heinrich«, wie die Deutschen sagen), aber zum Sieg fehlen ihm zweihunderttausend Mann. Zur letzten Offensive muß er alle Reserven aufbieten. Prinz Rupprecht von Bayern jedoch gelangt mehr und mehr zu der Überzeugung, daß die Armee allein den Konflikt nicht mehr lösen kann. Am 1. Juni schreibt er dem Kanzler in diesem Sinne. Dieselbe Ansicht vertritt von Haeften, der Attaché im Großen Hauptquartier, der dem Staatssekretär Kühlmann eröffnet, er sehe den Augenblick für ehrenvolle Friedensverhandlungen gekommen. Kühlmann nimmt bei einer Konferenz über die Behandlung von Gefangenen in Den Haag Verbindung zu einem britischen Delegierten auf. Er schlägt vor, auf Belgien zu verzichten. Aber was meint Ludendorff dazu?

Nach Ansicht des Generalquartiermeisters haben die Zivilisten den Friedensbedingungen nicht vorzugreifen: In Belgien soll der deutsche Einfluß vorherrschen. Es gilt, die flämische Bewegung zu fördern. Als Kühlmann am 24. Juni im Reichstag das Wort ergreift, um zu bekräftigen, daß Deutschland den Sieg nicht allein durch Waffengewalt erzwingen könne, telegraphiert Hindenburg dem Kanzler, er lasse nicht zu, daß Minister am Vorabend einer Offensive die Moral der Truppe unterminierten. Er fordert die Vereinigung Flanderns mit Deutschland und Kühlmanns Absetzung. Der Kaiser gibt den Forderungen nach und ernennt den Kandidaten des Generalstabs, Hintze, zum Staatssekretär. Von nun an wird ihm also auch noch die Wahl seiner Minister vorgeschrieben.

Doch der Sieg stellt sich nicht ein. Die Alliierten stoppen die deutsche Offensive vom 15. Juli und gehen am 18. Juli ihrerseits zum Angriff über. Ludendorff muß sich bis zur Vesle zurückziehen. Der Herzog von Württemberg und der Prinz von Bayern sind ebenso pessimistisch wie der Kronprinz: Wenn man nicht sofort verhandle, stehe die Zukunft der Dynastie auf dem Spiel. Aber Ludendorff erwägt noch einen Angriff auf Amiens, muß jedoch nachgeben: General Foch hat die Initiative übernommen. Den Deutschen bleibt nur noch die Zeit, sich in den Stellungen »Siegfried« und »Hermann« zu verschanzen. Im Generalstab gehen Meldungen über Desertionen und Befehlsverweigerung ein. Das Eintreffen massiver amerikanischer Truppenverstärkungen wird angekündigt. Foch startet am 8. August mit starker Panzerunterstützung seinen ersten Angriff; im Herbst 1918 bietet Ludendorff dem Kaiser seinen Rücktritt an. Er hat begriffen, daß bei der zahlenmäßigen Überlegenheit des Gegners ein Sieg unmöglich ist.

»Ich sehe, wir müssen Bilanz ziehen«, äußert Wilhelm in Avesnes, dem Hauptquartier des Generalfeldmarschalls. Am 13. August eröffnet Hindenburg dem Kaiser, dem Kanzler und dem Staatssekretär in Spa, daß man sich keine Hoffnung mehr zu machen brauche. Bei der erstbesten günstigen Gelegenheit müsse ein Waffenstillstand geschlossen werden. Noch glaubt man, eine solche Gelegenheit abwarten zu können. Doch als König Ferdinand von Bulgarien am 26. September um Waffenstillstand bittet, droht die Eroberung der Festung Deutschland von Süden her. Ludendorff hat keine Soldaten, um das riesige Loch, durch das Franzosen und Briten hereindrängen werden, zu stopfen. Wilhelm II. konferiert mit den Militärs in Spa. Man könne von den Deutschen unmöglich erwarten, die Niederlage zu akzeptieren, wenn man ihnen gleichzeitig eine Diktatur zumute, meint Ludendorff. Er ist so verzweifelt, daß er nur noch einen Gedanken hat: einen Zivilisten vorzuschieben, um die Armee und die Ehre des Militärs zu retten. Er ist sogar bereit, eine parlamentarische Regierungsform zu akzeptieren und die Macht den Deputierten des verabscheuten Reichstags zu übergeben. Und wieder einmal ist Wilhelm dem Armeechef willfährig: Ohne Mühe erreicht er Hertlings Rücktritt. Die gleichzeitig veröffentlichte Erklärung des Kaisers ist ein erschütterndes Eingeständnis seiner Machtlosigkeit: »Ich wünsche, daß das deutsche Volk wirksamer als bisher an der Bestimmung der Geschicke des Vaterlandes mitarbeitet.«

In gleicher Weise wie Ludendorff das Heil der Armee am Herzen liegt, sorgt sich der Kaiser um die Zukunft der Monarchie: »Es ist daher Mein Wille, daß Männer, die vom Vertrauen des Volks getragen sind, in weitem Umfange teilnehmen an den Rechten und Pflichten der Regierung.« Wer aber soll in diesem Fall das Opfer sein? Ein Idealist, Prinz Max von Baden. Der Prinz begibt sich zum obersten Kriegsherrn. Man offenbart ihm eine Katastrophe. Warum soll er sie mit seinem Namen decken? Ludendorff verliert die Geduld, telefoniert unentwegt mit dem Kaiser. Jeden Augenblick könne es zum Durchbruch kommen. Am 2. Oktober begibt sich Hindenburg höchstpersönlich nach Berlin, um die sofortige Absendung einer diplomatischen Note an Wilson zu fordern. Max von Baden fragt, ob ein solcher Schritt nicht voreilig wäre.

Das Oberkommando hält ihn für notwendig, schneidet ihm der Kaiser das Wort ab, und »du bist nicht da, um dem Oberkommando Schwierigkeiten zu bereiten«.

Zumindest will sich Max von Baden absichern. Er verlangt eine schriftliche Anweisung von Hindenburg. Erst danach beugt er sich. In der Nacht vom 3. auf den 4. Oktober geht die Note über die Schweiz nach Washington ab. Am 8. Oktober antwortet Wilson mit der Frage, wer sein Verhandlungspartner sein werde. Der Kaiser erfaßt sofort, daß der amerikanische Präsident nicht beabsichtigt, die Monarchie aufrechtzuerhalten.

Im Reichstag beginnt man sich zu fragen, ob Wilhelms Präsenz nicht ein Hindernis für den Frieden sei. In den Straßen von Berlin, in den Schulen und auf den Promenaden ist zu hören: Der Kaiser muß gehen. Das ist eine Feststellung, ohne Bitterkeit, ohne Aggressivität. Die zweite amerikanische Note vom 14. Oktober fordert die Zerstörung »jeder militärischen Stärke«, fordert die Kapitulation und die »Umformung der deutschen Institutionen«. Der Kaiser begreift sehr wohl, daß er verloren ist. »Das zielt geradewegs auf die Beseitigung der Monarchie und meines Hauses«, erkennt er.

Max von Baden versucht Wilson durch die Einführung des allgemeinen Wahlrechts in Preußen und des parlamentarischen Systems im Reich zufriedenzustellen. Doch Wilsons

*Am 9. November 1918 ziehen revolutionäre Matrosen unter Girlanden durch das Brandenburger Tor.*

Note vom 23. Oktober fegt dieses schwache Argument vom Tisch. Er werde »mit Vertretern des deutschen Volkes ... und nicht mit jenen, die bis jetzt die Herren waren, verhandeln«. Für den amerikanischen Präsidenten hat das alte Deutschland mit seinem Kaiser zu verschwinden. Auch Ludendorff, der Wilsons Note für »unannehmbar« hält, hat abzutreten. Am 26. Oktober wurde er entlassen. Nun bemüht sich die Regierung, den Kaiser selbst zur Abdankung zu bewegen. Er läßt sich Schritt um Schritt zurückdrängen. Als man ihm eröffnet, daß eine Revolution drohe und Bayern mit dem Gedanken an eine Sezession spiele, faßt er kaltblütig einen Bürgerkrieg ins Auge.

Diese Unbeweglichkeit und Uneinsichtigkeit nährt die revolutionären Umtriebe. Am 3. November wird auf den Schlachtschiffen in Kiel die rote Flagge gehißt. Die Bewegung greift auf

Hannover, das Rheintal, München und schließlich Berlin über. Kurt Eisner hat die Absetzung der bayerischen Dynastie ausgerufen und eine Regierung aus Arbeiter- und Soldatenräten gebildet. Der Sozialdemokrat Scheidemann droht, aus der Regierung auszuscheiden, falls der Kaiser nicht binnen vierundzwanzig Stunden gehe. Wilhelm weigert sich. Man erklärt ihm, daß die Waffendepots an der Ruhr in den Händen der Räte sind. Empört ruft er aus: »Hat mir das Heer nicht einen Fahneneid geschworen?« Der neue Generalquartiermeister Groener bedeutet ihm, daß der Eid nicht mehr zähle. Hindenburg hat dreißig Offiziere von der Front kommen lassen. Auf Befragen des Kaisers erklärt Oberst Heye in ihrem Namen, daß die Truppe Seiner Majestät wohl noch treu, aber erschöpft und gleichgültig sei und nur noch Ruhe und Frieden wolle und daß sie nicht gegen ihr Land marschieren werde, auch nicht mit Seiner Majestät an der Spitze.

Endlich begreift Wilhelm. Noch aber versucht er, wenigstens die preußische Krone zu retten und nur auf das Reich zu verzichten. In Berlin ist der Generalstreik ausgebrochen. Scheidemann, der sozialdemokratische Staatssekretär ohne Geschäftsbereich, der einen Verständigungsfrieden ohne Annexionen und Kontributionen sowie die Abdankung Wilhelms II. fordert, hat die Regierung verlassen, empört, daß die Frage des Throns dem Frieden im Weg stehen solle. Wird Berlin, wie einst Sankt Petersburg, zu den Bolschewisten überlaufen? Max von Baden beeilt sich, ein Kommuniqué an die Agentur Wolff durchzugeben: »Der Kaiser und König hat beschlossen, auf den Thron zu verzichten.« Anschließend tritt er selbst zurück und überläßt das Kanzleramt dem Sozialdemokraten Ebert. Vom Balkon des Reichstagsgebäudes ruft Scheidemann am 9. November die Republik aus.

»Verrat! Ein Staatsstreich!« brüllt im Hauptquartier der Generalstabschef des Kronprinzen, General von der Schulenburg. Wilhelm II. erkundigt sich, ob er noch auf zuverlässige Truppen zählen könne. Aber selbst auf die Soldaten der

**Drahtbericht der Münchner Neuesten Nachrichten**

München, Samstag, 9. November 1918, mittags 1 Uhr.

# Abdankung des Kaisers

## Eine deutsche National-Versammlung

WTB. Berlin, 9. November (Drahtbericht).

Der **Kaiser und König** hat sich entschlossen, **dem Throne zu entsagen.**

Der **Reichskanzler** bleibt noch so lange im Amte, bis die mit der **Abdankung des Kaisers,** dem **Thronverzicht** des **Kronprinzen** des Deutschen Reiches und von Preußen und der Einsetzung der **Regentschaft** verbundenen Fragen geregelt sind. Er beabsichtigt, dem Regenten die Ernennung des sozialdemokratischen Abgeordneten **Ebert** zum Reichskanzler und die Vorlage eines Gesetzentwurfes wegen der sofortigen Ausschreibung allgemeiner Wahlen für eine

**verfassunggebende deutsche Nationalversammlung**

vorzuschlagen, der es obliegen würde, die künftige Staatsform des deutschen Volkes einschließlich der Volksteile, die ihren Eintritt in die Reichsgrenzen wünschen sollten, endgültig festzustellen.

Berlin, 9. November 1918

Der Reichskanzler: **Max, Prinz von Baden.**

*Reichskanzler Max von Baden verkündete am 9. November 1918 die Abdankung Kaiser Wilhelms II., der aber erst am 28. November offiziell auf seinen Thron verzichtete.*

Eskorte ist kein wirklicher Verlaß mehr. Die Kaiserin befindet sich noch in Potsdam, als sich Wilhelm entschließt, in Holland um Asyl zu bitten. Damit folgt er einem Rat Hindenburgs, um nicht einer revolutionären Regierung in die Hände zu fallen.

»Hätten Sie wohl eine Tasse wirklich guten englischen Tee?« fragt der oberste Kriegsherr seinen Gastgeber, den Grafen Goddard Bentinck, der ihn in seinem Haus in Amerongen aufgenommen hat. Er ist nicht der einzige Deutsche, der in diesen Tagen seinen Thron verloren hat. Als Kronprinz Rupprecht von der Front zurückkehrt, gibt es seine Krone nicht mehr; mit seiner Frau Antonia, der Tochter des Großherzogs Wilhelm von Luxemburg, und seinen zahlreichen Kindern geht er ins Exil. Ebensowenig gab es noch einen König von Sachsen, von Württemberg, einen Großherzog von Baden oder einen Großherzog von Hessen-Darmstadt. Der König von Hannover hatte sein Königtum schon nach dem Deutschen Krieg 1866 an Preußen abtreten müssen. Sein Enkel hatte 1913 durch Heirat mit einer preußischen Prinzessin Braunschweig wiedererlangt. 1917 aber hatte Ernst August II., Erbe von Hannover, seinen britischen Titel Herzog von Cumberland verloren, und bei der großen Niederlage von 1918 verlor sein Sohn Ernst August III. auch das Herzogtum Braunschweig wieder. Der König von Sachsen, Friedrich August III., der im Heer Kaiser Wilhelms als Feldmarschall gedient hatte, mußte ebenfalls abdanken. Das gleiche Schicksal ereilte den letzten König von Württemberg, Wilhelm II., der auch an der Front gewesen war. Hessen-Kassel war, wie Hannover, schon 1866 von Preußen annektiert worden, und es sollte auch keinem hessischen Prinzen beschieden sein, den finnischen Thron zu besteigen. Der Großherzog von Oldenburg, Friedrich August, verzichtete auf seinen Thron. So war Deutschland, um Maurice Baumonts starkes Wort zu gebrauchen, nach zweiundzwanzig Abdankungen ein regelrechter »Dynastienfriedhof« geworden. Die Weimarer Demokratie, auf die Wilson so große Stücke hielt, hatte dem aus dem Mittelalter überkommenen Partikularismus ein Ende gemacht und damit Hitler den Weg bereitet.

Keiner der Herrscher der drei letzten großen christlichen Reiche Europas hatte sich seiner Aufgabe gewachsen gezeigt. Alle drei Konfessionen fanden sich im Bankrott und Unglück wiedervereint: Der streng katholische Karl von Habsburg, der lutherische Wilhelm von Preußen und der orthodoxe Nikolaus II. machten allesamt revolutionären Republiken Platz. Der Krieg mit seinen zehn Millionen Toten hatte die Gesellschaften erschüttert und die Monarchien zerstört. Kein Mensch dachte daran, die Monarchen zu verteidigen, die nicht verstanden hatten, ihre Völker vor der Katastrophe zu bewahren. Vielmehr war man – zu Unrecht – geneigt, bestimmte Herrscher direkt für den Konflikt verantwortlich zu machen: Die Leninisten schoben dem Zaren und seiner Regierung, Engländer und Franzosen dem deutschen Kaiser die Schuld zu.

Der in einen Militärmantel gehüllte alte Mann mit dem langen weißen Bart verließ sein kleines Schloß in Doorn nicht mehr. Besessen von Haß gegen die Engländer, ließ er Bücher und Zeitungen kommen, die ihm Stoff zum Nachdenken und zum Angriff boten. Er wies jede Verantwortung für den Krieg weit von sich. Schuld waren seiner Ansicht nach einzig und allein die Russen. Die dreißig Offiziere seiner Umgebung hielten ihm Journalisten und Neugierige vom Leib. Und die holländische Regierung lehnte eine Auslieferung ab.

Gleichwohl hatte Lloyd George im Rat der Vier, die den Versailler Friedensschluß vorbereiteten, in aller Form gefordert, den »vormaligen Kaiser von Deutschland vor ein internationales Tribunal« zu stellen, da er sich des »schlimmsten Vergehens gegen die internationale Moral und der Vertragsbrüchigkeit« schuldig gemacht habe. War er nicht trotz der 1834 unterzeichneten deutsch-belgischen Abmachungen in das neutrale Belgien eingefallen? Warum also sollte Belgien nicht die Rolle des Staatsanwalts übernehmen?

Doch der belgische Ministerpräsident Hymans »meldete stärkste Bedenken« gegen diesen Vorschlag an. »Nicht nur«, wie Clemenceau erklärte, »weil er Belgien diese Rolle nicht zumuten möchte, sondern auch, weil er als Vertreter eines Landes mit monarchischer Verfassung nicht zulassen kann, daß ein Herrscher vor Gericht gestellt und angeklagt wird.« Dennoch ereiferte sich Lloyd George, darin Sprachrohr der empörten englischen Presse, über Wilhelm II. und nannte ihn den »übelsten Verbrecher«, der verdiente, auf die Falklandinseln oder die Teufelsinsel geschickt zu werden.

»Wir haben keine Strafen dafür vorgesehen«, wandte Wilson ein, von der Idee nicht eben begeistert.

»Gleichwohl«, beharrte Lloyd George, unterstützt von Clemenceau, »ist das Verbrechen nicht zu bestreiten.«

»Und außerdem«, fügte der englische Premierminister an, der eine Restauration befürchtete, »war Wilhelm II. der größte Handelsvertreter Deutschlands und der Welt ... Deutschlands Industrielle und Geschäftsleute werden ihn schmerzlich vermissen.«

»Man will«, gab der italienische Jurist Orlando dagegen zu bedenken, »einen Mann, der als Organ der Allgemeinheit gehandelt hat, als Individuum bestrafen.« Worauf Clemenceau erwiderte, dies sei »eine gute Gelegenheit, das der nationalen Rechtsprechung zugrundeliegende Prinzip der Verantwortung auch ins Völkerrecht einzuführen«. Alle konsultierten englischen Juristen hätten den Kaiser für schuldig befunden.

Aber Holland, das nicht zu den Unterzeichnerstaaten des Versailler Vertrags gehörte, verweigerte die Auslieferung. Im Jahr 1920 kaufte der Kaiser das Schlößchen Doorn, wo er – die Kaiserin und ihre Tochter, die Herzogin von Braunschweig, hatten sich wieder zu ihm gesellt – 1941 seine Tage beschloß. Der Kronprinz lebte ebenfalls in Holland im Exil, Prinz Joachim in der Schweiz. Der Tod seiner Frau im April 1921 traf Wilhelm sehr hart. Dennoch blieb er nicht lange allein; zwei Jahre später heiratete er Hermine von Reuß. So führte der Souverän, von der deutschen Nation längst vergessen, auf neutralem Boden das Leben eines Fürsten im Exil fort. Die Nazis verfuhren mit ihm wie mit Generalfeldmarschall Hindenburg: Anstelle der Einkünfte aus dem eingezogenen Grundbesitz setzten sie ihm eine großzügig bemessene Rente aus, zahlbar, solange er seine schlechte Meinung über Hitler für sich behielt. Und der Souverän hielt – bis auf wenige Ausnahmen – den Mund.

Bis zuletzt, bis zu seinem Tod siebzehn Tage vor Anlaufen der Operation »Barbarossa«, die Hitlers Armee nach Rußland führte, fürchtete Wilhelm, die Geschichte werde sich wiederholen und Deutschland erneut in sein Unglück rennen. Für die europäischen Dynastien war schon das Ende des Ersten Weltkriegs mörderisch gewesen. Die einzigen Throne, die überlebten, klammerten sich an die konstitutionellen Systeme Nordwesteuropas oder an die wackligen Regime an der Mittelmeer- und Schwarzmeerküste. Der totalitäre Schock der dreißiger Jahre sollte weitere Könige fortfegen, die allesamt mehr oder weniger in das blutige Abenteuer der Faschisten und Nazis verwickelt waren.

Viertes Kapitel

# *Hitler und die Könige des Nordens*

Als Hitler im Frühjahr 1940 die Invasion Nordwesteuropas plant, ist ihm wohl bewußt, daß die Völker dort an ihren Königen hängen. In Schweden einzumarschieren, kommt von vornherein nicht in Frage; dessen Monarch, ein Nachfahr des französischen Revolutionärs Bernadotte, der Napoleon in der Schlacht von Leipzig geschlagen hatte, versorgt Deutschland reichlich mit dem kriegsnotwendigen Eisenerz. Die Schweden, nominell neutral, de facto aber eher Verbündete des Regimes, haben daher von den Nazis nichts zu befürchten.

Dagegen haben ihre Nachbarn in Norwegen und Dänemark durchaus einigen Anlaß zu Besorgnis. Ihre Monarchen wissen, daß die Nazis sie nicht schonen werden, auch wenn Hitler angeblich nicht die Absicht hat, die Throne zu stürzen. Gekrönte Geiseln aber kann er sehr wohl brauchen, auch wenn ehedem weder die deutschen Sozialisten noch die russischen Bolschewisten ihren abgesetzten Souveränen eine Träne nachgeweint haben: Der Zar hat in Sibirien, der Kaiser im holländischen Exil Holz gehackt. Der eine wurde ermordet, der andere vergessen. Gleichmütig ist die Öffentlichkeit darüber zur Tagesordnung übergegangen, als wären die Monarchen Teil der überholten Vorkriegsordnung. Hitler selbst beschäftigt nur das faschistische System, das er Europa durch seine Wachhunde aufzwingt. Er zieht Arbeitskräfte ein, beschlagnahmt Ernten, besetzt Fabriken und Eisenbahnen.

*Christian X., König von Dänemark (um 1925).*

Doch soll die innere Ordnung so wenig wie möglich gestört werden; er hat kein Interesse daran, die letzten Dynastien vom Thron zu stoßen. Er kann sich durchaus mit einem König von Norwegen oder Dänemark arrangieren.

Christian X., König von Dänemark, hatte im Grunde keine Wahl. Er stammte aus einem der ältesten Geschlechter Europas, dessen Ahnenreihe sich bis zu Waldemar dem Großen, ja sogar bis zu Knut dem Großen, dem Herrscher über Dänemark, Schweden, Norwegen und England, zurückführen ließ. Das Herrscherhaus mit den drei azurblauen Löwen auf goldenem Grund war für seinen Reichtum aus Landwirtschaft und Handel bekannt und deshalb seit eh und je von Königen mit heiratsfähigen Töchtern eifrig umworben. Zahlreiche Verbindungen war man auch mit deutschen Fürstenhäusern eingegangen. König Christian IX., 1864 im Deutsch-Dänischen Krieg von Preußen und Österreich um die Herzogtümer Schleswig, Holstein und Lauenburg gebracht, hatte seine

Tochter mit dem König von England vermählt, seinen zweitältesten Sohn auf den Thron von Griechenland und seinen Enkel auf den Thron von Norwegen gesetzt. Sein erstgeborener Sohn und Nachfolger in Dänemark, Friedrich VIII., hatte Luise, die Tochter des Königs von Schweden, geheiratet. Deren Sohn Christian X., seit 1912 auf dem Thron, war 1940 siebzig Jahre alt. Von Hitlers geplanter Operation »Weserübung« ahnte er so wenig wie sein Bruder, König Haakon von Norwegen. Ziel der Operation war einerseits, Marine- und Luftwaffenstützpunkte in Norwegen und Dänemark als Ausgangsbasis für einen Angriff auf England zu installieren, andererseits der bevorstehenden Landung der französisch-britischen Seestreitkräfte in den norwegischen Häfen zuvorzukommen. Im Augenblick ging es den kriegführenden Parteien vor allem um die Sicherung der schwedischen Erztransporte durch die norwegischen Hoheitsgewässer. Hitler hatte in Oslo einen wertvollen Verbündeten, den NS-Sympathisanten Quisling, Major der norwegischen Armee, der sich schon als Ministerpräsident der ersten mit den Deutschen kollaborierenden westeuropäischen Regierung sah. Von seiten König Haakons erwartete er keinen Widerstand.

Die beiden Herrscher und ihre Regierungen waren vom dänischen Botschafter in Berlin zwar gewarnt worden, hatten den Nachrichten aber keinen Glauben geschenkt. Noch am 8. April 1940 hatte sich der König von Dänemark, taub gegen alle Warnungen und trotz der Meldung, ein großer deutscher Flottenverband habe Kurs nach Norden genommen, ins königliche Theater begeben. Am 9. April um 5.15 Uhr frühmorgens lief die »Weserübung« an. Reichsaußenminister Ribbentrop hatte Befehl, zu den Monarchen und Regierungschefs so bald wie möglich Kontakt aufzunehmen und sie aufzufordern, den deutschen Streitkräften keinen Widerstand zu leisten, die nur kämen, um ihre Länder gegen britische und französische Invasoren zu verteidigen. Noch am selben Morgen sollte er dann eine Pressekonferenz in Berlin geben und erklären, Deutschland habe dänisches und norwegisches Territorium besetzt, um die Neutralität dieser Länder bis Kriegsende zu wahren. Ein NS-Blatt wagte sogar zu schreiben, England gehe kaltblütig über die Leichen kleiner Nationen, während Deutschland die schwachen Staaten gegen die britischen Straßenräuber beschütze, und der »Völkische Beobachter« verkündete in einer Schlagzeile: Deutschland rettet Skandinavien.

So wurden die Außenminister Dänemarks und Norwegens bei Morgengrauen vor das Ultimatum gestellt: auf der Stelle den Schutz des Reichs anzunehmen oder überrannt zu werden, was zweifelsohne erhebliche Opfer fordern würde.

Die beiden königlichen Brüder reagierten unterschiedlich. Dänemark, gänzlich ungerüstet, war außerstande, ernst zu nehmenden Widerstand zu leisten oder sich zu verteidigen. Und da die französisch-britische Expeditionsstreitmacht in Richtung Norwegen ausgelaufen war, konnte es auch nicht auf englische Hilfe rechnen. So hatten Premierminister Stauning und sein Außenminister Munch den Oberbefehlshaber der Armee, General Pryor, der zumindest einen symbolischen Widerstand forderte, bald zum Schweigen gebracht. Der König weigerte sich, die Mobilmachung anzuordnen. Die königliche Garde, in Friedenszeiten in ihren purpurroten Uniformen der Stolz der Nation, gab ein paar vereinzelte Schüsse ab, während Infanterieeinheiten der Form halber den Einmarsch des deutschen Bataillons in Jütland aufzuhalten versuchten. Als die dänische Armee kapitulierte, zählten die Dänen dreizehn, die Deutschen zwanzig Tote.

General Kaupisch hatte die Operation in aller Ruhe vorbereiten können. Bereits am Vorabend hatte er in Zivil den Zug nach Kopenhagen genommen und mit Hilfe von Agenten der »fünften Kolonne« die Landung des deutschen Transports in die Wege geleitet. Die Geschütze der Hafenverteidigung hatten keinen einzigen Kanonenschuß abgefeuert. Danach schlugen die Invasoren den Weg zum Schloß Amalienborg ein, wo im ersten Stock die Konferenz mit dem König stattfand. Um die Dänen schneller einzuschüchtern, hatte Kaupisch, der Anführer der Operation, den Einsatz deutscher Flugzeuge über dem

Königspalast angeordnet. Kaum war das Bombergeschwader mit dem schwarzen Balkenkreuz am Himmel aufgetaucht, akzeptierten die Minister das Ultimatum. Laut Kaupisch war der König »moralisch gebrochen«. Aber mochten ihm auch die Hände zittern, er bewahrte seine Würde und erklärte, sein Land sei bereit, die Einrichtung deutscher Stützpunkte zuzulassen, wenn die inneren Angelegenheiten Sache der Dänen blieben. Das erlaubte ihm später, die Widerstandsbewegung zu decken und siebentausend Juden, denen nach 1941 der sichere Tod gedroht hätte, in ein neutrales Land abzuschieben. So entschied sich der König von Dänemark für die Annahme des deutschen »Protektorats« in der Hoffnung, sich eine relative Freiheit zu bewahren.

Anders sein Bruder Haakon VII. von Norwegen, der mit Maud, der Tochter des englischen Königs Eduard VII., verheiratet war. Er hatte seine Krone einer Abstimmung seiner Untertanen zu verdanken und hielt es für seine Pflicht, den Invasoren die Stirn zu bieten und ein Beispiel an Nationalstolz zu geben. Das gebirgige Land und die Präsenz alliierter Truppen und Schiffe vor der norwegischen Küste erleichterten den Widerstand allerdings erheblich. So wurde der Kreuzer *Blücher* samt den Beamten der Gestapo und des Auswärtigen Amts, die den König und die Regierung hätten festnehmen sollen, von den Krupp-Geschützen des Forts Oskarsborg versenkt. Im übrigen waren Haakon und seine Minister bereits mit dem Gold der Bank von Norwegen in einem Sonderzug nach Norden, nach Hamar, aufgebrochen. Hitlers Plan war gescheitert.

Schließlich gelang es einem Gesandten Hitlers, Dr. Bräuer, doch noch, den König in einer Schule der Stadt Elverum aufzustöbern und ihn aufzufordern, sich, wie sein Bruder Christian X. von Dänemark, für die Annahme des deutschen Ultimatums zu entscheiden und den Widerstand aufzugeben. Die Unabhängigkeit seines Königreichs sollte garantiert werden. Die Ernennung des Verräters Quisling zum Premierminister würde genügen. Aber der König lehnte den Vorschlag entschieden ab und drohte seinen Ministern, abzudanken,

*König Haakon VII. von Norwegen im Londoner Exil 1940; rechts neben ihm Kronprinz Olav.*

falls sie versuchen sollten, Zwang auf ihn auszuüben. Doch sie stellten sich mutig hinter ihn.

Kaum hatte Hitler davon Kenntnis erhalten, befahl er, den Monarchen und seine Regierung aus dem Weg zu räumen. Ein kleines Bombergeschwader legte den königlichen Zufluchtsort in Schutt und Asche – gänzlich umsonst, denn der König und sein Kabinett hatten sich in den verschneiten Wald geflüchtet und setzten sich auf Skiern übers Gebirge in den Hafen Åndalsnes und von da nach Tromsø ab. Dort wurden sie vom englischen Kreuzer *Devonshire* an Bord genommen und nach London gebracht, wo Haakon eine Exilregierung bildete. Wie der Negus von Äthiopien, Haile Selassie, hatte er die Freiheit gewählt.

Ähnlich gegensätzlich verhalten sich der niederländische und der belgische Monarch beim Einmarsch der Deutschen am 10. Mai 1940. Wie die dänische, so ist auch die niederländische Armee außerstande, dem Ansturm der Nazis auf längere

*Wilhelmina, Königin der Niederlande.*

Sicht Widerstand zu leisten: Auf ihrem neutralen Boden sind keine alliierten Truppen stationiert, und das Land selbst verfügt nicht über genügend Streitkräfte, um den Feind aufzuhalten. Die alliierte Hilfe käme für Königin Wilhelmina zu spät. Sie entschließt sich, ihr Land zu verlassen, während König Leopold, dem die Alliierten jegliche Unterstützung zusagen, in Brüssel bleibt.

Die Vereinigten Provinzen sind ein ehrwürdiges Staatswesen mit einer alten Monarchie. Ursprünglich Teile des Spanischen Reichs, hatten sie im sechzehnten Jahrhundert ihre Unabhängigkeit erkämpft und sich unter der Führung eines Erbstatthalters aus dem Geschlecht Nassau-Oranien als kalvinistische Kaufmannsrepublik konstituiert. 1806 wurden sie dann unter Ludwig Bonaparte zu einer Monarchie von Napoleons Gnaden. Doch bereits 1815 – nach dem Wiener Kongreß – bestieg wieder ein Mitglied des Hauses Nassau-Oranien den Thron: Wilhelm I., dessen Enkel Wilhelm III. eine konstitutionelle Monarchie begründete. Diese ging 1890 an Wilhelmina, die Tochter Wilhelms III., über, die 1940 sechzig Jahre alt war.

Von Beginn der Invasion an war die Königin auf der Hut. Das Beispiel der skandinavischen Länder hatte sie überzeugt, daß Hitler systematisch versuchte, die Souveräne und ihre Regierungen als Geiseln zu nehmen, damit sie nach dem Durchmarsch der Wehrmacht für Ordnung sorgten. In aller Stille bereitete sie den Widerstand und notfalls ihre Abreise vor.

Doch der Widerstand sollte den Niederlanden übel bekommen. Auf keine Gegenwehr gefaßt, war Hitler wütend darüber, daß die niederländische Armee auch ohne Beistand der Alliierten zum Kampf antrat und die über dem Flugplatz von Den Haag abgesprungenen deutschen Fallschirmjäger mit Infanterietruppen, unterstützt von der Artillerie, in Schach hielt. Ebenso waren die Luftlandetruppen, die die Brücken über die Maas genommen hatten, durch den tapferen Widerstand der Holländer bedroht, falls die französische Armee General Girauds rechtzeitig zu ihrem Entsatz eintraf. Diese jedoch konnte durch Luftangriffe der Deutschen gestoppt werden, und die niederländischen Streitkräfte wurden von einer Panzerdivision aufgerieben. Würde Rotterdam standhalten? Die Deutschen drohten mit Bombardierung. Noch während der Übergabeverhandlungen aber flog die Luftwaffe einen massiven Angriff auf die Stadt, der achthundert Tote und mehrere Tausend Verletzte kostete; und so stand am Beginn der Westoffensive ein eindeutiges Kriegsverbrechen.

Politisch war Hitlers Plan gescheitert. Königin Wilhelmina und ihre gesamte Regierung hatten sich auf zwei Zerstörern nach London eingeschifft. Die Monarchie hatte den Widerstand befürwortet und dann das Exil gewählt.

Und der König der Belgier? Wird Leopold III., der Sohn König Alberts I., des Koning-Ridder* von 1914, und der bayerischen Prinzessin Elisabeth, diesem Beispiel folgen? Er ist neununddreißig Jahre alt und mit der schwedischen Prinzes-

* Bezeichnung, die ihm die bewaffnete Verteidigung der belgischen Neutralität im Ersten Weltkrieg eintrug (Anm. d. Übers.).

sin Astrid, die ihm zwei Söhne, Baudouin und Albert, geschenkt hat, verheiratet; er hat Mut, eine gut ausgebildete Armee und den Willen zu kämpfen. Durch die politische Lage des Landes aber sind ihm, seit er am 23. Februar 1934 einen Eid auf die Verfassung geleistet hat, die Hände gebunden. Belgien ist in zwei Lager gespalten, ein wallonisches und ein flämisches, so daß sich der König aus einem neuerlichen Konflikt zwischen Frankreich und Deutschland nur heraushalten kann. Die äußerst angespannte Lage im Inneren erfordert Neutralität. Die liberalen katholischen Regierungen, die einander seit 1934 ablösen, sind außerstande, die verheerenden Folgen der Weltwirtschaftskrise in den Griff zu bekommen. Das Land lehnt die deflationistische Politik ab: 1935 wertet eine Koalitionsregierung, an der die Sozialisten beteiligt sind, unter dem katholischen Ministerpräsidenten Paul van Zeeland den belgischen Franc ab. Der König, der gerade seine Frau, Königin Astrid, verloren hat, läßt es geschehen; 1936 jedoch löst er die Kammern auf. Die Wahlen bringen einen Ruck zu den extremen Flügeln: Der »Rexist«* Léon Degrelle macht sich im Parlament breit, in dem nun auch neun Kommunisten sitzen, und fordert die Errichtung eines faschistischen Regimes. Der König plädiert für verstärkte militärische Anstrengungen, aber aufgrund einer infamen Verleumdungskampagne muß van Zeeland schon bald seinen Abschied nehmen. 1938 setzt sich der Sozialist Paul-Henri Spaak an die Spitze einer Dreiparteien-Regierung, tritt aber angesichts der heftigen Zwistigkeiten, die Flamen und Wallonen entzweien, zurück. Hubert Graf Pierlot, der Nachfolger dieses überzeugten Verfechters der belgischen Neutralität, geht den einmal eingeschlagenen Weg weiter, doch das Parlament zerstreitet sich immer mehr. Umsonst fordert der König die Rückkehr zu einer strikten Gewaltentrennung und eine Stärkung der Exekutive. Man will dem Land die Schrecken des Krieges ersparen, als wäre Hitler

* 1930 gründete Léon Degrelle die rechtsradikale Rex-Bewegung (Anm. d. Übers.).

eher geneigt, die belgische Neutralität zu respektieren, als ehedem Wilhelm II. Dem König gelingt es nicht, dem Parlament für die sich immer deutlicher abzeichnende Gefahr die Augen zu öffnen.

Ein Vorfall ermöglicht, die Grenzen seines Handlungsspielraums zu verdeutlichen: Am 10. Januar 1940 mußte ein deutsches Flugzeug, das vom Kurs abgekommen war, auf belgischem Boden notlanden. An Bord befanden sich die beiden Luftwaffenoffiziere Hönmanns und Reinberger. Sie waren unterwegs von Münster zu einer Einsatzbesprechung in Köln über den Angriff im Westen und hatten den streng geheimen Invasionsplan im Gepäck.

Sofort ergreift Leopold die Initiative. Er erkundet beim König von England, Georg VI., »Garantien«, auf die Belgien im Fall eines Angriffs rechnen kann. Dieselben Erkundigungen zieht er in Frankreich ein, und als er am 14. Januar die erwünschten Versicherungen erhalten hat, erteilt er den Befehl, die Grenze im Süden des Landes für die Armeen der Alliierten zu öffnen. Kaum aber hat die Regierung Pierlot-Spaak von den von Generalleutnant van den Bergen weitergeleiteten Befehlen Kenntnis erhalten, interveniert sie in London und Paris, um ihre Mißbilligung zum Ausdruck zu bringen. General van Overstraeten, Adjutant und Militärberater des Königs, habe diese Entscheidung des Generalstabschefs nur für den Fall einer wirklichen Invasionsgefahr erhalten.

Den König beschuldigt die Regierung, hinter ihrem Rücken gehandelt zu haben; der Generalstabschef wird augenblicklich seiner Funktionen enthoben. Offenbar ist die Regierung so zerbrechlich und zusammengewürfelt, daß man sich Anfang des Jahres 1940 an die These der Neutralität klammert, auch wenn offensichtlich ist, daß der Einmarsch der Deutschen in Belgien bereits unmittelbar bevorsteht. Unter diesen Umständen hat der König keine leichte Aufgabe. Seit 1936 bemüht er sich, die Neutralität zu erhalten, indem er nach allen Seiten vielfältige diplomatische Fäden spinnt, um einen Konflikt zu vermeiden. Noch im Winter 1939/40 spielt er den Vermittler, auch wenn er schon die Aufrüstung seines Landes im Auge hat. 1938 hatte er Hitler zum Münchner Abkommen gratuliert. Und auch später noch setzt er seine Hoffnung auf ein Treffen der vier Vertragspartner, Frankreich, Großbritannien, Deutschland und Italien. Er zählt auf seine Beziehungen zum römischen Hof – seine Schwester Marie-José ist mit Kronprinz Umberto verheiratet –, um Ciano, Mussolinis Schwiegersohn und Außenminister Italiens, anzusprechen, und bittet Königin Wilhelmina, ein Treffen der fünf neutralen Mächte der »Oslo-Gruppe« – Belgien, die Niederlande, Schweden, Norwegen und Dänemark – zu organisieren. Doch keiner dieser Versuche ist erfolgreich: Die Unterzeichnung des deutsch-sowjetischen Pakts vom 23. August 1939 macht die Möglichkeit eines zweiten Münchens zunichte. Deutschland hat es nicht mehr nötig, dem Westen gegenüber Wohlverhalten zu zeigen.

Trotzdem hält der König bis zum Januar 1940 an seiner Neutralitätspolitik fest, verbietet seinem Premierminister Pierlot jeden Kontakt mit dem französischen oder englischen Generalstab und verwarnt Spaak, der mit England Wirtschaftsabkommen treffen möchte. Ziel seiner Politik ist offensichtlich, den Deutschen nicht den geringsten Vorwand für einen Einmarsch in Belgien zu liefern. Jedenfalls läßt er den Alliierten gegenüber strikteste Wachsamkeit walten. Was aber kann er sich von Deutschland erhoffen?

Der Druck der Alliierten auf Belgien verstärkt sich. Gamelin, Befehlshaber des französischen Heeres und ehemaliger Generalstabschef Joffres, hat den Schlieffenplan nicht vergessen. Die Verblendung der Belgier ist ihm unbegreiflich. Haben sie den Deutschen nicht sogar versprochen, ihre Grenze *auch* zu Frankreich zu verstärken? Nichts vermag Leopolds III. Meinung über die Neutralität zu ändern; dogmatisch hält er an ihr fest. Trotz Spaaks Fürsprache bleiben alle englischen Vorstöße vergeblich. Auch die vom »Paris-Soir« inszenierte französische Pressekampagne über die deutschen Truppenkonzentrationen bei Aachen sorgt nur in der belgischen Öffentlichkeit für Aufregung, ohne den Willen des Königs beugen zu können. »Ein Gefühl der Loyalität«, läßt er den Engländern antworten, »verbietet uns, gegen eine Macht, die sich verpflichtet hat, unsere Neutralität zu respektieren, militärische Operationen abzusprechen.« Der König lehnt alle offiziellen Vermittler ab. Er empfängt weder den Physiker Georges Claude noch den Schriftsteller Jules Romains, mag er auch ein Vertrauter des Ministerpräsidenten Eduard Daladier sein. Wenn er sich zu einem Treffen mit General Anthoine, einem Veteranen des Ersten Weltkriegs, bereit findet, so nur, um ihm zu wiederholen, daß sich Belgien im Falle eines Angriffs wacker schlagen werde, aber peinlichst genau auf Neutralität zu achten gedenke und militärische Besprechungen aller Art ablehne.

Eine solche »Loyalität« muß Hitler zu Tränen rühren. Mehrmals schon – im November und wieder im Dezember 1939 – hatte sich Belgien unmittelbar vor einer Invasion gewähnt. Der Vermittlungsversuch von König Leopold und Königin Wilhelmina zwischen Hitler und den Alliierten war gescheitert, die Gefahr eines deutschen Angriffs groß. Beunruhigt hatten Spaak und Pierlot nach einer Möglichkeit gesucht, Gamelin zu kontaktieren. Doch der König hatte ihnen befohlen, Ruhe zu bewahren und seinerseits einen von vornherein aussichtslosen Vorstoß beim deutschen Botschafter unternommen: Die Nazis scheren sich nicht um die Friedensbedingungen der Alliierten.

Der Vorfall vom 10. Januar aber hätte dem König endlich die Augen öffnen müssen: Der Einmarsch in Belgien ist eindeutig geplant. Spaak und Pierlot hatten also allen Anlaß, sich zu beunruhigen. Da die deutsche Invasion jedoch nicht planmäßig angelaufen ist, entledigt sich der König am 14. Januar des unglücklichen Generals van den Bergen, der dem Kommando des 5. Armeekorps zugeteilt wird. Durch diese Strafmaßnahme, durch die die Entscheidung, die Südgrenze zu öffnen, als Folge des Übereifers des Generalstabschefs hingestellt wird, kann König Leopold zwei Fliegen mit einer Klappe schlagen: seinen Adjutanten van Overstraeten decken und seine unnachgiebige Neutralitätspolitik wiederaufnehmen, die freilich keinerlei Chance mehr hat, Hitler zu beeindrucken.

Franzosen und Engländer sind empört über das Verhalten der Belgier, die sie erst zu Hilfe rufen und dann von nichts gewußt haben wollen. De facto hat der König in einer durch Vermittlung des britischen Admirals Keyes in London anberaumten Geheimverhandlung beim englischen Kabinett angefragt, ob Belgien im Falle des Kriegseintritts an der Seite der Alliierten dieselben Zusicherungen erhalten würde wie 1914: die Anerkennung seiner Unabhängigkeit und seiner Integrität sowie die Anerkennung von Belgisch-Kongo. Außerdem hatte sich England damals verpflichtet, Belgien nach Kriegsende beim Wiederaufbau seiner Wirtschaft finanziell zu unterstützen. Doch die Verhandlungen haben nicht die erhofften Zusagen gebracht. Der König sieht sich den Alliierten gegenüber in einer äußerst ärgerlichen Lage. Während sie mit ihm um den Preis ihres Eingreifens feilschen, ermutigen sie die in der westlichen Presse hochgespielten antifaschistischen Studentendemonstrationen in Brüssel und verstärken ihre Versuche, unter Umgehung des offenbar unnachgiebigen Monarchen auf belgische Politiker Einfluß zu nehmen.

Wie im Ersten Weltkrieg die Prinzen von Bourbon-Parma, setzt Leopold seine diplomatischen Bemühungen unverdrossen fort und unterstützt das Projekt eines »Damenfriedens«, initiiert von Königin Helene von Italien. Diese hat sich mit seiner Mutter, Elisabeth von Belgien, in Verbindung gesetzt, um ein Treffen der Königinnen der neutralen Länder anzuregen: Ziel ist die Unterzeichnung eines Waffenstillstands. Leopold schreibt seiner »lieben Tante«, wie glücklich er sei, daß die Friedensinitiative von Italien ausgehe, einem Land, dessen »Führer Klarblick und diplomatisches Geschick« besäßen. »Ein Appell, der von Europas Königinnen und Herrscherinnen an all diejenigen ergeht, die in so vielen Ländern um einen geliebten Menschen bangen«, fuhr er fort, »könnte einen wahren Kreuzzug der Frauen auslösen.« Ob er das wirklich glaubte? Jedenfalls küßt er seiner Tante in Dankbarkeit die

Hand, daß sie ihm »das Vertrauen erwiesen« habe, ihn »zu Rate zu ziehen«. Natürlich hatte das Projekt keinerlei Zukunft. Auch die Note an Präsident Roosevelt, die er am 11. März 1940 über die Brüsseler Botschaft und den amerikanischen Unterstaatssekretär Sumner Welles, der sich in Europa aufhielt, um Italien aus dem Krieg herauszuhalten, übermitteln ließ, blieb ohne Antwort. Gleichzeitig hatte er dem amerikanischen Präsidenten empfohlen, »den Kanzler nicht zu verletzen«. Bei Verhandlungen mit dem Gegner dürfe man sich nicht allzu aggressiv zeigen. Seine Ermahnungen zur Mäßigung aber hätten vorausgesetzt, daß mit Hitler überhaupt noch zu verhandeln war, während dessen Gestapoagenten bereits wie hungrige Wölfe durch das besetzte Polen strichen.

Leopold war der einzige, der unerschütterlich vom Wert seiner Neutralitätspolitik überzeugt war. Der wallonische Abgeordnete Merlot bat um eine Audienz, um die Sorgen seiner Mitbürger zur Sprache zu bringen: Sie befürchteten, daß im Fall des vom König angeordneten belgischen Widerstands entlang der Linie Antwerpen-Namur die Provinzen Lüttich, Luxemburg und ein Teil der Provinz Namur dem Feind verteidigungslos überlassen würden. Wo genau wollten die Alliierten Stellung beziehen? Wäre es nicht an der Zeit, ihre Absichten in Erfahrung zu bringen? Der König erklärte, die Deutschen hätten nicht das geringste Interesse daran, in Belgien einzufallen, und es wäre nicht gut, wenn die Politiker die Atmosphäre vergifteten.

Läßt König Leopold nach dem Einmarsch der Deutschen in Norwegen und Dänemark am 9. April 1940 unter dem Druck der Angst im Land von seiner Neutralitätsdoktrin ab? Im Gegenteil, er versteift sich auf seinen Standpunkt und verstärkt die militärischen Maßnahmen an der französischen Grenze. Als der oberste französisch-britische Kriegsrat am 10. April beschließt, »der belgischen Regierung dringliche Vorstellungen (zu machen) und sie nachdrücklich aufzufordern, die Alliierten einzuladen, unverzüglich auf belgisches Territorium vorzurücken, *ehe* die Deutschen Belgien angegriffen haben«, erwidert Spaak herablassend: »Belgien wird das Prinzip eines Präventivappells nie akzeptieren.« Ebensowenig gibt Holland seine Politik der Zurückhaltung auf. Alles Drängen der Alliierten fruchtet nichts, damit muß sich der Generalstab abfinden.

Die Seele dieses Widerstands ist der König. Bis zuletzt glaubt er an eine Chance, sein Land vor dem Krieg zu bewahren. Wieder bekräftigt er gegenüber den drei Ministern, Pierlot, Spaak und dem für die Verteidigung zuständigen Denis, seine Position. Doch Pierlot hält dagegen, daß sich die Neutralitätspolitik seit dem 10. April überlebt habe. Was sollen die Belgier im Falle eines alliierten Angriffs tun, zurückschlagen oder Gewehr bei Fuß abwarten? Oder gar die Deutschen zu Hilfe rufen? Die Situation ist um so absurder, als die Minister, allen voran Spaak, im Grund zutiefst englandfreundlich sind. Nach Ansicht des Königs bleibt nur eine Möglichkeit, den deutschen Einmarsch zu verhindern: die Verteidigung an der Grenze zu Frankreich zu verstärken. Daher sein Vorschlag, sofort weitere Einheiten in den Süden zu verlegen – eine logische Folgerung innerhalb seines Systems, von dem sich auch Spaak und Pierlot nicht trennen wollen. So geben auch sie ihre Zustimmung. Wie aber sollen sie ihren Wählern erklären, daß sie das Risiko eingehen, ihr Land in die Hölle zu stürzen? »Wir müssen die Alliierten warnen«, regt der König an, »daß wir den Einmarsch ihrer Truppen ohne Hilferuf unsererseits mit Gewalt stoppen werden«. Und erneut bekräftigt er: »Unsere Maßnahmen dürfen lediglich präventiven Charakter haben: den Krieg von unserem Territorium fernzuhalten.«

Am 25. April herrscht in Brüssel große Aufregung. Die ganze Woche über haben sich die Invasionsgerüchte verdichtet, aus allen europäischen Hauptstädten sind sie eingegangen. Man spricht von einer Zusammenziehung von Panzerwagen an der belgischen Grenze, von einem unmittelbar bevorstehenden Angriff. Pierlot bedient sich eines innenpolitischen Vorwands, um dem König seinen Rücktritt anzubieten. In Wirklichkeit hält er Belgiens Lage für ausweglos und möchte sich vor der Geschichte nicht lächerlich machen: den alliierten Feuerwehrleuten bis zuletzt den Zutritt zu verwehren, bis das Haus, von den Deutschen in Brand gesteckt, auch wirklich brennt. Doch der König lehnt ab. »Der Augenblick, in dem die Armee an den Grenzen angespannt Wache hält«, erklärt er mit einem Seitenhieb auf die Politiker, »ist nicht der geeignete Zeitpunkt für innenpolitische Diskussionen... Deshalb bitte ich Sie, Ihre Bemühungen um das Wohl des Vaterlandes unverzüglich wieder aufzunehmen und entschieden fortzuführen.« Pierlot bleibt im Amt und muß das Dogma der absoluten Neutralität, das der König konsequent durchsetzt, auch weiterhin akzeptieren. Am 4. Mai erhält er vom Nuntius eine wertvolle Information. Kardinal Maglione läßt ihn aus Italien wissen, daß der Angriff im Westen unmittelbar bevorstehe und daß die Deutschen in Belgien einmarschieren werden. Am 8. Mai tritt das Kabinett zusammen, um zu beschließen, daß Belgien im Falle eines deutschen Angriffs auf Holland seine Neutralität aufgeben werde. Erneut tadelt der König die »Politiker« für diese Unbesonnenheit, wirft Pierlot und Spaak vor, ihre Absichten ohne seine Zustimmung unvorsichtig enthüllt zu haben. »Das Staatsoberhaupt«, stellt er klar, »braucht sich durch Beschlüsse, die ohne ihn in einem Bereich gefaßt worden sind, in dem auch er ein Wort mitzureden hat, nicht gebunden zu fühlen.« Pierlot versichert ihm, daß nichts beschlossen worden sei. Das Kabinett habe lediglich beraten.

Am 10. Mai ist kein Zweifel mehr möglich: Die Deutschen sind im Land. Ihre Fallschirmjäger werden selbst von Orten gemeldet, an denen gar keine abgesprungen sind, aber auch von der Festung Eben-Emael, die innerhalb weniger Stunden fällt. Für das Große Hauptquartier, das soeben noch Urlaubsgenehmigungen erteilt hat, kommt der Angriff überraschend. Man hat nicht mehr mit ihm gerechnet. Aus Holland und Luxemburg treffen erste Hiobsbotschaften ein. Um 11.30 Uhr warnt Spaak die Botschafter Frankreichs und Großbritanniens, daß »die Situation äußerste Wachsamkeit erfordert«. Als um 3.35 Uhr feststeht, daß der Einmarsch begonnen hat, ist der

König sofort einverstanden, den Belagerungszustand zu erklären. Um 5.00 Uhr trommelt Pierlot die Minister zusammen. Noch zögert Spaak. Sollen die Alliierten ohne Zustimmung des Königs gerufen werden? Er telefoniert mit Leopold III., der um 5.17 Uhr einwilligt, die »Garanten« zu Hilfe zu rufen. Eine Minute später wird Brüssel bombardiert. Der deutsche Botschafter von Bülow wartet noch bis in die späten Vormittagsstunden, ehe er Spaak eine Note über den Kriegszustand übergibt. Um 6.30 Uhr erscheint der König in Felduniform. Seine Regierung hat die Alliierten zu Hilfe gerufen, er erwartet sie. Ist er nicht der Oberbefehlshaber der belgischen Armee, die den Einmarsch an erster Stelle zu stoppen hat?

Der Aufmarsch der alliierten Truppen geht ohne gravierenden Zwischenfall vonstatten. Wie von Gamelin geplant, stoßen die französischen und britischen Einheiten bis zur Dyle-Linie vor. Die neun englischen Divisionen von Lord Gort, die auf dem Fluß von Antwerpen über Löwen kommen, vereinigen sich in Wavre mit den belgischen Einheiten. Die Franzosen haben ihre beiden besten Einheiten, die 1. und die 7. Armee, geschickt. Die weniger gut ausgerüstete 9. Armee hat den Auftrag, die Linie Maas-Namur-Sedan zu halten. Zwischen Namur und Antwerpen, einer Front von hundert Kilometern Länge, stehen den 20 Divisionen von Reichenaus 36 alliierte Divisionen gegenüber. Die Partie ist noch nicht entschieden.

Im Norden des Landes haben die Belgier allerdings die Stellung nicht halten können. Ebenso wie die Holländer vom Einsatz der Fallschirmjäger und Lastensegler überrascht, haben sie zwei der drei Brücken über den Albert-Kanal hinter Maastricht aufgeben müssen. Innerhalb von dreißig Stunden hat sich eine Handvoll Deutscher der strategisch wichtigen Festung Eben-Emael bemächtigt und die 1200 Verteidiger ausgeschaltet. Am 11. Mai ergibt sich das Fort. Von Reichenaus 6. Armee geht zum Angriff über, kommt aber an der Dyle-Front zum Stehen. Wird diese halten?

Bekanntlich fiel die Entscheidung an der Maas zwischen Dinant und Sedan, wo der Ansturm von Guderians Panzern nur auf eine schwache französische Gegenwehr traf. Am 14. Mai wurde die Front durchbrochen; Tausende von Tanks hatten über die Ardennen Kurs auf die Maas genommen und den Fluß im Eiltempo überquert. Am Abend des 14. hielten die Deutschen in Sedan einen Brückenkopf. Das Schicksal der 22 belgischen Divisionen und der alliierten Nordarmeen schien besiegelt, ihre Einkesselung nicht mehr abzuwenden.

Am 16. Mai stießen die Deutschen weiter nach Westen vor. Als sie bereits gut hundert Kilometer westlich von Sedan angelangt waren, führte Churchill eine ernste Unterredung mit Gamelin. Der Generalstabschef gestand, daß er keine Reserven besaß, keine Manövriermasse, daß an der Südflanke kein Gegenangriff möglich war. Am 20. Mai haben die Deutschen an der französischen Küste Abbeville erreicht, am 24. Mai sind die Nordarmeen vollständig eingekreist.

In Belgien konzentrieren sich die Alliierten im Südwesten des Landes, versuchen den Atlantik zu erreichen. Die Evakuierung ganzer Einheiten über Dünkirchen ist bereits ins Auge gefaßt. Für den belgischen König, der von seinem Hauptquartier Breendonk aus alle Phasen des deutschen Vormarsches verfolgt hat, ist es eine Katastrophe. Empört stellt er den neuerlichen Bruch der Neutralität fest, durch den Deutschland in Wiederholung des Einmarsches von 1914 all seine Hoffnungen brutal zunichte macht. Er ist sich im klaren darüber, was ein Sieg der Deutschen an Unglück und Grausamkeit für das seiner Unabhängigkeit beraubte Belgien bedeutet. Aber wie ehedem sein Vater ist auch er überzeugt, daß der Krieg nur dann mit einem Frieden ohne Sieg enden kann, wenn die Alliierten eine neue Marneschlacht gewinnen.

Doch davon sind sie weit entfernt. Als am Durchstoß der Deutschen bei Sedan kein Zweifel mehr möglich ist, informiert der König seine Stabsoffiziere Michiels, van Overstraeten und Desrousseaux, daß er, was auch komme, auf belgischem Territorium zu bleiben gedenke. Er wird nicht nach England gehen. Am 18. Mai gibt seine Armee Anzeichen von Erschöpfung zu erkennen. Bei einer Infanteriedivision ist Panik ausgebrochen, und die 9. französische Armee ist nicht imstande, die Verteidigung zu gewährleisten. Was wird mit dem König geschehen, wenn man sich zur Kapitulation entschließen muß? Wird er gefangengenommen? Nach Pierlots Ansicht sollte die belgische Armee ihr Schicksal auch weiterhin an das der alliierten Heere knüpfen und unbedingt an ihrer Seite weiterkämpfen. Die Minister raten dem König, sich aus der Einkesselung abzusetzen. General van Overstraeten schlägt als Zufluchtsort den Kongo vor. Hat sich der König von Portugal angesichts der Bedrohung durch Napoleons Armee nicht auch in seine Kolonien, nach Brasilien, abgesetzt? Der König beschließt lediglich, sich nach Brügge zurückzuziehen, ohne etwas von seinen weiteren Absichten durckblicken zu lassen oder zu Pierlots Auffassung, die Kapitulation bedeute den Verlust der nationalen Unabhängigkeit, Stellung zu nehmen.

Am 19. Mai ist der Monarch noch immer entschlossen, mit seiner Mutter, Königin Elisabeth, in Belgien zu bleiben. Am 20. kommt er erneut mit seinen Ministern zusammen, die ihm das Versprechen abnehmen wollen, nicht in Gefangenschaft zu gehen. Sie erwarten einen langen Krieg, letztlich aber den Sieg der Alliierten. Der König äußert Zweifel und behält sich seine Entscheidung vor. Am 23. Mai debattiert man erneut nach den verlustreichen Gefechten an der Leie (Lys). Soll sich Leopold III. an die Spitze der Überlebenden der belgischen Armee auf französischem Territorium setzen und in den Süden fliehen? Er hält nicht viel vom Plan des neuen französischen Oberbefehlshabers Weygand. Nach Frankreich zu gehen, hätte nur einen Sinn, wenn die Alliierten den Kampf lange fortsetzen könnten. Aber die Anzeichen von Erschöpfung sind nicht zu übersehen. Die Engländer planen den Rückzug auf ihre Insel. Und was können die Franzosen noch leisten? Was hilft es dem Volk, wenn der König ins Ausland geht und das Land den Besatzern überläßt, die nichts Eiligeres zu tun haben werden, als die Flamen zu privilegieren und so einen Keil zwischen sie und die Wallonen zu treiben? »Seit dem 23. Mai«, schätzt Robert Aron, »scheint der Entschluß des Königs gefaßt: Er wird bei seinem Volk bleiben, er wird sich als Gefangener stellen.« Diese Lösung erscheint ihm »nobler, notwendiger«. Selbst in deutscher Festungshaft »kann er dem Eroberer durch sein Ansehen Eindruck machen und weittragende schlimme Entscheidungen abwenden«. Kurzum, der König ist, wie später Marschall Pétain in Frankreich, bereit, dem Land »seine Person zum Geschenk zu machen«. Er entscheidet sich, wie der König von Dänemark, anders als der König von Norwegen und die Königin der Niederlande, in Solidarität mit seinen Untertanen im Land zu bleiben und ihre Leiden zu teilen.

Belgien ist eine konstitutionelle Monarchie. Werden sich die Minister, falls der König auf belgischem Territorium bleibt, solidarisch erklären? Werden sich der Sozialist Spaak und der Liberale Pierlot bereit finden, mit Hitler zu reden, zu verhandeln? Sind solche Verhandlungen möglich? Bei der Schlacht von Courtrai (Kortrijk) am 24. Mai hat die Armee wieder den Rückzug angetreten. Der König hat den Generalstab verlassen, um seine Mutter, die Königin Elisabeth, General Galet und Henri de Man zu empfangen. Am 25. findet die entscheidende Begegnung mit den Ministern im Schloß von Wynendaele statt. Der König erscheint in Begleitung des Grafen von Flandern, seines Bruders, und Admiral Keyes', der in Verbindung mit Winston Churchill steht. Das Schloß liegt zwanzig Kilometer außerhalb von Ostende, von wo aus die Überfahrt nach England noch möglich ist – falls der König einwilligt.

De Man, ein alter Sozialist, christlich-postmarxistischer Theoretiker, Weltkriegsveteran und ehemaliger Minister, gehört zur Umgebung des Königs. Als Senator und persönlicher Berater hat er Leopold III. während dieses »drolligen Kriegs«, des sogenannten »Sitzkriegs«, stets zu seinen Vermittlungsversuchen ermutigt, auch wenn sie zum Scheitern verurteilt waren. Als überzeugter Pazifist zieht er, wie die Vertreter der englischen Appeasementpolitik, jede Verhandlung, und wäre es mit dem Teufel, einem Krieg vor.

Die Königinmutter Elisabeth ist am Ende ihrer Kräfte. Sie

hat auf den Straßen den Exodus der Belgier unter deutschem Bombenhagel gesehen, sie hat ihre Tage und Nächte in Lazaretten am Bett von Verwundeten zugebracht. Ständig klagt sie über die Leiden des Volkes. Wann wird dieses schreckliche Drama ein Ende haben? Der König denkt an das Ultimatum, das Botschafter von Bülow am 10. Mai überreicht hat: Die Reichsregierung garantiert das belgische Territorium in Europa und in Übersee sowie die belgische Dynastie, so lange kein Widerstand geleistet wird. Aber natürlich kann die Kapitulation auch das Ende der Dynastie und der belgischen Unabhängigkeit bedeuten.

Die sich abzeichnende Katastrophe läßt den König resignieren. Er weiß, daß er von den Deutschen nichts zu erwarten hat, und so kann er sich ebensogut mit seinem Volk und seinen Soldaten, deren Führung er persönlich übernommen hat, solidarisch erklären. Er will sich von den Nazis nicht als Geisel nehmen lassen. Er ist Soldat, wie sein Vater, der Koning-Ridder, und wird das Schicksal seiner Truppen teilen. Alles andere erschiene ihm unwürdig.

Seinen Ministern hat er sich bereits eröffnet. Sie kennen seinen Eigensinn. Bei der Geburt seines Vaters, Prinz Albert, 1875 in der Rue de la Science, hatte der alte König Leopold II. zum Neugeborenen gesagt: »Du wirst einmal ein guter Belgier werden.« Nach dem Tode des Thronfolgers, des jungen Grafen von Hennegau, des einzigen Sohns Leopolds II., war der Bruder des Königs, Graf Philipp von Flandern, zum Thronfolger bestimmt worden. Dieser hatte mit seiner Frau Maria – aus der schwäbischen Linie des Hauses Hohenzollern – zwei Söhne, Baudouin, den Thronerben, und Albert, Leopolds III. Vater, der eine bayerische Prinzessin heiratete.

Nach dem Tod seines Bruders Baudouin im Jahr 1891 war Albert zum Erbprinzen aufgerückt. Von seinen beiden Schwestern, Henriette und Josephine, hatte die eine einen französischen Prinzen, Emmanuel d'Orléans, Herzog von Vendôme, und die andere einen Deutschen, Karl Anton von Hohenzollern, geheiratet. In Leopolds III. Ahnenreihe überwog unbestreitbar der deutsche Einschlag, auch wenn die erste belgische Königin, Louise-Marie, die Tochter Louis-Philippes, gebürtige Französin war. Alberts I. Hauptanliegen hatte von seiner Thronbesteigung im Jahre 1909 an dem Ausbau der Landesverteidigung und der Stärkung der Armee gegolten, da er einen Krieg für unabwendbar gehalten und der Neutralität mißtraut hatte. Die von England 1834 gegebene Garantie war ihm zum Schutz der Grenzen nicht ausreichend erschienen. Für den Kriegsfall hatte sich der König das Oberkommando vorbehalten. Er hatte sich gegen Joffre, den Oberbefehlshaber des französischen Heeres, durchgesetzt und zu Beginn des Konflikts den Rückzug seiner Armee nach Antwerpen angeordnet. Er hatte keinen Zweifel an der absoluten Unabhängigkeit der belgischen Armee gelassen, die einzig und allein ihrem König zu gehorchen hatte. Diese Lektion seines Vaters beherzigte Leopold III. in diesem tragischen Monat Mai. Eisern hatte es sein Vater abgelehnt, der belgischen Regierung nach Sainte-Adresse in der Normandie ins Exil zu folgen. Er hatte seine Armee von belgischem Boden, von La Panne aus, kommandiert; niemals hätte er sich als Hilfskraft der Alliierten betrachtet; sah sich als Fürst, der sein Territorium verteidigt.

Leopold bezog – auch darin das getreue Ebenbild seines Vaters – Artikel 68 der Verfassung, demzufolge jeder Erlaß des Königs der Gegenzeichnung durch einen Minister bedurfte, um in Kraft zu treten, nicht auf militärische Vorgänge. Albert hatte in dieser juristisch umstrittenen Sache ein Machtwort gesprochen und sich zum alleinigen Befehlshaber ohne Gegensignatur erklärt. Als einziger Souverän im kämpfenden Europa hatte er die Aufgabe eines kommandierenden Generals tatsächlich ausgeübt und sich nicht bereit gezeigt, dieses Privileg abzutreten. Als Leopold am 10. Mai die Uniform anzog, handelte er ganz im Sinne des Vaters: Der König erteilt die Befehle.

Noch in einem anderen Punkt befolgte er die Lektion Alberts I.: Der König ist Schiedsrichter zwischen den Parteien. Er ist der einzige, der die Einheit des flämisch-wallonischen

*König Leopold III. von Belgien.*

Landes aufrechterhält – und damals auch de facto aufrechterhalten hat, all den schweren Belastungen in den vier Jahren der Besatzung, die nicht spurlos am Land vorübergingen, zum Trotz. Auch nach Kriegsende hatte sich König Albert noch mit allem Nachdruck für die Einheit einsetzen müssen, da die ehemaligen Kollaborateure der deutschen Verwaltung die Abspaltung der Flamen weiter betrieben hatten. Für die Spaltung des Parlaments und die Scharmützel der Abgeordneten in der Regierung aber hatte er nur Verachtung und Gereiztheit übrig. Diese Gereiztheit hat Leopold geerbt. Er glaubt, den Politikern Lektionen erteilen zu können. Ihm allein stehe es zu, in der gegenwärtigen Krise des Landes den Kurs zu bestimmen. Seit sein Vater am 17. Februar 1934 tödlich verunglückt ist, seit er, Leopold, einen Eid auf die Verfassung geleistet hat, hält er es für seine Aufgabe, die Einheit und Unabhängigkeit Belgiens zu verteidigen – allein gegen alle.

In dieser Stimmung empfängt er am 25. Mai 1940 seine Minister auf Schloß Wynendaele. Er kennt die wirkliche Verfassung der belgischen Armee weit besser als seine Regierung:

In den Ardennen haben sich die Jäger gegen den Ansturm der feindlichen Panzerdivisionen bewährt und deren Vorstoß zur Maas durch ihren heldenhaften Einsatz verzögert. Seit dem Fall von Eben-Emael, der Überquerung des Albert-Kanals und dem Durchbruch der Deutschen in Richtung Tongern aber kommt es an der Front immer wieder zu Desertionen. Die Bombardierung aus der Luft hat in der Armee wie bei der Zivilbevölkerung Angst und Schrecken ausgelöst. Der Ministerrat hat das seit dem 15. Mai ebenfalls bedrohte Brüssel verlassen müssen und sich nach Ostende zurückgezogen, wo er in dem kleinen Hotel Royal-Astor mehr schlecht als recht untergebracht ist. Spaak und Pierlot mußten Belgien den in der Hauptstadt zurückgebliebenen Beamten und Bankdirektoren »anvertrauen«. Während dieser Zeit ist der König fast täglich mit einigen Mitgliedern der Regierung – Spaak, Pierlot und General Denis, dem Verteidigungsminister – in Verbindung. So kann er ermessen, welch gravierende Meinungsverschiedenheiten zwischen ihm und dem Kriegskabinett herrschen. Einzig vier Minister sind in Ostende geblieben. Die anderen haben sich, wie das Kabinett von 1914, bereits nach Frankreich abgesetzt. Sie sind absolut solidarisch mit den Alliierten und erwägen den Rückzug der belgischen Armee ausschließlich im Rahmen des Operationsplans der Engländer und Franzosen. Dagegen denkt der König einen Augenblick lang daran, seine Armee nach Norden zurückzubeordern, damit sie den Atlantik im Rücken hat.

Seit dem 10. Mai beschäftigt ihn auch die Flucht der Großherzogin von Luxemburg, Charlotte, die um 7.00 Uhr morgens ihr Palais mitsamt ihrer Familie verlassen hat. Luxemburg war seit dem Wiener Kongreß 1814/15 als Großherzogtum Mitglied des Deutschen Bundes. Es blieb aber bis 1890 mit dem Königreich der Niederlande in Personalunion verbunden. 1866 wurde Luxemburg durch die Auflösung des Deutschen Bundes rechtlich völlig selbständig, blieb aber weiter Teil des Deutschen Zollvereins. Die »Unabhängigkeit und beständige Neutralität« garantierte der sogenannte »Londoner Vertrag«

von 1867. Von 1871 bis 1919 war es mit dem Deutschen Reich in einer Zollunion verbunden. Mit dem Tod König Wilhelms III. der Niederlande 1890, der ja zugleich Großherzog von Luxemburg gewesen war, starb die ottonische Linie des Hauses Nassau-Oranien im Mannesstamm aus. In Holland folgte Wilhelms Tochter Wilhelmina als Königin, Großherzog von Luxemburg wurde dagegen Herzog Adolf von Nassau aus der walramischen Linie des Hauses. Nachdem dessen Sohn, Großherzog Wilhelm IV., 1912 ohne männlichen Erben gestorben war, hatte seine älteste Tochter Maria Adelheid den Thron bestiegen. Da sie während der deutschen Besatzung im Ersten Weltkrieg im Land geblieben war, hatte sie 1919 abdanken müssen. Um nicht denselben Fehler zu begehen, setzte sich ihre Schwester Charlotte beim ersten Kanonenschuß nach London und weiter in die Vereinigten Staaten ab, während ihr Sohn, Prinz Jean, in die britische Armee eintrat. Beide Familien standen einander nah: Sollte König Leopold Charlottes Beispiel folgen, um Maria Adelheids traurigem Schicksal zu entgehen, nach vier Jahren harter deutscher Besatzung vom eigenen Volk verabscheut zu werden?

Die Treffen mit den Ministern bringen keine Annäherung der gegenseitigen Standpunkte. Am 16. Mai mußte die Armee die Stellung an der Dyle und damit den größten Teil des belgischen Territoriums aufgeben. Die Minister sind empört, daß sich der König mit dem Souverän von Dänemark vergleicht: Dieser hatte die Alliierten nicht zu Hilfe gerufen und war damit Herr seiner Entscheidungen geblieben. Aber kann Leopold seine Partner im Stich lassen und allein über seine Armee verfügen? Das scheint seit dem 16. Mai die Frage. An diesem Tag hat Spaak »Schwanken und Unschlüssigkeit« beim Monarchen festgestellt. Er scheint die Flucht der Königin von Holland nach England zu mißbilligen. Der vielbeschäftigte Pierlot – er stammt aus den Ardennen – verabscheut die Ungewißheit, vornehmlich, nachdem ihm Spaak eingeredet hat, der König sei wankend geworden und bereite sich vor, das Lager der Alliierten zu verlassen. Die beiden Minister beschließen, am 20. Mai in Ypern an der Besprechung mit dem neuen französischen Oberbefehlshaber Weygand teilzunehmen. Sie treffen sich mit ihm vor Ankunft des Königs, der sie jedoch nicht zur Konferenz einlädt. Auf Aufforderung Leopolds entwickelt van Overstraeten sein Operationskonzept für die belgische Armee, das vom französischen Plan abweicht, auch wenn es den Gegenangriff der Franzosen mit dem Ziel, die zum Meer vorstoßenden Deutschen von Norden und Süden in die Zange zu nehmen, gutheißt. Der König macht das Zugeständnis, Weygands Plan nicht zu durchkreuzen und die belgische Armee nicht ans Meer zurückzuziehen. Doch der Plan scheitert: Die belgischen Truppen müssen am 24. Mai an der Linie Leie-Ableitungskanal bis zum Atlantik Stellung beziehen. Vor diesem Hintergrund, diesem Desaster, findet das entscheidende Treffen vom 25. Mai statt.

Die Minister haben alle Vorkehrungen getroffen, um sich in Dünkirchen nach Frankreich einzuschiffen. In aller Herrgottsfrühe wecken sie den König, der sogleich erscheint, unausgeschlafen, mit zerzaustem Haar. Pierlot fordert ihn auf, das belgische Territorium zu verlassen, um den Kampf an der Seite der Alliierten vom Ausland aus fortzusetzen. Ohne allen Zweifel würden sie den Krieg gewinnen, und am Tag des Sieges dürfe auch Belgien nicht fehlen. Der König solle sich an die Spitze des »in Frankreich vereinten belgischen Kriegspotentials« stellen. Darauf verliest Leopold ein Schreiben, das an den König von England gerichtet ist: »Die Pflicht auferlegt mir, das Schicksal meiner Armee zu teilen und bei meinem Volk zu bleiben. Alles andere wäre gleichbedeutend mit Fahnenflucht.« Er ist davon überzeugt, daß der Krieg auch für Frankreich verloren ist. Spaak erwidert, der König unterliege einem tragischen Irrtum: Als Gefangener der Deutschen stelle er für die Belgier eine moralische Belastung dar, denn sie hätten, ob er es wolle oder nicht, einen Kollaborateur zum König. Empört versetzt der Monarch, er werde sich »jeder Aktion« verweigern. Also soll, fragt Pierlot, das Gespräch beendend, die Exilregierung den König öffentlich desavouieren? Das bedeutet den nicht wiedergutzumachenden Bruch und für den aufrechten, königstreuen Mann aus den Ardennen eine Art Revolution. »Das Vorgehen des Königs«, fügt er an, »gefährdet alles.«

»Sie haben eine Überzeugung«, entgegnet Leopold schlicht, »und ich glaube, daß es Ihnen ernst damit ist.«

Die Brücken sind abgebrochen, die Minister gehen nach Frankreich, der König kapituliert in Belgien und übergibt seine Armee, ohne von den Deutschen das geringste Zugeständnis zu erhalten. Der König hat das Deutsche Reich bekämpft, er hat verloren – das ist Hitlers Logik. Wie hätte Leopold weiterkämpfen können? Zwei belgische Divisionen haben sich »in Luft aufgelöst«. Bereits am 25. Mai hat der französische Ministerpräsident Paul Reynaud mit Lebrun, dem Präsidenten der französischen Republik, die Möglichkeit eines Waffenstillstands erörtert. Der Sturz Frankreichs war also bereits programmiert.

Aber auch der Bruch zwischen König und belgischer Exilregierung, die sich von Paris aus geschlossen weigert, zurückzutreten und die Wechselbürgschaft für die Bildung einer Regierung in Belgien zu übernehmen, geht tief. Bedeutende Persönlichkeiten wie die Königin von Italien, die spanische Regierung und der amerikanische Botschafter Cudahy versuchen über den Kardinalerzbischof und Primas von Belgien, Ernest-Joseph van Roey, der sich in dem von den Deutschen besetzten Mechelen aufhält, zu vermitteln. Als General von Reichenau aus dem Mund des Belgiers Desrousseaux erfährt, daß der König gefangengenommen wurde, verschlägt es ihm die Sprache. Er wendet sich an Hitler um Direktiven; der läßt dem siegreichen General freie Hand: Leopold wird, wie es Paul-Henri Spaak vorhergesehen hatte, im Palais von Laeken inhaftiert. Die Deutschen sind überglücklich, eine königliche Geisel in der Hand zu haben, die sie längst in London vermuteten.

Zur Definierung ihrer rechtlichen Stellung im Exil wendet die Regierung Artikel 82 der Verfassung an. »Da der König als Kriegsgefangener nicht in der Lage ist, zu regieren«, betrachtet sie sich als einzige legitime Regierungsgewalt. Kardinalerzbischof van Roey erfindet die Formel vom »bedauerlichen Mißverständnis«, die Leopold die Absicht unterschiebt, mit den Deutschen zu verhandeln und mit einer Blankovollmacht der Exilminister eine kollaborierende Regierung zu bilden. Anfang Juni schließt sich der König der Anwendung von Artikel 82 an, und im Gegenzug erklären sich Abgeordnete und Minister bereit, ihre Beschuldigungen fallenzulassen.

Am 31. Mai hat der König Meißner und Gebhard, die Beauftragten Hitlers und Himmlers, empfangen. Er hat sich geweigert, Hitler zu treffen, der nichts von politischen Aktivitäten des Königs wissen will.

Seit Frankreich um Waffenstillstand ersucht, erwägt die Regierung, ihrerseits einen Waffenstillstand für Belgien auszuhandeln, und schlägt vor zurückzutreten, sobald die Rückführung der in Frankreich kämpfenden oder nach Frankreich geflüchteten belgischen Soldaten und Zivilisten geregelt ist. Sie erklärt sich bereit, ihrerseits nach Belgien zurückzukehren, aber der König weigert sich, Politiker zu empfangen. Am 21. Juli demobilisiert Pierlot von seiner französischen Residenz aus die belgischen Truppenverbände und erklärt alle Belgier, die den Kampf in Afrika oder von England aus fortsetzen, zu Deserteuren. Gleichwohl hat er den Kolonialminister de Vleeschauwer nach London geschickt, um Belgiens überseeische Interessen zu vertreten. Da Hitler den Ministern am 20. Juli die Wiedereinreise nach Belgien untersagt, setzt sich C. Gutt als erster nach England ab, gefolgt von Pierlot und im Oktober von Spaak. Die Lage ist nun klar: Die Exilregierung hat den Gedanken an eine Rückkehr nach Brüssel aufgegeben. Sie stellt sich nun in eine Reihe mit den Regierungen der Niederländer und Norweger und dem freien Frankreich General de Gaulles und stürzt sich an der Seite der Engländer erneut in den Kampf.

Der König nahm die Gelegenheit, gegen die Fortführung des Krieges zu protestieren, wahr und erklärte dem Kolonialminister im Exil, mit der Kapitulation sei der Krieg beendet. Belgien habe seine Verpflichtungen gegenüber den »Garantiemächten« erfüllt. Außer zur Verteidigung seines Territoriums an der Seite der Alliierten habe es sich zu nichts verpflichtet. Seit der Kapitulation sei Deutschland keine feindliche Macht mehr, und so bestehe kein Anlaß, den Kongo in den Krieg hineinzuziehen. Wieder gingen die Meinungen von König und Ministern auseinander. Als im Oktober die Schlacht um England und den Atlantik tobte, telegraphierte Spaak an die diplomatischen Vertretungen: »Wir übernehmen die volle Regierungsgewalt und setzen den Kampf an Englands Seite zur Befreiung Belgiens fort.« Am 19. November 1940 willigte der König auf Drängen seiner Schwester, Marie José von Italien, ein, sich nach Berchtesgaden zu begeben. Hitler um eine Erklärung zur belgischen Unabhängigkeit zu bitten, bemerkte Jean Duvieusart, ein ehemaliger Nachkriegspremier, »war ein politischer Akt ... mit dem Ziel, die Wahrung der belgischen Unabhängigkeit nicht ausschließlich von einem Sieg der Alliierten abhängig zu machen«.

Bis 1943 zeigte der König keine Initiative, sich der Regierung anzunähern. Andererseits versuchte er – im Gegensatz zu Pétain in Frankreich – auch nicht, in Brüssel eine kollaborierende Regierung aufzubauen. Das Land wurde von Beamten nach deutschem Recht verwaltet: eine einzigartige Vorspiegelung verfassungskonformer Legalität, bei der der König ohnmächtig und stumm zusehen mußte, wie die Deutschen belgische Ressourcen ausbeuteten, belgische Zivilisten für Akkordarbeiten in oder für Deutschland einsetzten, Angehörige der Widerstandsbewegung verhafteten und Juden deportierten. Zu seiner Hochzeit mit einer reichen Bürgerlichen, Marie Liliane Baels, die er zur Prinzessin von Rhety erhoben hatte, schickten die Minister dem König Glückwünsche. Ebenso heuchlerisch hielt die Exilregierung – aus Gründen der Staatsräson, wie Spaak in seinen Memoiren schrieb – an der Legende des gefangengenommenen Königs fest: »Schart euch um euren gefangenen König«, forderte er die Belgier anläßlich des ersten Jahrestages des deutschen Einmarsches am 10. Mai 1941 im britischen Rundfunk auf. »Er verkörpert das gepeinigte Vaterland. Seid ihm treu, wie wir es hier sind.« Und noch am 3. November 1943 richtete Pierlot einen Brief an Leopold, in dem er versicherte, die Regierung sei »der Monarchie aufrichtig ergeben« und kenne nur einen Wunsch: Leopold III. nach der Befreiung, die nicht mehr lange auf sich warten lassen werde, die ihm verfassungsmäßig garantierten Vorrechte zurückzugeben. Dieser Brief wurde von Pierlots Schwiegersohn, de Kinder, der mit einem Fallschirm über belgischem Territorium abgesprungen war, dem päpstlichen Legaten in Belgien übergeben, der ihn an den König weiterleitete.

Dieser antwortete am 11. Januar 1944 ebenfalls über den Nuntius. Er beteuerte seine Achtung vor der Verfassung, seinen Wunsch, die nationale Unabhängigkeit zu sichern, und unterzeichnete seine Botschaft mit »Leopold, König der Belgier, Kriegsgefangener auf Schloß Laeken«. Er versicherte, daß er keine politischen Kontakte aufzunehmen habe und daß er überzeugt sei, »im Einklang mit der Würde der Krone und dem Interesse der Nation« zu handeln, wenn er seine Haltung nicht ändere. Anschließend verfaßte er ein Memorandum an die Verwaltungsbeamten, das in London bekanntgemacht werden sollte. Dieses politische Testament enthielt neben der Verteidigung seiner Haltung im Mai 1940 eine Art Aktionsprogramm und verurteilte die belgischen Minister, »die sich erlaubt hatten, voreilig Beschuldigungen schwerster Art gegen das Verhalten unserer Armee und das Vorgehen ihres Oberbefehlshabers zu erheben«. Sie sollten bei der Befreiung nicht mit der geringsten Aufgabe betraut werden. Entschieden wies er auch den ihm verschiedentlich übermittelten Vorschlag einer Befreiung durch die Widerstandsbewegung zurück. Er wollte sich nicht von der Résistance verstecken lassen, sondern beim Einmarsch der Alliierten in Brüssel sein.

Als er 1944 nach Deutschland deportiert wurde, ging das Gerücht um, es geschehe auf seinen eigenen Wunsch hin. Die Londoner Exilregierung, nicht willens, die Person des Königs in Mißkredit zu bringen, übersah geflissentlich die peinlichen Äußerungen des politischen Testaments. Ungerührt versicherte Pierlot – welch Gipfel scheinheiliger Beständigkeit! –, nach wie vor auf die Restauration der Monarchie hinzuarbeiten.

Bei der Befreiung Brüssels am 3. September 1944 war der König nicht anwesend. Am 19. berief die Regierung das belgische Parlament ein und setzte Leopolds Bruder, den Grafen Karl von Flandern, als Regenten ein – in der ungeduldigen Erwartung der Befreiung Seiner Majestät aus deutscher Haft und seiner Rückkehr nach Belgien, wie es in der Erklärung der Minister hieß.

Doch diese Haltung wurde schnellstens revidiert, als sich 1945 in politischen Kreisen und bei Gewerkschaften eine starke Feindseligkeit bemerkbar machte. Begonnen hatte diese Strömung am 4. Mai 1945 mit der Forderung der Sozialistischen Partei, Leopold solle abdanken. Damit hatten die liberale Linke, sämtliche Gewerkschaften und natürlich die Kommunisten die Diskussion eröffnet. Der König ließ wissen, sein Gesundheitszustand erlaube eine sofortige Rückkehr nach Belgien nicht, und begab sich zur Erholung in die Schweiz. So konnte sich die Schlacht der Meinungen frei entfalten. Van Acker, der Chef der Koalitionsregierung, riet ihm zur Abdankung, damit das Parlament auf seine Reise nach Berchtesgaden und seine freiwillige Deportation nicht einzugehen brauche. Der König verlangte – vergeblich – die Einsetzung einer Untersuchungskommission, daraufhin eine Volksabstimmung. Im Juli 1945 verabschiedete das Parlament ein Gesetz, wonach die Kammern vor der Rückkehr des Königs darüber zu befinden hätten, ob er noch immer »nicht in der Lage ist, zu regieren«. Bei der Debatte gaben die Parlamentarier ihre gewohnte Reserviertheit auf, und die Minister ließen den Deckmantel der Staatsräson fallen. Van Acker beschuldigte den König, vom Sieg der Deutschen überzeugt gewesen zu sein und sich mit der Besatzung abgefunden, anstatt den Widerstand ermutigt zu haben. Spaak verurteilte die Politik des Königs »aufs entschiedenste«. Beide sprachen sich für die Abdankung aus. Schützenhilfe leisteten ihnen die politischen Kreise und der

Großteil der Presse, besonders »Le Soir«. Die Gewerkschafter erklärten, den Generalstreik ausrufen zu wollen, falls der König die Stirn haben sollte, zurückzukommen. Leopold beharrte auf seinem Standpunkt; er verlangte eine Befragung des Volkes, »dessen Verdikt er von vornherein akzeptieren« wollte.

Die Machtübernahme der neuen Christlich-Sozialen Partei, die Ende 1945 für die Volksbefragung gestimmt hatte und bei den Wahlen im Mai 1949 gemeinsam mit den Liberalen die katholische Partei ablöste, leitete die Restauration dann doch ein: Am 12. März stimmten 57 Prozent der Belgier für die Rückkehr des Königs. Brüssel hatte mit Nein votiert, ebenso Wallonien. Der gerade noch positive Ausgang war den Flamen und ihren 71 Prozent Ja-Stimmen zu verdanken. Doch als das Parlament der Restauration zustimmen sollte, geriet die »Königsfrage« erneut in eine Sackgasse. Obskure Manöver aller Art türmten immer neue Hindernisse auf und zeigten, wie zerrissen und unsicher die Parteien und Parlamentarier in Wirklichkeit waren. Durch seine Haltung im Mai 1940 hatte der König das Land gründlich und dauerhaft gespalten. Es stand zu befürchten, daß seine Rückkehr in Anbetracht der äußerst angespannten sozialen Lage der Nachkriegszeit einen Unfrieden ohnegleichen in der Geschichte Belgiens heraufbeschwören würde. Bei der Auflösung des Parlaments im Mai 1950 erkannte man, daß die knappe Mehrheit, die die Flamen dem König verschafft hatten, es ihm unmöglich machte, die traditionelle Rolle des Schiedsrichters zwischen den beiden Volksgruppen länger auszuüben. Wozu aber brauchte man dann überhaupt noch einen Monarchen?

Nach Meinung der Sozialisten sollte er ein Land verlassen, in dem seine Anwesenheit Unruhen auslöste. Aber die Wahlen vom Juni 1950 brachten eine katholische Mehrheit im Parlament, und die Regierung Duvieusart war entschlossen, ihre Versprechen zu halten. Als überzeugter Monarchist wollte der Premierminister die Belgier im In- und Ausland miteinander versöhnen. Er traf sich in Pregny in der Schweiz mit dem

König, um dessen Rückkehr voranzutreiben. Aber die politische Debatte über die »Königsfrage« hatte nichts von ihrer Brisanz verloren. Die Regierung erhielt nur eine knappe Mehrheit: Die Sozialisten, Kommunisten und Liberalen hatten die Stimmabgabe verweigert und den Saal verlassen. Dennoch wurde im Juli 1950 beschlossen, den König zur Rückkehr aufzufordern.

Ein Sturm der Entrüstung entlud sich: Kaum hatte sich der König wieder in seinem Palais zu Laeken niedergelassen, brachen im wallonischen Teil des Landes Unruhen und Streiks aus. Bergwerke, Fabriken, Eisenbahnen wurden sabotiert. Spaak wetterte vor dem Parlament. »Ich bin mit Danton gegen Ludwig XVI.«, schrie er, »mit Louis Blanc gegen Thiers, mit den Belgiern von 1830 gegen die Holländer ... die Revolution ängstigt mich nicht.« Abgeordnete gaben ihre Orden zurück, die sozialistischen Staatsminister traten zurück. In Lüttich tobte der Aufruhr, und die Polizei schaute zu. In Brüssel wälzten sich endlose Protestzüge durch die Straßen. Sogar die Beamten traten in Streik. Der Bund politischer Gefangener forderte den sofortigen Abschied des Königs zugunsten von Prinz Baudouin. Für den 31. Juli wurde ein Marsch auf Brüssel geplant, zu dem der Tod eines Demonstranten in Grâce-Berleur den Vorwand geliefert hatte. Um 2.00 Uhr frühmorgens desselben Tages schloß das Kabinett seine Sitzung mit der Forderung, den König auf der Stelle zu informieren, daß Blut fließen werde: Unverzüglich mußte eine Lösung gefunden werden. Um 4.00 Uhr morgens begaben sich vier Minister in den Palast und erhielten vom König die Erklärung: Wenn seine Abdankung die Spaltung des Landes verhindern könne, sei er jederzeit dazu bereit. Sein Vorschlag, zur Beratung eine Sechserkommission zu bilden, in die alle drei Parteien je einen wallonischen und einen flämischen Vertreter entsenden sollten, wurde vom Ministerrat verworfen. Statt dessen wurden die Vertreter der »politischen Gefangenen« aufgefordert, mit den Parteien über die Rückkehr zu Ruhe und Ordnung zu verhandeln.

*Paul-Henri Spaak (um 1945).*

Leopold will nicht der »König einer Partei« sein. Die »klerikalen Leopoldisten« fühlen sich im Parlament trotz ihrer Mehrheit isoliert. Der König spürt, daß er als Vorwand für einen regelrechten Bürgerkrieg herhalten soll, der weit über seine Person und das monarchische Prinzip hinausgeht: Die zwei Volksgemeinschaften sind drauf und dran, übereinander herzufallen. Müssen also die Karten neu gemischt werden? Er ist sich nicht sicher, jedenfalls aber genügt es, daß er eine Lösung vorschlägt, damit sie als die schlechteste gilt; so wenig Vertrauen setzt man in seine Urteilskraft. Zweifelsohne glaubt Spaak, der König habe wieder einmal eine »Gewissensfrage« ausgegraben, eine neue Gelegenheit aufgetan, auf seinen Prinzipien herumzureiten. Der ebenso gutmütige wie scharfsinnige Sozialist fürchtet die allzu menschlichen Reaktionen eines Fürsten, der Belgien vor langen Jahren verlassen hat und nun Schwierigkeiten hat, mit den Abgeordneten und Parteien umzugehen.

Wird er sich zum Abdanken entschließen? In der langen Nacht vom 31. Juli wird diese Möglichkeit in Betracht gezogen und eine für die Flamen akzeptable Formulierung gesucht. Man entscheidet sich für »Delegierung der Gewalten auf den Kronprinzen«. Die Ehre des Königs ist gerettet.

Die letzte Verhandlung ist langwierig und äußerst schwierig. Die Flamen werfen der Regierung Duvieusart vor, ihre Lösung unter dem Druck des Aufruhrs durchzusetzen, gestützt auf die Behauptung, der Marsch auf Brüssel könne einen Bürgerkrieg auslösen. Eines aber hat die Einmischung der »politischen Gefangenen« klar gezeigt: Herr der Lage sind die königsfeindlichen Parteien, die die Meuterer auf die eine oder andere Weise beruhigen können. Dagegen ist die Gefahr, daß die Wallonen bei der angespannten sozialen Lage »überkochen«, tatsächlich groß, und der Versuch des katholischen Kabinetts, den König zur Abdankung zu bewegen, war die letzte Chance, den wallonischen Teil zur Ordnung zu rufen. So einigen sich die drei Parteien, dem König in Belgien unumschränkte Bewegungsfreiheit zuzubilligen und die Macht etappenweise auf den jungen Baudouin zu übertragen. Zuerst soll er zum Generalleutnant, dann, sobald der Frieden im Land gesichert ist, zum König der Belgier ernannt werden. König Leopold III. indessen äußert die Befürchtung, diese Lösung könne einen Aufstand der Flamen provozieren. Er wünscht verschiedene Änderungen am Text vorzunehmen, die den Parlamentariern jedoch unannehmbar erscheinen, und so schleppt sich die Diskussion, nicht frei von Mißverständnissen, zäh hin. Im königlichen Lager ist man sich darüber im klaren, daß man den Aufruhr nicht in den Griff bekommen wird, falls die Regierung zurücktritt. Besorgt um den Landesfrieden, akzeptiert der König schließlich den Text, der nach Abschluß der Ratssitzung am 1. August morgens um 6.35 Uhr über den Rundfunk verbreitet werden soll. Die Regierung hat den Marsch auf Brüssel gestoppt.

Am 11. August 1950 verabschieden die Kammern gemeinsam das Gesetz zur Übertragung der Königsgewalt. Für Baudouin stimmen – bei acht Enthaltungen und keiner einzigen Gegenstimme – 351 Abgeordnete. Nachdem der Prinz den Eid auf die Verfassung geleistet hat, überreicht ihm der Premierminister seine Rücktrittserklärung. Am 16. Juli 1951 anerkennt Leopold III. die Notwendigkeit einer Befriedung Belgiens und willigt ein, zugunsten seines ältesten Sohnes abzudanken, der als Baudouin I. gekrönt wird. Daß die Abdankung des Königs aufgrund der heftigen Reaktionen auf die Ankündigung seiner Rückkehr nach Brüssel erfolgte, steht außer Zweifel. »Seit meiner Rückkehr nach Belgien«, erklärt er selbst, »habe ich zu meinem schmerzlichen Bedauern feststellen müssen, daß sich die Leidenschaften, die die Belgier über meine Person entzweiten, anstatt sich zu beruhigen, noch verschärft hatten und meinem Vaterland ernstlich Schaden zuzufügen drohten.« Unter diesen Umständen beschließt er, sich zurückzuziehen und alle »eindringlich zur Einheit zu mahnen, vornehmlich diejenigen, die mir seit Jahren (wobei er an die Flamen denkt) stets eine rührende Treue bewiesen haben. Mögen alle meinem Sohn loyal zur Seite stehen und ihm bei der schweren Aufgabe, die auf seinen jungen Schultern lasten wird, helfen.«

Haben diese rührenden Worte eines Vaters die belgischen Gemüter zu beruhigen vermocht? In den fünfziger Jahren ist in allen europäischen Ländern dieselbe Tendenz zu beobachten: Im Klima des Kalten Krieges sind die Regierungen fest entschlossen, Kommunismus und soziale Unruhen mit Hilfe der Vereinigten Staaten zu bekämpfen. Dank des Marshall-Plans und der Hinwendung zu den eigentlichen Regierungsaufgaben kommt es zum Aufschwung. Warum also hätten die Belgier nicht, wie ihre französischen Nachbarn, das Bedürfnis nach Ruhe verspüren sollen? Die katholische Partei, die Baudouin den Thron gesichert hat, konnte die Unterstützung der Sozialisten für diesen Schritt gewinnen. Die Abdankung des vorherigen Königs aufgrund seiner Rolle während des Krieges schien Spaak Sühne genug: Belgiens Zukunft konnte wieder auf dem monarchischen System aufgebaut werden.

Der junge König erfüllte alle Hoffnungen: Wie sein Vater erzogen, besaß auch er Eleganz und moralische Aufrichtigkeit. Seine Heirat mit Fabiola, der Tochter von Gonzalo Mora y Fernandez, Marquis von Casa Rieva, aus der spanischen Aristokratie, erfüllte die traditionsverhafteten Belgier mit Freude. Baudouins ältere Schwester, Josephine Charlotte, heiratete Großherzog Jean von Luxemburg, sein Bruder Albert, Prinz von Lüttich, die Prinzessin Paola, die Tochter Fulcos, des Prinzen Ruffo di Calabria. Floß in den Adern der Dynastie ehedem viel deutsches Blut, überwog nun das romanische Element, was besonders in Wallonien freudig begrüßt wurde.

Nordwesteuropa behielt seine Könige. Die sozialdemokratischen Regierungen Schwedens, Dänemarks, der Niederlande, Norwegens sowie die Labour-Regierung in London wußten ihre Könige und Königinnen zu schätzen. Der Westen lobte den Mut von Königin Wilhelmina und König Haakon, und selbst der König von Dänemark, der seine Juden zu beschützen und die Deutschen auf Distanz zu halten verstanden hatte, fand Anerkennung. Niemand machte den Monarchen einen Vorwurf daraus, daß sie Nordsee und Ärmelkanal überquert und in London Zuflucht gesucht hatten – ganz im Gegenteil: Sie hatten dadurch doch ihren Staaten einen Platz am Tisch der Siegermächte gesichert und konnten in den Glaspalast der UNO, den die Amerikaner in New York errichtet hatten, einziehen. In Rom hielt man Leopolds Schicksal zweifellos für ungerecht: Der einzige Souverän, der vom Thron gejagt wurde, war ein Katholik, und von allen Ländern dieser Zone brauchte, selbst nach Spaaks Meinung, keines so dringend einen König wie Belgien. Wenigstens aber wurde durch die Lösung von 1950, das heißt, durch die Ausschaltung des diskreditierten Monarchen, die Dynastie nicht in Frage gestellt. Die Staatsräson verlangte, Leopold in seinem Land Aufenthalt und Freizügigkeit zu gewähren. Die Öffentlichkeit akzeptierte diesen Kompromiß, der den sozialen Frieden wiederherstellte und die Rückkehr zum politischen Alltag erlaubte.

Fünftes Kapitel

# *Die Könige von Italien und Spanien*

Nach 1918 müssen sich die Könige von Spanien und Italien auf monarchistische Lager verlassen, die in Auflösung begriffen sind. Um zu überleben, versucht der eine wie der andere, sich mit dem Faschismus zu arrangieren, ihn in sein Königreich zu integrieren und damit die Bürgschaft für die Diktatur, die sich schon bald breitmacht, zu übernehmen. Dies kostet den spanischen Monarchen schneller die Krone als den italienischen, zum Untergang aber sind beide verdammt; beide werden vom Fluch des Faschismus weggefegt.

Der König von Italien resigniert als erster: Nach dem Ersten Weltkrieg ist sein Land unregierbar geworden. Der Krieg hat die Italiener große Blut- und Geldopfer gekostet, und nun fühlen sie sich durch den Sieg der Alliierten nicht entschädigt. Im Jahr 1900 war Viktor Emanuel III. seinem von Anarchistenhand ermordeten Vater Umberto I. nachgefolgt. Schon in den ersten Jahren des zwanzigsten Jahrhunderts waren in den Industriestädten und auf dem Land heftige soziale, ja revolutionäre Unruhen ausgebrochen. Durch den Kriegseintritt hatte sich die Lage weiter zugespitzt. Die Fabriken waren auf Rüstung umgestellt, die männlichen Arbeitskräfte zum Teil durch weibliche ersetzt worden. Von 1917 an wurden die Streiks immer zahlreicher und mit größter Härte geführt. Die Schließung der Produktionsbetriebe für Pulver, Waffen, Uniformen, Lastwagen und Kanonen warf Tausende arbeitslos auf die Straße. Die Mitgliederzahl der gewerkschaftlichen Zentralorganisation C. G. T. wuchs zusehends. Die »Bürgerlichen« wurden als Kriegsgewinnler beschimpft, Lebensmittelgeschäfte geplündert. Diese »Arbeiterfeldzüge« präsentierten sich als Kampf gegen die Teuerung, de facto aber führten sie zur Anarchie und weckten so beim Mittelstand den dringenden Wunsch, zu Ruhe und Ordnung zurückzukehren. Daß sich die Sozialistische Partei Italiens der kommunistischen Internationale angeschlossen hatte, wunderte niemanden. In Italien grassierte die Angst vor der »roten Gefahr«. Die »roten Wahlzettel« von 1919 hatten 172 Sozialisten und 101 linke Katholiken ins Parlament gebracht und Francesco Nitti, dem Ministerpräsidenten König Viktor Emanuels, das Leben unmöglich gemacht. Mit einem Wort: Italien fürchtete die Revolution.

Benito Mussolini, der Agitator aus der Romagna, ein ehemaliger Sozialist, der sich zum eifrigen Kriegsbefürworter gewandelt hatte und – bei einer Übung – in einer Bersaglieri-Einheit verwundet worden war, hatte die faschistische Bewegung gegründet, um seine Anhänger, die Schwarzhemden – vielfach Kriegsveteranen – zu sammeln und zum Angriff auf das parlamentarische Regime zu führen, dem die Ausbreitung des Kommunismus in Italien angelastet wurde. König Viktor Emanuel fand an den Faschisten nichts auszusetzen: Sie griffen die Kommunisten bei Streiks an und empörten sich über den Versailler Frieden, der Italiens Forderungen nicht erfüllt hatte. Dieses explosive Gemisch aus Antikommunismus und Nationalismus hatte Mussolini zwar noch nicht ins Parlament gebracht, mobilisierte aber auf den Straßen bereits tüchtige junge Leute, die die Führer der demokratischen Parteien zwangen, Rizinusöl zu trinken, und die mit Lastwagen anrollten, um die Streikenden niederzuknüppeln. Den Prinzessinnen des Hauses Savoyen mißfiel zwar die platte Beredsamkeit des Tribuns aus der Romagna, dafür aber schätzten die Mailänder Industriellen, die Gastronomen, Kolonialwaren- und Ölhändler den tatkräftigen Eifer der »squadroni« um so mehr.

*König Alfons XIII. von Spanien mit seiner zahlreichen Familie im Königspalast von Madrid.*

Nicht nur Italien, ganz Europa befand sich in der Krise. Spanien war im Ersten Weltkrieg – sehr zu seinem Vorteil – neutral geblieben und hatte den Übergang zur modernen Wirtschaft vollzogen. Die Städte hatten sich regelrecht aufgebläht, und die im Ausland lebenden Spanier kehrten zurück. König Alfons XIII., ein liebenswerter Souverän, hatte Viktoria Eugenia von Battenberg – über ihre Mutter Beatrice eine Enkelin Königin Victorias von Großbritannien – geheiratet. Seine Mutter, Maria Christina, war die Tochter des österreichischen Erzherzogs Karl Ferdinand.

Alfons XIII. erkannte seine Hauptstadt kaum wieder: Innerhalb von drei Jahrzehnten hatte sich die Bevölkerung von Madrid verdoppelt, und in Barcelona schossen Mietshäuser wie Pilze aus dem Boden, um die vertriebenen Landarbeiter und die zurückkehrenden Emigranten aufzunehmen. In den Armeleutevierteln von Barcelona und in den Vororten von Bilbao wimmelte es von unterernährten, schlechtbezahlten Arbeitern, die aus der russischen Oktoberrevolution Hoffnung schöpften. Wie in Italien häuften sich auch hier die Streiks. In Barcelona wurde die Forderung nach einer sozialistischen Republik laut.

1917 hatten die Offiziere dem Premierminister, den sie für zu schwach hielten, ein Ultimatum gestellt. Manuel García-Prieto hatte den Hut genommen, was eine langanhaltende Krise zur Folge hatte. Doch nichts ist unternommen worden, um der städtischen Arbeiterschaft das Leben erträglich zu machen. Der König gibt sich gern fortschrittlich-modern, fährt Kabrioletts und raucht Zigaretten. Vor allem wissen angeblich die bronzefarbenen Schönheiten der fashionablen Badestrände an der Mittelmeerküste diesen perfekten Dandy zu schätzen. Die Bergarbeiter von Rio Tinto-Nerva aber brauchen zwei Stunden zu ihrem Arbeitsplatz, die Straße zum Bergwerk ist bis Sevilla nicht einmal mit dem Rad befahrbar. In vielen Siedlungen gibt es kein fließendes Wasser, und die Kinder sterben zu Tausenden an Epidemien. Die moderne Industrie und der Welthandel haben Spanien zwar reich gemacht, im Alltag aber herrscht dramatischer Mangel an allem.

Das Elend, die Kluft zwischen der Not und dem extremen Überfluß der Großgrundbesitzer, zwischen Bergwerken und Geschäftswelt, fördern eine gewalttätige revolutionäre Bewegung, die in einigen Regionen mit separatistischen Umtrieben einhergeht: Die Basken und vor allem die Katalanen streben eine Loslösung vom Königreich an. Bereits im Jahr 1917 wird in Madrid und in Bilbao, die sich im Belagerungszustand befinden, die Ohnmacht des monarchistischen Regimes offenbar. Und die Wahlen von 1918 bringen eindeutig den extremen Parteien den Sieg.

Alfons XIII. ereifert sich gegen die Großgrundbesitzer, die in ihrer verknöcherten Fortschrittsfeindlichkeit sich jeder Bodenreform widersetzen. Aber ist er sich auch der Gefahr bewußt, die das neue städtische Proletariat verkörpert? Begreift er, daß diese Menschen zur gewalttätigen Durchsetzung ihrer Forderungen gedrängt werden, weil sich die Löhne den Lebenshaltungskosten nur sehr zögernd anpassen? Ihm schwebt eine Regierung nach Art der englischen Monarchie vor: eine gut geölte parlamentarische Maschinerie mit einem regelmäßigen Wechsel von konservativen und fortschrittlichen Kabinetten. Doch García Prieto, Antonio Maura und Manuel Allendesalazar haben weder die Energie noch die Mittel, um solide und dynamische Mehrheiten zusammenzubringen. Sie lösen einander in einer Reihe von Kabinettskrisen ab, die das Parlament in Mißkredit bringen, während der katalanische Führer Cambo mit Sezession droht: Einzig durch die Autonomie, verkündet er, kann Barcelona aus dem Teufelskreis von Streik und Gewalttätigkeit ausbrechen.

In der katalanischen Hauptstadt sind Attentate an der Tagesordnung: Der Gouverneur, der Erzbischof von Saragossa, Ministerpräsident Dato, alle wurden ermordet. Allein im Jahr 1921 werden im Hafen, in dem die roten »pistoleros« und die weißen Terroristen ihr Unwesen treiben, 90 Tote und 132 Verletzte gezählt. Wie kann der König da hoffen, mit Offizieren, die nur von *pronunciamiento*,* einem Militärstaatsstreich, träumen, die Ordnung wiederherzustellen? Im übrigen sind auch keineswegs alle Truppen zuverlässig. 1923 kommt es in verschiedenen Kasernen zu Meutereien. Steht Spanien vor einem Bürgerkrieg?

Der König ist außerstande, die Ordnung wiederherzustellen. Seine Einmischung in den marokkanischen Krieg gegen den Rebellen Abd el Krim hat ihn bei der Armee diskreditiert. Man gibt ihm die Schuld an dem Desaster von Anual vom 23. Juli 1921. Hat er nicht General Silvestre unbedacht in ein tragisches Abenteuer geschickt, ohne Vorbereitung und ohne Unterstützung? Der König, der Autorennen den Stierkämpfen vorzieht, sieht Spanien in die Anarchie zurückfallen.

Italiens Viktor Emanuel III. zählt ebensowenig auf das parlamentarische System, um die äußerst explosive soziale Lage in

* Ursprünglich die Proklamation, die 1820 die Spanische Revolution einleitete (Anm. d. Übers.).

den Griff zu bekommen. Wie hätten auch Nitti oder der alte Giolitti einer revolutionären Bewegung solchen Ausmaßes entgegentreten sollen? 600 000 Arbeiter haben die Fabriken des Nordens besetzt und fünf Millionen wütende Landarbeiter, die die Aufteilung des Großgrundbesitzes fordern, die Landgüter. Giolitti, der der Loyalität der Armee nicht traut, wartet ab, bis sich die Bewegung im Chaos totläuft. Viktor Emanuel ist niedergeschmettert: Italien scheint auf den Kommunismus zuzutreiben. Doch Giolitti beruhigt ihn: »Man kann sich den Bolschewismus in Italien genausowenig vorstellen wie einen Ölbaum in Moskau.« Aber Arbeitslosigkeit, ungebremster Preisauftrieb und der Sturz der Lira heizen die Gewalttätigkeiten an. Man prügelt sich in den Straßen, die Wahlen arten zu Schlägereien aus. Giolitti begrüßt den Einzug von über dreißig faschistischen Abgeordneten ins Parlament von 1921. Seiner Meinung nach sollten alle wichtigen Kräfte des Landes auch im Parlament vertreten sein. Leider hat er keine stabile Mehrheit, und so legen die Extremisten das parlamentarische Leben und die Regierung des Landes schon bald mit vereinten Kräften lahm. Das System wird aus der Bahn geworfen, enthüllt seine Ohnmacht, während sich die sozialen Unruhen verschärfen. Anstatt die faschistische Partei zu verbieten, sieht Giolitti ihrer Entwicklung tatenlos zu. Er betrachtet sie als nützliches Gegengewicht zu den Kommunisten. Doch Mussolini erklärt die Monarchie in Italien zu einem »parasitären Auswuchs«; er will eine starke Republik einführen, die ihm zu Füßen liegt. Seine etwa dreihunderttausend Anhänger intensivieren ihre Lastwageneinsätze gegen streikende Arbeiter und schicken ihre Schwadronen immer häufiger gegen einzelne Gewerkschafter oder Parlamentarier aus, um sie zu mißhandeln. Mussolini macht aus seiner Absicht, die Macht zu übernehmen und den Staat von Grund auf zu reformieren, keinen Hehl: Viktor Emanuel zittert in seinem Palast in Rom.

Allem Anschein nach sind es die schwachen parlamentarischen Mehrheiten, die dem Faschismus den Weg bahnen. Nitti und Giolitti verabscheuen einander und tragen im Parlament ihre persönliche Fehde aus, anstatt ihre schwachen Kräfte zu vereinen. Sie lassen den unfähigen Facta regieren, der den von den Faschisten angekündigten »Marsch auf Rom« nicht ernst nimmt. Dabei spricht der »Duce« mit wachsendem Nachdruck vom »revolutionären Schlag«, der dem liberalen parlamentarischen Regime ein Ende bereiten soll. Anfang August 1922 drohen erneut soziale Unruhen. Die Sozialisten haben den Generalstreik beschlossen, um die Freiheit der Gewerkschaften zu retten. Mussolini mobilisiert sofort seine bewaffneten Schwarzhemden, die von den zahlreichen Kriegsveteranen in ihren Reihen eine Art militärische Grundausbildung erhalten haben. Die Faschisten besetzen die bestreikten Verwaltungen mit Fachleuten und organisieren in den Fabriken den Terror. Als schließlich die Gebäude der sozialistischen Tageszeitung »Avanti« – bei der Mussolini von 1912 bis 1914 als Chefredakteur arbeitete – in Flammen aufgehen, bricht der Generalstreik zusammen. Den Mailänder Industriellen und Florentiner Kleinbürgern mögen die gewalttätigen, brutalen Faschisten bereits als die einzige Kraft erscheinen, die in der Lage ist, die soziale Ordnung aufrechtzuerhalten. Noch aber hat Mussolini, der nach der Macht greift, den Wettlauf mit den Sozialisten, welche nun gleichfalls härter auftreten und sich der kommunistischen Internationale anschließen, nicht gewonnen: Beide extremen Parteien sind fest entschlossen, Italien von der Monarchie zu befreien, die sie für ein anachronistisches Relikt halten. Am 24. Oktober 1922 ergreift Mussolini die Initiative und stellt dem Ministerpräsidenten Facta ein Ultimatum. Als dieser nachgibt und am 28. Oktober zurücktritt, besetzen hunderttausend Schwarzhemden Regierungsgebäude, Telefonzentralen und Bahnhöfe. Die meisten kommen aus Mittelitalien und unterstehen dem Kommando des in Perugia installierten Hauptquartiers. Ziel der Aktion ist, den Staatsapparat in die Hände zu bekommen und ein faschistisches Regime aufzubauen. Und Viktor Emanuel? Kann der König noch den Widerstand organisieren? Er weiß sehr wohl, daß auch er – zusammen mit dem parlamentarischen System –

hinweggefegt werden kann. Er müßte das Kriegsrecht ausrufen und die Armee einschalten, deren Oberbefehlshaber er ist, denn er ist von nun an der einzige, der Freiheitsrechte und Legalität verteidigen kann.

Doch er zieht es vor, sich mit dem Diktator zu arrangieren, um, wie er sagt, einen Bürgerkrieg zu vermeiden. Die vom Ministerpräsidenten vor seiner Dimension vorbereitete Notstandserklärung, durch die das Kriegsrecht verhängt werden sollte, bleibt in der Schublade. Statt dessen bietet Viktor Emanuel Mussolini den Eintritt ins Kabinett Salandra an, was der Duce ablehnt. Er will die Macht für sich allein. Am 29. Oktober kapituliert der König schließlich unter dem Druck des entfesselten römischen Plebs. Die Aufmärsche in der ewigen Stadt reißen nicht ab; am 30. Oktober trifft der siegreiche Mussolini mit dem Zug aus Mailand ein. Mit neununddreißig Jahren hat der ehemalige Unteroffizier der Bersaglieri die höchste Staatsgewalt erlangt.

Wird er den König absetzen, die Institutionen neu ordnen und eine faschistische Republik errichten? Zweifellos fühlt er sich nach wie vor als Revolutionär; aber er ist auf legale Weise an die Macht gekommen, und er wird sich der Legalität bedienen, sie zu seinem Nutzen einsetzen. Er ist kein Abenteurer, kein Bandenchef, kein Kondottiere, sondern ein vom König mit der Regierungsbildung beauftragter Abgeordneter. Er will die Monarchie als Rahmen, den König als Geisel und die italienischen Institutionen, ja sogar das Parlament, das ihm die Vollmachten erteilt, beibehalten. Er ahmt das kaiserliche Deutschland nach, will der Bismarck Viktor Emanuels werden. Seine Regierungsmannschaft ist keineswegs homogen: Nur vier Minister sind Faschisten. Selbst ein so angesehener General wie Diaz hat sich auf die Liste setzen lassen. Trotzdem entwickelt sich das Regime sehr schnell zur Diktatur: Die dreihunderttausend Schwarzhemden stellen eine »freiwillige Miliz für die nationale Sicherheit«. Sie können die Regimegegner legal verfolgen – mit dem Segen des Königs. Kein Mensch in den Führungsetagen des Staates findet daran etwas auszusetzen. Sind diese Gegner denn nicht Kommunisten, Gewerkschafter und atheistische Freimaurer? Bahn und Post sind fest in der Hand der Faschisten, die Fabriken militarisiert, Streiks und Demonstrationen nicht mehr möglich. Die Blätter der bürgerlichen Opposition wie »La Stampa« oder der »Corriere della Sera« dürfen zwar weiterhin erscheinen, hüten sich aber, den sozialen Kampf, den Mussolini auf seiten der Arbeitgeber von Mailand und Turin und der Großgrundbesitzer führt, zu kritisieren. Als er sich aber im April 1924 – mit Hilfe des neuen Wahlgesetzes* – eine erdrückende Mehrheit im Parlament sichert konnte, empören sie sich doch: Solche Verfahren tragen die Handschrift eines Flegels, dem es an Respekt vor den alten Eliten fehlt.

Einen ähnlichen Kurs schlägt auch König Alfons XIII. von Spanien ein: Lieber eine Diktatur als eine Revolution! Die Parlamentswahlen vom April 1923 haben den Liberalen zwar die Mehrheit gebracht, wie aber sollten sie sich in Bilbao und Barcelona durchsetzen können? Außerdem scheinen sie den Einflüsterungen der Freimaurer zu erliegen, wollen sie doch allen Religionen Freiheiten einräumen, die in Spanien bisher einzig die katholische Kirche genoß. Eine solche Ungehörigkeit empört nicht nur die Bischöfe und Kardinäle, sondern auch den jungen König, der sich trotz seiner Leidenschaft für das moderne Leben als Beschützer des »wahren Glaubens« fühlt. Das Parlament gerät in den Augen des Souveräns in ein immer schlechteres Licht. Hat es nicht die Frechheit besessen, eine Untersuchungskommission einzusetzen mit dem Auftrag, die Frage der Verantwortung des Königs und des Heereskommandos für das Desaster im Marokkofeldzug zu klären? Alfons XIII., der seit seinem Regierungsantritt im Jahr 1902 mehr als dreißig Kabinette erlebt hat, hat die Mißgunst der Parlamen-

* Das neue Wahlgesetz vom November 1923 sah vor, daß die stärkste Partei mit mindestens einem Viertel der Stimmen zwei Drittel aller Parlamentssitze erhalten sollte (Anm. d. Übers.).

tarier satt und beneidet Viktor Emanuel. Im italienischen Königspalast führt dieser ein Leben in Freuden, nachdem er die sozialen Probleme auf Benito Mussolini abgewälzt hat, den neuen Mann, der wie von der Vorsehung geschickt aus der Romagna nach Rom kam. Welcher Galicier wäre wohl bereit, den spanischen Thron zu entlasten, die Monarchie zu stützen und alle Sorgen vom König fernzuhalten? Die Offiziere besprechen sich, schmieden Komplotte, vertrauen sich dem Souverän an. Einer von ihnen besitzt das Vertrauen aller: der Marquis Primo de Rivera, der Generalkapitän von Katalonien, der bereits durch seine Entschlossenheit und Festigkeit aufgefallen ist. Warum ihm also nicht vertrauen? In der Nacht vom 12. auf den 13. September wird in der nordspanischen Provinz der Ausnahmezustand ausgerufen. In einem Appell hetzt der General die Spanier gegen das parlamentarische System auf, das das Land angeblich ruinieren und Anarchie verbreiten soll. Zunächst ist es ein *pronunciamiento* wie alle anderen. Bald schon aber artet das Ganze, da der König die Sache an sich reißt und sie legalisiert, in eine dauerhafte Diktatur aus. Anstatt seine eigene Regierung zu unterstützen und ihre Forderung nach Einberufung der Cortes und der Absetzung der Rebellenführer zu erfüllen, läßt Alfons XIII. den General Marquis d'Estella in den Palast kommen. Mit seinen langen Wimpern, seinem samtenen Blick, seinem Doppelkinn und seiner lächelnden Freundlichkeit erscheint er ihm als der geeignete Partner. Nur ihm traut der König die Fähigkeit zu, die Ordnung wiederherzustellen, wobei er bei der Errichtung der Diktatur noch wesentlich weiter geht als Viktor Emanuel. Ein Direktorium aus den zehn höchsten Militärs wird eingesetzt, das von nun an das Land regieren soll. Die Provinzen werden von Militärgouverneuren verwaltet, das Parlament und die Gemeindeverwaltungen werden aufgelöst, die bürgerlichen Freiheitsrechte werden eingeschränkt: Es ist aus mit der Versammlungsfreiheit, mit den Geschworenengerichten, mit der Pressefreiheit. Aber wird sich das Regime auch behaupten können?

Es profitiert vom faschistischen Beispiel in Italien, das in Spanien uneingeschränkte Zustimmung in den »regierenden Kreisen« findet. Wie der Duce verbessert Primo de Rivera die finanzielle Lage durch autoritäre Streichung ganzer Etatposten. Die Streiks unterbindet er durch Anwendung von Gewalt in den Fabriken, und die Kommunikationssysteme hat er fest im Griff. Zensur und Polizei unterdrücken den katalanischen Widerstand. In Barcelona ist wieder Ruhe und Ordnung eingekehrt, die Attentate haben aufgehört. Mit Hilfe Frankreichs gelingt es den Spaniern auch, ihren Teil Marokkos wieder zu befrieden. Kurzum, die Ordnung ist wiederhergestellt. Warum also sollte man die Diktatur verlängern?

Doch der König ist viel zu glücklich über diesen Erfolg, um ihn erneut in Frage zu stellen. Er ernennt an Stelle der Militärs einige zivile Minister, behält insgesamt jedoch die repressiven Einrichtungen der Militärdiktatur bei. Auch läßt er das Kriegsrecht aufheben, dafür aber die Polizeikräfte beträchtlich verstärken. Nach italienischem Vorbild schafft der Diktator Primo de Rivera eine Einheitspartei, die Patriotische Union, die ganz allein das neue Parlament stellt. Kurz entschlossen hatte er alle lokalen Honoratioren zur Bildung dieser großen Partei bestimmt, die dann Vertreter in eine beratende Nationalversammlung, das spanische Äquivalent zum Großen Rat der italienischen Faschisten, entsenden sollten.

Das Programm des Diktators war weitgehend wirtschaftlich orientiert. Im Zuge des neuerlichen weltweiten Aufschwungs konnte Spanien seine Stahlproduktion verdreifachen und dank des Staatsmonopols, das die erforderlichen Mittel bereitstellte, seine Stromerzeugung ausbauen. Endlich wurde auch ein Telefon- sowie ein Tankstellennetz eingerichtet, so daß sich auf den gleichfalls verbesserten Straßen ein reger Autoverkehr entwickeln konnte. Diese Schritte im Verein mit der Bewässerungspolitik und der Modernisierung der Schienenwege schienen Spanien aus seiner Unterentwicklung herauszuführen. Die geglückte Bewässerung des Ebrobeckens durch den Ingenieur Lorenzo Pardo war der Regierung ein hochwillkommener Propagandaschlager: Der König kam höchstpersönlich zur Einweihung der Talsperre – natürlich im Automobil.

Der Rückschlag nach 1929 aber stellte die Diktatur in Frage und riß sie schließlich mit fort. Das System zerbrach schnell: Bereits der im Juli vorgelegte Entwurf einer faschistischen Verfassung war bei der Opposition auf große Unzufriedenheit gestoßen. Die ärgerlichen, bald schon dramatischen Auswirkungen der Weltwirtschaftskrise auf Spaniens Währung und Preise ließen auch die Arbeitskämpfe aufleben, obwohl Streiks und Gewerkschaften verboten waren. Die Katalanen besannen sich wieder auf ihre Forderungen nach Unabhängigkeit, und im Baskenland kam es erneut zu Agitationen. Die Währung stürzte ins Bodenlose, und die Öffentlichkeit empörte sich über die Erdölbarone, die nach wie vor das große Wort führten. Kritik lösten auch die Maßnahmen der Regierung gegen ranghohe Oppositionelle aus, die sich um Amt und Würden gebracht sahen: Beamte wurden aus ihren Stellungen entfernt, Militärs degradiert, und schon zu Beginn des Jahres 1929 hatte ein Kriegsgericht den Putschversuch des konservativen Politikers José Sanchez Guerra mit einem triumphalen Freispruch quittiert. Erneut verschwor sich die Armee gegen die Macht. Primo de Rivera war ihr zu lasch, unfähig, die sozialen Auswirkungen der Krise in den Griff zu bekommen.

Eine linksgerichtete Opposition formierte sich im Untergrund. Studentenunruhen nahmen solche Ausmaße an, daß bestimmte Universitäten geschlossen und verschiedene Professoren entlassen wurden. Der Schriftsteller Miguel de Unamuno wurde auf die Kanarischen Inseln deportiert, konnte jedoch nach Frankreich entkommen, wo er, wie sein Kollege Vicente Blasco Ibáñez, der die Monarchie als Komplizin des Faschismus schonungslos angriff, regimekritische Schriften veröffentlichte. Würde Alfons XIII. diese neue Herausforderung überstehen?

Italiens Beispiel schien vielversprechend. Mussolini war es geglückt, sein Regime zu konsolidieren – und zwar mit dem Segen des Königs, zu dem bald, nach Unterzeichnung der

Lateranverträge im Jahr 1929, auch noch der des Papstes kommen sollte. Viktor Emanuel III. beglückwünscht sich, dem Diktator die Staatsschlüssel übergeben zu haben. Noch wird der Monarch gebraucht, um das Regime dauerhaft zu verankern, um ihm die Majestät und Würde eines römischen Tempels zu verleihen. Und Viktor Emanuel spielt dieses Spiel mit; er verbürgt sich für die neuen Institutionen, die ihm jeden Einfluß auf politische Entscheidungen nehmen, auch wenn er nominell immer noch für Armee, Marine, Außenpolitik, Krieg und Frieden verantwortlich zeichnet.

Im Parlament von 1924 hatten die Faschisten die Mehrheit, die Opposition aber wurde bis dahin toleriert. So kam Matteottis Ermordung am 10. Juni 1924 für den König überraschend, auch wenn der sozialistische Abgeordnete auf dem Rednerpult vor versammeltem Haus die unerhörten Gewaltakte und schamlosen Betrugsmanöver angeprangert hatte, mit denen sich Mussolinis Anhänger über vierhundert Sitze im Parlament verschafft hatten. Aus Protest gegen dieses Verbrechen der Faschisten hatte die Opposition beschlossen, aus der Kammer auszuziehen und sich »auf den Aventin zurückzuziehen«. Das bedeutete nichts anderes, als dem Faschismus das Feld zu überlassen, der nun selbst mit Liberalen wie Orlando und Salandra, die sich auf den Listen der Union hatten aufstellen lassen, brach. Die gewerkschaftliche Zentralorganisation Confederazione Generale del Lavoro wurde aufgelöst, und die Sozialisten schieden mitsamt ihren populistischen Verbündeten aus dem politischen Leben aus, was dem König keineswegs mißfiel. Die Regimegegner wurden polizeilich verfolgt und gezwungen, das Land zu verlassen, oder sie wurden festgenommen und auf die Inseln im Süden deportiert, wo ihre Gesundheit durch das extreme Klima binnen kurzem zerrüttet war. Die Presse der Opposition wurde der Willkür der Präfekten ausgeliefert. So liquidierte Mussolini mit Billigung des Königs den Parteienpluralismus zugunsten eines totalitären Regimes, gestützt auf die faschistische Nationalmiliz, deren Angehörige eine reguläre Wehrdienstzeit ableisten mußten.

Die Kandidatenliste für die Wahlen von 1929 war – aufgrund des neuen Wahlgesetzes von 1928 – rein faschistisch. Das Land hatte nur die Möglichkeit, die Liste mit den vierhundert vom Faschistischen Großen Rat – dem Gran Consiglio – zusammengestellten, vom Monarchen gebilligten Bewerbern en bloc zu bestätigen oder abzulehnen. Italiens König entblödete sich nicht, sich für diesen Wahlmummenschanz herzugeben, und die Polizei hatte ein wachsames Auge auf diejenigen, die nicht wählen wollten, und setzte die häufig von Nachbarn denunzierten Unentschiedenen unter Druck.

Im Senat hatten sich einige Vertreter der Opposition halten können, wagten jedoch nicht, den Mund aufzumachen. Der König seinerseits war von allen Entscheidungen ausgeschlossen. Der Respekt, der ihm gezollt wurde, stand in keinem Verhältnis zu seiner nahezu vollständigen Ohnmacht. Er hatte keinen Versuch unternommen, der organisatorischen *furia* – der Organisationswut – des Duce, der qua Gesetz seit 1925 nur dem Souverän verantwortlich war, während die Minister einzig an seine Person gebunden waren, einen Riegel vorzuschieben. Das Gesetz von 1926 ermächtigte Mussolini außerdem, Notverordnungen zu erlassen, womit das Parlament vollständig ausgebootet worden war.

Der Faschismus posierte nicht nur als »moderne Demokratie«, sondern als »die absoluteste Form der Demokratie überhaupt«. Er betrachtete sich als Verkörperung des tiefen Volkswillens, nach außen Italiens Existenzrecht zu behaupten und sich im Inneren zu dem großen, an das spanische Programm erinnernden Aufbauwerk zu vereinen, das den Straßen- und Eisenbahnbau, die Errichtung von Monumentalbauten in Rom, die Trockenlegung der Pontinischen Sümpfe, die »Schlacht um den Weizen«, den Ausbau der modernen Industrien, der Luftfahrt, des Autoverkehrs und der Stromgewinnung umfassen sollte. Den sozialen Fortschritt versuchte der Staat, der Gewerkschaften und Streiks verboten hatte, durch das korporative System durchzusetzen. In der Finanzpolitik steuerte er mitten in der Weltwirtschaftskrise den stolzen Kurs der starken Lira, die, bis 1936 künstlich gestützt, Italien Arbeitslosigkeit, Teuerung und den Rückgang des Außenhandels bescherte. Begleitet wurde diese deflationäre Politik von wahren Lobgesängen auf die Tugenden der Opferbereitschaft, des Fleißes und der Genügsamkeit, die den Verlockungen des Luxus und der *dolce vita* widerstanden.

Diese Diktatur galt in Europa als vorbildlich: Für die Spanier stellte sie einen Erfolg ohnegleichen dar, um den sie Italien beneideten. Niemand machte Italiens König einen Vorwurf daraus, daß er die demokratischen Werte nicht verteidigt hatte. Die Weltwirtschaftskrise hatte die durch politische Skandale zusätzlich zerrütteten westlichen Demokratien genügend gebeutelt, so daß Italien bedenkenlosen konservativen Politikern als nachahmenswertes Beispiel erschien. Es fand auch bei den französischen Linksparteien und sogar in England Bewunderer, wo sich Lloyd George, der Versailler Unterhändler, als Duce-Verehrer entpuppte.

In Deutschland schien Hitlers Machtergreifung den Bewunderern des Faschismus recht zu geben: Ganz Europa suchte sein Heil in Regimen, die für Ordnung sorgten, weil sie offensichtlich als einzige imstande waren, den Bolschewismus wirksam zu bekämpfen und die kranke Wirtschaft durch autoritäre Maßnahmen ohne Schaden für die Währung wieder anzukurbeln. Wünschte sich auch Spaniens König für sein Land eine noch autoritärere Herrschaftsform? Bedauerte er, daß Primo de Rivera gescheitert und mit seiner sanften Art zur Zielscheibe des Spotts in Offizierskreisen geworden war?

Nach 1929 überstürzten sich die Ereignisse. Als erster sollte der König von Spanien seinen Thron verlieren: Am 14. April 1931, acht Jahre vor Ausbruch des Zweiten Weltkriegs, dankte er ab. Anders als Viktor Emanuel hatte er es nicht verstanden, sich unter den Schutz einer erfolgreichen Diktatur zu stellen. Sogar die spanischen Granden forderten die Entlassung des Marquis Primo de Rivera, der beschuldigt wurde, der wachsenden Unordnung auch noch Vorschub zu leisten.

*Viktor Emanuel III. und Alfons XIII.*

Ohne die Unterstützung Alfons XIII. konnte der Diktator nicht viel ausrichten. Der König aber hatte nicht das geringste Interesse, einem diskreditierten Mann die Stange zu halten, der die Achtung der jungen Generäle wie Francisco Franco verloren hatte. Diesem schwebte wieder einmal ein *pronunciamiento* vor, um die Gefahr einer Revolution zu bannen. So bestieg der Marquis im Januar 1930 den Zug nach Paris und ward hinfort in Spanien nicht mehr gesehen.

Im Grunde verabscheute Alfons XIII. die Diktatur, da sie ihm jeglichen politischen Einfluß nahm. Nur allzugern sonnte er sich selbst im Glanz der Macht. Außerdem fühlte er sich durch seine Erziehung und seine Familie zum englischen

System hingezogen, das, koste es, was es wolle, der Krise die Stirn bot. Er hoffte, das parlamentarische System wiedererrichten zu können, es nach Möglichkeit gegen Skandale und Verantwortungslosigkeit abzuschirmen. Doch Intellektuelle und Liberale verziehen ihm den massiven Verstoß gegen die Verfassung nicht, auf die er als konstitutioneller Monarch einen Eid geleistet hatte. Die Kammern waren seit 1923 nicht mehr zusammengetreten, das Parlament war aufgelöst. Der König hätte Neuwahlen ausschreiben müssen. Doch er hatte nichts dergleichen getan und die Macht an den alten General Berenguer, den Chef der Adjutantur, abgetreten. Dieser alte Afrikaveteran vertrat, wie die meisten spanischen Generäle, eine ablehnende Haltung gegenüber der imperialistischen Marokkopolitik und hatte sich dadurch die einhellige Feindschaft der jungen, von glühendem Nationalismus beseelten Offiziere zugezogen. Seine »Palastregierung« vom Januar 1930 mußte die zahlreichen Parteigänger einer Diktatur nach italienischem Vorbild in Armee und Wirtschaft vor den Kopf stoßen. Man kündigte die schrittweise Wiedereinführung der bürgerlichen Freiheitsrechte, baldige Wahlen und eine Amnestie für politische Gefangene an.

Beabsichtigte der König denn, die sozialen Wunden wieder aufzureißen? Jedenfalls bebten die um ihre Olivenhaine und Orangenplantagen bangenden spanischen Granden förmlich vor Empörung. So wurde dem König *sowohl* die Einführung *als auch* der Versuch zur Abschaffung der Diktatur zum Vorwurf gemacht.

Denn auf die Politik der Unterdrückung konnte Berenguer nicht verzichten: Nach wie vor schwärmte die Polizei aus, um die Bildung von Komplotten und Geheimgesellschaften zu unterbinden. Dazuhin verschlechterte sich die wirtschaftliche Lage, die Peseta fiel, in Katalonien breitete sich Arbeitslosigkeit aus: So wurden selbst die Offiziere zu Anhängern entweder einer Diktatur nach italienischem Vorbild oder einer sozialen Revolution. Der Aufstand eines Regiments im Dezember 1930 in Aragón wurde vom General Berenguer mit drastischen

Maßnahmen beantwortet. Als ruchbar wurde, daß ein handfestes Komplott der Republikaner dahintersteckte, ließ er zwei Hauptleute erschießen und zwei rechtsliberale Politiker, Alcalá Zamora, einen ehemaligen Minister, und Miguel Maura, ins Gefängnis werfen. Doch die Unruhen dauerten an. Alfons XIII. verlor das Vertrauen zu General Berenguer, der um seine Entlassung bat und schließlich im Februar 1931 zurücktrat: alles Indizien, die darauf hinwiesen, daß die Monarchie in Gefahr war. Sie hatte das Vertrauen der Extremisten, aber auch das der auf die Vernunft setzenden Mitte eingebüßt.

Admiral Aznar wurde mit der Bildung des nächsten Kabinetts beauftragt, das das letzte unter der Monarchie sein sollte. Aznars Kabinett sah sich von allem Anfang an einer starken republikanischen Strömung gegenüber. Als die festgenommenen Politiker zu sechs Monaten Gefängnis verurteilt wurden, brach ein regelrechter Sturm los. Um seinen guten Willen zu demonstrieren, kündigte der General Kommunalwahlen an. So ging das Volk am 12. April wieder zu den Urnen und erteilte den monarchistischen Kandidaten eine fulminante Abfuhr. Selbst die Linke war über die Gewalt der Strömung überrascht. Jubelnd zogen die Madrileños am Tag des Sieges durch die Straßen der Stadt, danach aber forderten sie unbarmherzig eine radikale Änderung. Alfons XIII. begriff, daß sein Thron wackelte.

Angesichts dieses Desasters konnte Admiral Aznar nur noch seinen Rücktritt anbieten. Eine andere Regierung zu bilden aber erwies sich als unmöglich. Alle Politiker, bei denen der König vorfühlen ließ, entzogen oder verweigerten sich, als ob sie dem Regime keine Zukunft mehr gäben. Alfons XIII. suchte den Rat von General Sanjurjo, dem Chef der Guardia Civil, dem er vertraute. Dessen Antwort: »Gehen Sie, Majestät, ehe es zu spät ist.«

Revolutionäre Flugblätter wurden über Madrid abgeworfen, und als sich der König nach dem Namen des Fliegers erkundigte, nannte die Polizei Ramón Franco, den Bruder eines von den Offizieren vergötterten Generals. Besagter

Ramón war seinerseits als Kunstflieger bei den Madrileños bestens bekannt. In den Flugblättern wurde der Beschuß des Königspalastes aus der Luft angedroht, falls sich Alfons nicht zur Abdankung entschlösse.

Wieder auf freiem Fuß, wurde Alcalá Zamora Vorsitzender eines Revolutionskomitees, das auf den Sturz der Monarchie hinarbeitete. In Barcelona hatte bereits Oberst Macia die Macht übernommen und, gestützt auf das Wahlergebnis, eine »katalanische Republik« ausgerufen, die sich als »unabhängig im Bund der iberischen Völker« bezeichnete. Der König war überzeugt, daß er den Thron aufgeben und den Königspalast verlassen müsse. Am 14. April 1931 brach er mit seiner Familie zum Hafen Cartagena auf. Er erklärte lediglich vor dem Auslaufen des Schiffs, für den Augenblick habe er »die Liebe des Volkes« zwar verloren, aber diese Abneigung werde »nicht endgültig« sein. Er werde zurückkommen, wenn die Nation ihn rufe. An den Erfolg einer Republik glaubte er nicht.

Aber er sollte nicht wiederkehren. Alcalá Zamora wurde Chef einer provisorischen Regierung und leitete den Prozeß ein, der schließlich zur Ausrufung der spanischen Republik führte. Die Monarchie hatte sich ohne Blutvergießen selbst zu Fall gebracht. Das Volk hatte sich vom König losgesagt. Der König seinerseits hatte nichts unternommen, um zur Rettung der Monarchie eine neue Diktatur an die Macht zu bringen. Im Gegenteil: Er hatte seine Politik gemäßigt und Kommunalwahlen organisiert, die den Tod der Monarchie eingeläutet hatten. Beschuldigt, durch die Ernennung Primo de Riveras gegen die liberalen Regeln verstoßen zu haben, wollte er diesen unseligen Schritt, der nicht den erhofften Erfolg gebracht hatte, vergessen machen. Er betrachtete die Diktatur stets nur als provisorische Lösung. Letztlich sollte sein Scheitern einen Bürgerkrieg nach sich ziehen, denn wenn die Spanier auch keinen König wollten, so waren sie doch in keiner Weise reif für das Zusammenleben in einer demokratischen Republik mit verschiedenen Parteien.

So wurde Alfons XIII. das erste Opfer des Faschismus. Er

war nicht ohne Nachkommen, und die Nachkommen waren nicht ohne Zukunft, zumal er seit dem Tod des Herzogs von San Jaime im Jahr 1936 das einzige Oberhaupt der spanischen Bourbonen war. Sein ältester Sohn, Graf Alfons von Cavadonga, wurde wegen seiner Ehe mit einer Bürgerlichen von der Thronfolge ausgeschlossen. Sein Zweitältester, Herzog Jaime von Segovia und Anjou, war, obwohl taubstumm, Anwärter auf die Throne von Frankreich und Spanien. Der aussichtsreichste Kandidat aber war sein dritter Sohn, Don Juan, Graf von Barcelona, der seine Rechte auf seinen 1938 geborenen Sohn Juan Carlos übertrug. Als der Graf von Barcelona seinem Vater ins Exil folgen mußte, stand er gerade im Begriff, in die Marineakademie einzutreten. Zwei Jahre später avancierte er durch die Verzichtserklärung seiner beiden älteren Brüder zum Thronerben und nahm den Titel »Prinz von Asturien« an. Als König Alfons XIII. im Februar 1941 in Rom starb, hinterließ er seine dynastischen Rechte Don Juan, der sich in der Schweiz und später in Portugal niederließ. Eine Restauration erschien nicht ausgeschlossen.

Der König in Rom, der noch immer auf seinem Thron saß, war der Erbe einer Dynastie, die Italiens Einheit verwirklicht, alle rivalisierenden Könige und Fürsten, die von Neapel, Parma, Modena und von der Toskana von ihren Thronen gestoßen und die weltliche Macht des Papstes drastisch beschnitten hatte. Seit den 1929 unterzeichneten Lateranverträgen war der Herrschaftsbereich des kirchlichen Oberhaupts auf den winzigen Vatikanstaat zusammengeschrumpft. Diese kronenfressende Monarchie aus dem Haus Savoyen stammte von ältestem europäischem Adel ab: von Umbertus Weißhand, dem Ahnherrn des italienischen Königshauses. In ihrem Stammland, einem Teil des alten Sapaudia im Herzen der am besten erschlossenen Alpenregion, hatte sich mit der Zeit eine Lehnshierarchie herausgebildet, die sich während der Sarazeneneinfälle im zehnten Jahrhundert gefestigt hatte. Ein Jahrhundert später gründete der legendäre Weißhand die Dynastie der

Grafen von Savoyen, die auf später französischem, schweizerischem und italienischem Territorium eine beachtliche Herrschaft errichtete. Umbertus war Herr über die französischen Tallandschaften von Maurienne und Tarentaise und das italienische Aostatal. Durch die Vermählung seines Sohnes Oddo mit Adelheid (um 1050), der Erbtochter des Markgrafen von Turin, orientierte sich das Haus Savoyen nach Italien. Ab dem zwölften Jahrhundert galten die Erbinnen des Hauses Savoyen auch bei Königen als gute Partie: Ludwig VI., der Dicke, heiratete die Tochter des Grafen Humbert II. So steuerten die Grafen von Savoyen zwischen den mächtigen Franzosen, den Italienern der Poebene und den Habsburgern, ihren Rivalen in der Schweiz, einen eigenen Kurs. Im dreizehnten Jahrhundert vermählte Graf Thomas I. alle seine Töchter mit Königen: mit Ludwig dem Heiligen, Heinrich Plantagenet, Richard von Cornwall und Karl von Anjou, dem König Neapels und beider Sizilien.

Schon früh wählten die Grafen von Savoyen Chambéry zur Residenz, in der sie hofhielten. Eine besondere Rolle spielte Amadeus VI. (1343–1383), der Grüne Graf – so genannt, weil er bei den Turnieren, die er in seiner Hauptstadt veranstaltete, stets in dieser Farbe erschien. Er baute die Grafschaft während seiner vierzigjährigen Herrschaft auf Kosten seiner Nachbarn, der Visconti, der Herren von Mailand, zu einem beherrschenden Staat im Piemont aus. Von Kaiser Karl IV. zum Reichsvikar ernannt, heiratete er die französische Prinzessin Bonne und bemühte sich, den berüchtigten Kondottiere Bernabo von Mailand, der eine fünftausendköpfige Hundemeute und zahllose Schlachtrösser besaß, an Luxus noch zu übertrumpfen. Doch vor allem machte Amadeus VI., einer der edelsten Ritter des vierzehnten Jahrhunderts, durch seinen Kreuzzugseifer von sich reden. Er war so geachtet und mächtig, daß er den Ritterorden vom Halsband – den Annunziatenorden – gründete, der mit dem Hosenbandorden der Plantagenets, dem Sternorden des Königs von Frankreich und dem Orden vom Goldenen Vlies der Herzöge von Burgund rivalisierte. Savoyen zählte bereits damals zu den bedeutenden europäischen Staaten.

Der Rote Graf, Amadeus VII. (1383–1391), ein anderer vorbildlicher Fürst aus dem vierzehnten Jahrhundert, der schon als Kind mit der dreijährigen Tochter Johanns von Berry vermählt worden war, verdankte seinen Beinamen seiner Tapferkeit im Flandernfeldzug an der Seite des Königs von Frankreich. Damals hatte Karl VI. den in Trauer um seinen verstorbenen Vater schwarz gekleideten Grafen aufgefordert, die seinem Mut weit gemäßere »Farbe des Feuers« zu tragen. Amadeus VII. hatte das Glück, von den Einwohnern der Stadt Nizza zu Hilfe gerufen zu werden, die ihr Geschick in seine Hände legten. So erhielt Savoyen Zugang zum Mittelmeer und konnte Galeeren ausrüsten. Die Verteidigung der Stadt vertraute der Rote Graf einem ortsansässigen Lehnsherrn, Giovanni Grimaldi, an. Auf eine solch glänzende Geschichte konnte Italiens kleiner König Viktor Emanuel III. also zurückblicken, als er dem Diktator aus der Romagna, Benito Mussolini, die Rettung seines Königreichs übertrug, das er dem Unternehmungsgeist seiner direkten Vorfahren, der piemontesischen Könige, zu verdanken hatte: Durch Abtretung der savoyischen Kernlande und Nizzas an Napoleon III. – welch spektakuläres Opfer! – hatte der Sohn Karl Alberts*, des unseligen Königs von Custoza und Novara, Italien zur Nation zusammengeschlossen. Im fünfzehnten Jahrhundert vom späteren Kaiser Sigismund zu Herzögen erhoben, anschließend zu Königen von Piemont-Sardinien und dank Kaiser Napoleon III. – gegen den Willen des Papstes – zu Königen von Italien aufgestiegen, hatten sich die ehemaligen Grafen von Savoyen entschlossen, ihre alte Heimat, die Alpenpässe, aufzugeben, um ihre Hauptstadt über Turin und Florenz schließlich nach Rom zu verlagern. So hatte das Haus Savoyen Schritt für

* Karl Albert war im »Heiligen Krieg« gegen Österreich Radetzky 1848 bei Custoza unterlegen und dankte nach einer weiteren Niederlage bei Novara 1849 ab (Anm. d. Übers.).

Schritt alle anderen Fürstenhöfe von der Halbinsel verdrängt. Im Sommer 1860 eroberte Giuseppe Garibaldi das Königreich Neapel-Sizilien. Durch seinen Rücktritt als Diktator im Oktober zugunsten Viktor Emanuels II. gewinnt das Haus Savoyen dieses Gebiet. Der Nachfolger Ferdinands II. (1830–1859) als König von Neapel-Sizilien, Franz II., kapituliert allerdings erst im Februar 1861. Am 17. März 1861 nimmt Viktor Emanuel II. den Titel »König von Italien« an.

Auf den Gang der Ereignisse unter dem Faschismus aber sollte der bedauernswerte Viktor Emanuel kaum noch Einfluß haben. Im Gegenteil, er ließ sich völlig zum Spielball der neuen Mächte machen. Die Tagebücher von Mussolinis Schwiegersohn, Graf Ciano, sind höchst aufschlußreich: Offensichtlich ließ sich der König widerstandlos in alle Abenteuer der Diktatur verwickeln. Er deckte mit der moralischen Autorität des christlichen Fürsten und Nachfahren eines der ältesten Geschlechter Europas aus der Kreuzzugszeit den Feldzug gegen »Kaiser« Haile Selassie. Unter dem Kommando des – später von Badoglio abgelösten – unfähigen Generals de Bono setzten hunderttausend Soldaten nach Afrika über, um die auf ihre Freiheit bedachten Abessinier zu überfallen. Das Unternehmen brachte einen armseligen Sieg, aber einen wahren Triumph über die im Völkerbund dominierenden Westmächte, die den Angriff auf ein unterentwickeltes Land nicht hatten verhindern können. Mit dem Segen der Bischöfe und der wohlwollenden Neutralität des Vatikans beglückten die Truppen des Duce Afrika mit der abendländischen Zivilisation und gründeten das »Neue Römische Reich«. Und Italiens König ließ sich nach der Flucht des Negus im Mai 1936 nach London nur zu gern den Titel »Kaiser von Abessinien« verleihen.

Dieselbe Komplizenschaft herrscht beim Überfall auf Albanien, wo Zogu, der sagenumwobene Abkömmling eines muslimischen Stammesfürstenclans aus dem Bergland, als König residiert. Achmed Zogolli, wie sein wirklicher Name lautet, ist der zweite Sohn Kemal Pascha Zogus, des Erbgouverneurs des Mati und Sadie Toptani. Er absolviert das Galata-Serail-Gymnasium in Konstantinopel, anschließend die türkische Offiziersschule von Monastir und kehrt 1911 Hals über Kopf in sein Land zurück, um gegen die Jungtürken zu kämpfen, die in Albanien eine Diktatur errichten wollen. 1913 wird dieser Provinz des Türkischen Reichs im Vertrag von London die Unabhängigkeit zugesichert. Zum Fürstentum erhoben, wird sie einem christlichen Fürsten, Wilhelm zu Wied, anvertraut, der als Wilhelm I. unter dem Einfluß Österreich-Ungarns 1914 die Herrschaft antritt. Bereits im September 1914 muß der Fürst das Land jedoch wieder verlassen, das 1917 von den Italienern besetzt wird, die sich dort dauerhaft einzurichten gedenken. Aber Griechen und Serben melden ebenfalls Gebietsansprüche an. Eine von den Alliierten eingesetzte Verwaltung in Skutari (Shkoder) sorgt für Ordnung und hilft bei der Bildung einer provisorischen Regierung in Durazzo (Durres) unter der Führung von Turhan Pascha und Bib Doha. Nachdrücklich fordern die Albaner die volle Unabhängigkeit; 1919 kommt es in Valona (dem heutigen Vlora) zu einem Aufstand gegen die italienische Besatzung und zur Einrichtung einer nationalen Regierung in Tirana. Unter dem landesweiten Druck ziehen sich die Soldaten des Königs von Italien zurück. Dieses Land mit seinen bewaffneten Gebirgsstämmen ist entschieden unregierbar und alles andere als eine ruhige Kolonie. Im Dezember 1920 erklärt Albanien seine Unabhängigkeit und tritt dem Völkerbund bei: Wer es nun angreift, verletzt das Völkerrecht.

Ein Schiite, Akif Pascha, führt den Vorsitz im Regentschaftsrat, in dem alle Religionen vertreten sind. Aber Jugoslawen, Griechen und Italiener spinnen ihre Intrigen mit Hilfe der Clanchefs weiter. Der umtriebigste, Essad Pascha, ein skrupelloser Kriegstreiber, wird 1920 in Paris ermordet. Im Norden des Landes rufen die Katholiken eine unabhängige Republik aus, und Achmed Zogu reißt die Macht an sich.

Noch aber ist Zogu nicht König, noch steht seine Regierung auf schwachen Füßen. Katholiken und Orthodoxe verzeihen

*König Zogu von Albanien mit seiner Frau, der ungarischen Prinzessin Geraldine.*

ihm nicht, daß er Muslim ist, und die Schiiten finden ihn zu lasch, zu westlich, zu sehr mit der Einführung von Wehrpflicht und Steuern beschäftigt. Die Clans bewaffnen ihre Anhänger, denen Zogu nicht gewachsen ist. 1924 bei einem Attentat verwundet, muß er nach Jugoslawien fliehen. Auch Bischof Fan Noli, der ihm nachfolgt, ist außerstande, die Clans hinter sich zu sammeln. Er wird nach nur wenigen Monaten von den Anhängern Zogus gestürzt, der wieder entschlossen nach der Macht greift.

Mit Gewalt hält Zogu seine Rivalen, die anderen Clanoberhäupter, von der Macht fern. Am 1. September 1928 läßt er sich, nachdem er sich am 21. Januar 1925 von einer »konstituierenden« Versammlung zum Präsidenten der Republik hatte wählen lassen, zum König ausrufen. Von den Großmächten wird er als Souverän anerkannt; er verschafft sich den nötigen Respekt und gibt vor, seinerseits die in seinem Namen regierenden Premierminister zu respektieren. So lösen nach Wahlen, die manchem nicht unbedingt demokratisch erscheinen mögen, der konservative Koccio Kotta und der liberale Frascheri einander ab. Ungeachtet dieses parlamentarischen

Schauspiels aber werden die noch offenen Rechnungen und die Militärputsche auch weiterhin blutig geregelt. Kein Mensch kann behaupten, Albanien besitze ein beneidenswertes Regime, das verdiene, um jeden Preis gegen Diktatur und Willkür verteidigt zu werden: In König Zogus Reich sind alle Mittel erlaubt, um an die Macht zu kommen.

Der Souverän hat mit Italien ein Abkommen unterzeichnet, in dem er diesem Land seine Produktionsmittel gegen die Zahlung einer angemessenen Rente von zehn Millionen Lire jährlich überläßt. Er hat Ausgaben und Repräsentationskosten, vor allem seit er 1938 im Alter von dreiundvierzig Jahren die hinreißende ungarische Gräfin Geraldine Apponyi von Nagy Apponyi geheiratet hat, die erst dreiundzwanzig Lenze zählt. Angesichts der instabilen Verhältnisse im Königreich und der keineswegs gewährleisteten Einhaltung der Verträge rät Ciano Mussolini, sein Vorgehen zu ändern und »totalitäre« Mittel anzuwenden. Dem Duce schwebt eine Invasion vor, die die Erinnerung an die schmähliche Flucht der italienischen Soldaten 1920 vor einem Haufen zerlumpter Banditen auslöschen soll. So werden 1939 sorgfältige Vorbereitungen für einen Feldzug getroffen. König Viktor Emanuel III. allerdings rät, um seine Meinung befragt, dringend ab, »wegen ein paar Steinen« zu intervenieren.

Doch nach dem Einmarsch der Wehrmacht in Prag braucht Mussolini etwas, das ihm ebenfalls internationales Prestige verschafft. Bereits fest entschlossen, ein Expeditionskorps nach Durazzo zu schicken, denkt er nicht daran, sich vom König davon abbringen zu lassen. Ebensowenig vermag der Monarch den geplanten Abschluß einer Militärentente mit Deutschland zu verhindern. »Der König«, erklärt Ciano, der als Vermittler zwischen Viktor Emanuel und Mussolini fungiert, »zeigt sich soweit zufrieden. Er liebt die Deutschen nicht, aber die Franzosen haßt und verachtet er.« Der Duce bestimmt die Außenpolitik, trifft sich mit Hitler, empfängt im Januar Chamberlain in Rom. Er nimmt keinerlei Rücksicht auf den König, der von seinem Fenster aus zuschauen kann, wie die Miliz nach dem Vorbild der deutschen SA im Stechschritt exerziert. Nach deutscher Art soll auch die Besetzung Albaniens vor sich gehen. Mussolini weiß, daß König Zogu »Verdacht geschöpft hat und nervös ist«. Italien muß handeln. Hat der Albaner nicht eine »Teilmobilmachung« angeordnet? Der Duce hat die italienischen Truppen inspiziert; die Bersaglieri, hat man ihm berichtet, singen: »Wir wollen keinen Krieg, wir wollen Frieden.«

Ciano ist zuversichtlich. »Wahrscheinlich«, schreibt er in sein Tagebuch, »wird Zogu nachgeben. Ich rechne fest auf die bevorstehende Geburt seines Kindes. Zogu liebt seine Frau und überhaupt seine Familie. Ich kann mir schlecht vorstellen, daß Geraldine im neunten Monat mitten im Krieg über die Berge flieht.« Man wird Zogu ein Ultimatum stellen. Und er wird nachgeben; keine europäische Macht wird ihm zu Hilfe kommen. Am 5. April frühmorgens erblickt der Sohn des Königs, Prinz Alexander von Albanien, in Tirana das Licht der Welt. Zwei Tage später landet das italienische Expeditionskorps an der albanischen Küste. Der König flieht mit den Seinen nach Griechenland.

Gegen eine Personalunion mit Italien in der Person Viktor Emanuels aber sträuben sich die Clanchefs, die zu einer verfassunggebenden Versammlung zusammengekommen sind. Das würde das Ende ihrer Unabhängigkeit bedeuten. Schließlich aber finden sie sich doch damit ab. Am 16. April hören die Albaner, wie Viktor Emanuel im Quirinal-Palast in Rom »mit unsicherer, zitternder Stimme« Albaniens Krone annimmt. Zu Cianos Freude, der bei Zogus Hochzeit in Tirana Trauzeuge war, gibt dieser seinen Thron widerstandslos auf. Von Griechenland aus reist er als einer jener von den Faschisten abgesetzten Könige, denen die Sympathie der freien Welt sicher ist, nach Ägypten. In General de Gaulles Briefwechsel wurde eine ganze Reihe von Briefen an König Zogu gefunden.

Viktor Emanuel hat an dieser Operation wenig Anteil. Er scheint aus dem Kreis der Duce-Vertrauten, in dem die Politik gemacht wird, ausgeschlossen zu sein und wird lediglich als nützliche Repräsentationsfigur betrachtet. Daß er, der Nachfahre päpstlicher Kreuzritter, die abessinische und die albanische Krone annimmt, zeigt, wie tief die Krone Savoyens gesunken ist. Ciano läßt keine Gelegenheit aus, die königliche Familie zu demütigen. Die gläubige und sozial engagierte Prinzessin von Piemont scheint über die Zukunft der Dynastie unter dem faschistischen Regime beunruhigt. Was hat das Gesetz, das dem Großen Rat bei der Königsnachfolge ein Mitspracherecht einräumt, zu bedeuten? Der Duce beruhigt sie: Eine Einmischung ist lediglich bei Erlöschen der Linie vorgesehen. Der Herzog von Acquarone, der die Finanzen des königlichen Haushalts verwaltet, bittet Ciano, in Erfahrung zu bringen, ob Mussolini wohl einen Adelstitel annehmen würde. Ob er vielleicht Kanzler des Königreichs werden möchte? Der König gehorcht also dem Diktator nicht nur, er versucht seiner Eitelkeit zu schmeicheln. »Wenn Sie mich fragen«, antwortet Ciano mit einem Anflug von Verachtung, »lehnt der Duce alle Titel und Ehren ab.« Und der Duce selbst erklärt: »Ich wüßte nicht, welchen Titel sie mir geben könnten. Den eines Fürsten? Aber ich wäre der erste, der darüber lachen müßte; stell dir vor, ich lasse mich mit Fürst Mussolini anreden!« Das Amt des Kanzlers dagegen nimmt er an, wenn auch herablassend – gewissermaßen als Trostpflaster für Viktor Emanuel. Diesen hat die Ernennung des Duce zum Reichsmarschall durch den Faschistischen Rat sehr getroffen, hält er sich doch als einziger zur Vergabe der hohen Kommandoposten für berechtigt. Um sich zu rächen, läßt er durchsickern, daß Mussolini in München »der Gauleiter von Italien« heißt. Was könnte die Verachtung der Deutschen für den Duce deutlicher zum Ausdruck bringen? Vermutlich wissen sie, daß er zwar die Albaner beeindrucken kann, der Stand der italienischen Rüstung aber so katastrophal ist, daß eine ernsthafte Beteiligung an Hitlers Erpressungspolitik kaum in Frage kommt. Die spanische Affäre hat die Mittelmäßigkeit der italienischen Militärhilfe gezeigt, und der König drängt nicht zur Aufrüstung. Er hat sich ein für allemal für den Frieden und gegen ein Engagement der Italiener an der Seite der Deutschen entschieden, die er, wie er dem Duce anvertraut, für »Lumpengesindel« hält.

Wird Italien an der Seite der Deutschen in den europäischen Krieg eingreifen oder nicht? Einen mäßigenden Einfluß übt eher Graf Ciano als Viktor Emanuel aus. Ciano ist von den Polen gewarnt worden: Ein Krieg ist unvermeidlich, da Hitler Danzig will. Graf Ciano aber ist klar, daß bei dem Mangel an Flugzeugen und Artillerie der Kriegseintritt für Italien eine Katastrophe wäre. Doch weder er noch der Duce vertrauen sich dem König an. Ciano bittet den Monarchen, den ehrsüchtigen Ribbentrop mit dem Annunziatenorden auszuzeichnen, ehe er selbst ihn mit Mussolinis amüsierter Billigung entgegennimmt. Cianos Ernennung zum Marquis aber hat der Duce dem König untersagt. Das würde einen ungünstigen Eindruck auf die faschistischen Massen machen.

Die Gegenwart des Königs bei offiziellen Anlässen wird Mussolini immer lästiger. Er wettert gegen Franco, der ihn nach Spanien eingeladen hat. Wie immer wird Viktor Emanuel auch diesmal wieder mit von der Partie sein. Der Duce erträgt ihn einfach nicht mehr: »Wie beneide ich Hitler«, erklärt er, »der muß nicht dauernd leere Waggons hinter sich herschleppen.«

Allerdings wird auch der König immer empfindlicher und kleinlicher. Bei einer Zeremonie in Albanien beschwert er sich gegenüber Ciano, man habe vergessen, das savoyische Wappen auf die albanische Fahne zu sticken. Mussolini fordert seinen Schwiegersohn auf, sich um diesen »Kerl« am besten überhaupt nicht mehr zu kümmern, um »dieses vertrocknete, treulose Hutzelmännlein, das sich nur noch für Fahnenstickerei interessiert, statt stolzgeschwellt daran zu denken, daß sich das nationale Territorium um dreißigtausend Quadratkilometer vergrößert hat«. Aber er weiß nicht, wie er sich der Monarchie entledigen soll. Dabei werden im Königspalast Intrigen gegen die faschistische Regierung gesponnen. Der König hält die Offiziere davon ab, sich dem neuen Regime anzuschließen; sie bleiben diesem gegenüber feindlich oder zumindest reserviert. »Schluß mit dem Haus Savoyen!« brüllt der Duce bei einem seiner Wutanfälle.

In einem Punkt aber ist sich Ciano mit Viktor Emanuel einig: Italien darf nicht in den Krieg eintreten, wozu Mussolini bereit scheint. Am 24. August 1939, kurz vor dem Einmarsch der Deutschen in Polen, sucht Ciano den Monarchen in seinem piemontesischen Schloß Sant'Anna di Valdieri auf. Der König setzt sich entschieden für Neutralität ein. Die Truppen, so seine Bedenken, seien nicht einsatzbereit. Er selbst habe die Grenze zweiunddreißigmal inspiziert: Im Kriegsfall könnten die Franzosen »ohne sonderliche Mühe« in Italien einfallen. Die piemontesischen Bauern seien äußerst deutschfeindlich, ohne deshalb franzosenfreundlich zu sein. Er braucht Ciano nicht erst zu überzeugen. Der schlägt vor, sich nachdrücklich für die Neutralität einzusetzen und nicht zuzulassen, daß sich der Duce auf einen Krieg einläßt. Für alle Fälle aber bittet ihn der König um ein Kommando für den Prinzen von Piemont, seinen Sohn. Er ist verärgert, daß Prinz Adalbert von Savoyen-Genua, Herzog von Bergamo, zum Befehlshaber des Mailändischen Armeekorps ernannt worden ist und dessen Bruder Philibert, Herzog von Pistoia, in der Befehlsstelle in Bozen sitzen soll, für den Kronprinzen dagegen keine Funktion vorgesehen wurde. Die hohen Posten bei der Armee werden nicht mehr vom König vergeben. Der Monarch muß für seine eigene Familie darum bitten. Wie von der Armee, wird er auch von den diplomatischen Verhandlungen ferngehalten und nachträglich gnädigerweise von Ciano informiert. Im September unterrichtet ihn dieser darüber, daß Italien neutral bleiben wird. Der König vernimmt das mit Befriedigung; er weiß, daß er keine Macht mehr hat.

Trotzdem bleibt er auf dem Thron, als wollte er das Verdikt des Faschistischen Großen Rats abwarten. Eines Tages, dessen ist er sich sicher, wird man sich der Monarchie, die nicht in das System paßt, endgültig entledigen. In der Tat kann Mussolini nicht das geringste Hindernis akzeptieren, der Freiheit nicht die kleinste Nische lassen. Die Monarchie irritiert ihn.

*Kronprinz Umberto im Gespräch mit Mussolini an der »Alpenfront«.*

Einzig die Angst, die Öffentlichkeit zu verprellen, hindert ihn, zu handeln und den König, der ja ohnehin bereits als Gefangener im Quirinal-Palast lebt, zum Teufel zu jagen.

Viktor Emanuel ist ein Anhängsel der faschistischen Macht. Im Dezember 1939 zeigt er sich überzeugt, daß die Deutschen den Krieg verlieren werden, vor allem wenn die wirtschaftliche Unterstützung durch Rußland wegfällt. Er stimmt dem Papst zu, der die Deutschen und ihre religionsfeindliche Politik geißelt. Selbst tiefreligiöser Katholik, schockiert ihn die zynische Haltung der Nazis gegenüber den Kirchen. Ein Besuch des Heiligen Vaters am 28. Dezember 1939 hatte ihn in seiner Meinung noch bestärkt: Eine Verständigung mit Berlin ist unmöglich, zumal die Nazis immer starrköpfiger werden.

Die königliche Familie versucht, sich für ihre Verwandten in Westeuropa einzusetzen. Prinzessin Marie José von Belgien, seit dem 8. Januar 1930 mit Kronprinz Umberto verheiratet, bittet Ciano um Informationen über die deutsche Offensive im Westen. Der Graf kann ihr nichts Beruhigendes vermelden. Er weiß, daß die Wehrmacht auch diesmal wieder den Durchmarsch durch belgisches Gebiet plant. Er akzeptiert, daß Marie José, für die die Deutschen »verlogene Schweine« sind, König Leopold informiert, und läßt ihr weitere Nachrichten zukommen. Ciano selbst teilt ihre Abneigung gegen Hitler nicht, aber auch er ist überzeugt, daß ein Militärbündnis mit Deutschland »ein Verbrechen und eine Dummheit wäre«.

Dennoch wird Mussolini immer empfänglicher für die Sirenengesänge aus Berlin; weder Ciano noch der König können ihn zurückhalten. Marschall Badoglio ergreift Partei für den König; doch General Graziani setzt sich mit allem Nachdruck für eine Intervention ein. »Graziani hat mehr Ehrgeiz als Verstand«, notiert Ciano, der vorschlägt, ihn zu »überwachen«. Wie kann man mit nur elf kampfbereiten Divisionen in den Krieg eintreten? Am 21. Januar 1940 wird Ciano von Viktor Emanuel empfangen und ist von der gewandelten Einstellung des Königs überrascht, der nun weniger fest von der Niederlage der Deutschen überzeugt ist und viel von der Schwäche des britischen Empire spricht. Auch Mussolini tönt im Ministerrat: »Nur Dummköpfe und Kriminelle glauben, daß Deutschland geschlagen wird.« Dennoch, denkt Graf Ciano bei sich, wäre ein deutscher Sieg für Italien eine Katastrophe. Der König ist ganz seiner Meinung: »Italiens Freiheit, die durch eine deutsche Hegemonie auf Jahrhunderte hinaus gefährdet wäre, muß gerettet werden.« Er ist sich bewußt, daß er in Berlin auf der »schwarzen Liste« steht.

»Ja, Majestät«, antwortet Ciano. »Ganz oben, und wenn ich mir die Kühnheit erlauben darf, direkt gefolgt von mir.« Widerstrebend willigt der König ein, dem auf Ribbentrop eifersüchtigen Reichsmarschall Göring den Annunziatenorden in Gold zu verleihen. Am 18. März 1940, dem Tag der Begegnung Mussolinis mit Hitler am Brenner, trifft Graf Acquarone, der Minister des königlichen Hofes, im Auftrag des Königs Ciano beim Golf. »Seine Majestät«, erklärt er, »hat das Gefühl, daß er von einem Moment zum anderen gezwungen sein könnte, einzugreifen, um die Ereignisse in eine andere Richtung zu lenken. Der König ist bereit, es zu tun, und zwar mit aller ihm zur Verfügung stehenden Kraft.«

De facto aber ist Viktor Emanuel machtlos, und Ciano hütet sich, ihm Unterstützung zuzusagen. Er weiß sehr wohl, daß Mussolini auf dem verschneiten Brenner »der Faszination des Führers erliegen wird«. Er bezweifelt nicht, daß er sich schließlich für eine Intervention entscheiden wird. Was nützt es, daß der Herzog von Aosta versichert, die Armee wolle von einem überstürzten Krieg nichts wissen? Der Duce hat alle Mittel in der Hand, um dem Land dieses absurde Engagement aufzuzwingen.

»Wenn es nach dem König ginge«, spöttelt Mussolini am 11. April – die Deutschen sind bereits in Norwegen eingefallen –, »sollten wir uns erst einmischen, wenn es ans Zusammenfegen der Scherben geht.« Er jedoch finde es »demütigend, die Hände in den Hosentaschen, zuzuschauen, wie andere Geschichte schreiben«. Am 22. April 1940, als Hitler die Partie in Skandinavien so gut wie gewonnen hat, erklärt er »dem Alten«, daß »Italien de facto heute schon eine britische Kolonie ist und daß es gewissen Italienern recht wäre, wenn es auch de jure dazu würde. Wie Malta, nur eine Million mal so groß.« Was kann der König auf die Provokationen des Diktators antworten? Ein Gespräch zwischen dem Duce und dem König gleicht, so Ciano, »einem ständigen Duell, bei dem der eine mit dem Ungestüm und der ganzen Heftigkeit seiner Natur die Notwendigkeit seiner Politik unterstreicht, während sich der andere mit der seiner Position angemessenen und seinem Charakter entsprechenden Zurückhaltung bemüht, die Gefahren dieser Politik deutlich zu machen«. Doch der Gegensatz der Temperamente bleibt ohne Folgen: Der König hat keinen Einfluß mehr auf die Politik. Als der Papst am 12. Mai den zwei Tage zuvor von der Wehrmacht angegriffenen Staaten Holland, Belgien und Luxemburg ein Telegramm schickt, droht Mussolini in einem Wutausbruch, sich notfalls sowohl vom König als auch vom Vatikan zu trennen. »Wenn sich der Papst einbildet, in der Monarchie einen Verbündeten finden zu können, täuscht er sich, denn ich bin durchaus bereit, beide gleichzeitig abzuschaffen.« Der Papst wiederum erklärt Alfieri, dem Botschafter am Heiligen Stuhl, »daß er sich lieber in ein Konzentrationslager deportieren« lasse, als gegen sein Gewissen zu handeln.

Aber Mussolini hat sich am 14. Mai nicht nur entschlossen einzugreifen, sondern auch, das Oberkommando selbst zu übernehmen, was der König nicht zulassen will. Im Kriegsfall sieht die Verfassung diesen Posten für ihn vor. Im übrigen herrscht im Volk eine ausgesprochene Antikriegsstimmung. Wütend braust Mussolini auf und droht – und der König gibt auf der ganzen Linie nach. Er unterzeichnet die Übertragung der Befehlsgewalt, und am 29. Mai tritt ein strahlender Duce, umringt von allen Generälen, im Palazzo Venezia sein Oberkommando an. Am 30. Mai kündigt er Hitler Italiens Kriegseintritt telegraphisch an. Für Viktor Emanuel und sein Land sind die Würfel gefallen.

Der Form halber wird die Kriegserklärung auch dem König vorgelegt. Man muß auf seine Empfindlichkeit Rücksicht nehmen, erklärt Mussolini. Tatsächlich aber braucht er Viktor Emanuels Zustimmung, um die Öffentlichkeit für den Kampf hinter sich zu bringen. Der König hat »resigniert, erwartet nichts mehr, nur noch den Krieg«. Er weiß, daß sein Land vor allem Frieden will und mißt der amerikanischen Intervention große Bedeutung bei. »Diejenigen, die von einem kurzen und schnellen Krieg sprechen, machen sich Illusionen«, meint er. »Die Rahmenbedingungen sind völlig anders als 1915.« Doch wer hört ihn schon? Rundfunk und Presse halten sich heraus und berichten lediglich, daß der König die Kriegserklärung unterzeichnet hat.

Aber hätte Viktor Emanuel ein Regime, dem er höchstpersönlich Tür und Tor geöffnet hatte, jetzt, in der Zeit der Prüfung, wirklich fallenlassen können? Er versucht, noch einmal auf die Übertragung der militärischen Vollmachten, welcher er anläßlich der Veröffentlichung der Kriegserklärung am 10. Juni 1940 zugestimmt hat, zurückzukommen. Er hält es für unsinnig, die Franzosen in den Alpen angreifen zu wollen, und versucht, das Kommando selbst zu übernehmen und Mussolini nur »die politische und militärische Führung des Krieges« zu überlassen. Doch mit einer solch doppeldeutigen Formulierung kann sich der Duce nicht zufriedengeben und hütet sich, auf den Vorschlag einzugehen. »Nach dem Krieg«, meint er lediglich, »werde ich Hitler bitten, all diese absurden Anachronismen wie die Monarchien abzuschaffen.«

Doch die Italiener haben nur Mißerfolge zu verzeichnen: in Frankreich, wo es ihnen nicht gelingt, die Alpen zu überqueren, in Griechenland, wo ihre Armeen keinen Fingerbreit vorrücken, und schließlich in Libyen, wo Graziani ein Debakel erlebt. Der Duce schäumt vor Wut auf den König, der ihn fragt, »ob nicht auch Rußland Italien einen üblen Streich spielen wird«.

»Die Gesinnung des Königs hat sich nicht geändert«, konstatiert der Duce. »Er setzt immer noch auf den Sieg der Engländer, das heißt, des Landes, in dem er immer sein riesiges Vermögen angelegt hat.«

Der einzige italienische General, der sich nicht lächerlich macht, ist der Herzog von Aosta, der an der fernen Front von Britisch-Somalia kämpft. Badoglio reicht schon bald seine Entlassung ein. Und Graziani hat in Libyen eine gewaltige Schlappe einzustecken. Viktor Emanuel entwickelt sich zu einem regelrechten Deutschenhasser, während der Duce seiner Beurteilung der militärischen Lage größeres Gewicht beimißt, als er zugeben möchte. Der König ist verstört über die Katastrophe in Libyen; er rechnet nicht mehr mit einer Wende zugunsten Italiens, denn die Divisionen sind dezimiert und schlecht bewaffnet: »Sie haben mit Divisionen nur noch eins gemein, den Namen.« Seiner Meinung nach ist die libysche

Front gegen die Engländer nicht zu halten. Er bedauert den Abzug so vieler Truppenkontingente nach Afrika, da Churchill nun die Landung in Italien in aller Ruhe vorbereiten könne. Noch verzweifelter stimmt ihn die Lage an der albanischen Front, an der die Griechen die Elitedivision der »Toskanischen Wölfe« in die Flucht geschlagen haben. Er fragt sich, was mit dem Oberkommando los ist, irgend etwas könne nicht stimmen, und Ciano hört ihm aufmerksam zu. Die Reihe der italienischen Rückschläge scheint in der Tat unerklärlich. Der Fall der libyschen Hafenstadt Tobruk gibt Viktor Emanuels pessimistischer Prophezeiung recht.

Er will sich nach Albanien begeben, um seines Amtes als König zu walten. Er schlägt vor, in Montenegro die Dynastie der Petrović in der Person des Neffen von Danilo wiedereinzusetzen. Ist nicht Königin Helene, die Gemahlin Viktor Emanuels, eine geborene Petrović-Njegoš von Montenegro? Sie setzt sich bei Mussolini mit allem Nachdruck für diese Lösung ein. Ciano meldet Bedenken an: Die eifersüchtigen Albaner werden ihren König Zogu wiederhaben wollen. Doch der Duce möchte Königin Helene eine Freude bereiten. Man wird den armen Neffen der großen Dynastie in seinem deutschen Exil in Löbau aufsuchen. Der König erwägt außerdem, den Thron von Kroatien oder Dalmatien mit einem italienischen Prinzen zu besetzen. Da der Herzog von Aosta in Somalia beschäftigt ist, könnte man ja die Kandidatur des Herzogs von Spoleto betreiben. Doch der junge Mann ist nicht so leicht aufzuspüren: Er ist mit einem Mädchen in einem Hotel untergetaucht. In einem Restaurant bei der Piazza Colonna, so wird dem Monarchen berichtet, tritt er zum Gaudium der Kellner und Gäste sogar mit einer Serviette als Krone auf. Ein solches Verhalten ist unmöglich. Wie soll man einen solchen Tollkopf jenseits der Adria als König empfehlen?

Viktor Emanuels Albanienbesuch ist die reinste Posse: Im Königspalast verschwinden die goldenen Feuerzeuge und das Silberbesteck, und um ein Haar kommt es zu einer Tragödie, als ein neunzehnjähriger Mazedonier aus nächster Nähe auf den Besucher schießt. Jedenfalls gelingt es dem König nicht, Danilos Neffen, Prinz Michael, auf den montenegrinischen Thron zu setzen. Man wirft ihm vor, er habe sich von den Serben aushalten lassen; die Montenegriner wollen vielmehr Königin Helene als Herrscherin. Dem widersetzt sich der König, der statt dessen Prinz Roman vorschlägt, den Sohn von Helenes ältester Schwester, der mit dem russischen Großfürsten Peter Nikolajewitsch verheirateten Prinzessin Milića. Doch Roman lehnt ebenso wie Michael ab, der erklärt, nicht mit den Nazis gemeinsame Sache machen zu wollen. Der König gibt sich größte Mühe mit den dynastischen Problemen in den von Anarchie bedrohten Regionen des Balkans, in denen einzig die Anwesenheit der deutschen Armee für einige Ordnung sorgt. Die Montenegriner haben den Aufstand gewagt und eine Intervention der Italiener riskiert. Die Lage ist ausweglos. Mussolini findet die Beharrlichkeit des Königs absurd. Wie kann man sich mit Montenegro und dynastischen Fragen befassen, wenn Italien in Afrika Krieg führt?

Viktor Emanuel ist absolut dagegen, italienische Truppen an die Ostfront zu verlegen. Er weiß, wie schlecht die Deutschen die italienischen Arbeiter behandeln, die sie in Deutschland beschäftigen. Angeblich lassen sie sie von Hunden bewachen. Wie würden sie dann erst im Gefecht mit italienischen Rekruten umgehen, die dem russischen Winter ohnedies nicht gewachsen sind? Am 11. Oktober 1941 erklärt er Ciano in seinem Palast von San Rossore bei Pisa, daß er absolut gegen diese Operation sei. Er lenkt die Aufmerksamkeit des Grafen auf die Lage im Land: Der Krieg, die Einschränkungen, die er erfordere, und die Verluste an Menschenleben hätten eine tiefe Unzufriedenheit erzeugt. Es sei verrückt zu glauben, man könne sie mit Gewalt unterdrücken, schon gar nicht durch den Einsatz der Miliz, deren Verhalten an der Front soviel Kritik hervorgerufen habe. Man müsse sich hüten, auch nur den kleinsten Zwischenfall zu provozieren.

Als Hitler im Dezember 1941 – nach dem japanischen Angriff auf Pearl Harbor – Amerika den Krieg erklärt, kann der König seine Freude darüber kaum verbergen: Das bedeutet das Ende der Achsenmächte. Mit Sicherheit wird ihn die Niederlage von Mussolini befreien. Aber wird er seinen Thron behalten? Doch diese Frage stellt sich für Viktor Emanuel nicht. Als regierender König ist er von der Anhänglichkeit der italienischen Nation an seine Dynastie überzeugt. Es wird genügen, im letzten Augenblick, wenn der Faschismus nach dem Sieg der Alliierten unter dem Druck des Volkes zusammenbricht, die Macht wieder zu übernehmen. Die Weihnachtsansprache des Papstes bestärkt ihn in dieser abwartenden Haltung. Er ist nicht der einzige, der Europas Befreiung vom Joch der Faschisten und Nationalsozialisten herbeisehnt. Wieder einmal hat der Papst die Diktaturen angegriffen. Der König kann die fortschreitende Unterordnung Italiens unter Deutschland, die der Krieg mit sich bringt, nicht billigen, vermag aber auch nichts dagegen zu unternehmen. So zieht er sich weitgehend zurück und beschränkt sich auf militärische oder dynastische Fragen. Er hat ein wachsames Auge auf den Herzog von Spoleto, dessen Geldbedarf unersättlich scheint, und auf den Kronprinzen, der – zum Mißfallen seines Vaters – die italienischen Truppen in Rußland befehligen soll. Die Italiener sollten nicht in diesem fernen Land den Krieg der Deutschen führen, zumal ihre Kräfte nicht einmal zur Besetzung Albaniens ausreichen. Der Tod des Herzogs von Aosta im März 1942 ist ein schwerer Schlag für den König. Er fühlte sich dem General, der den Sieg der Deutschen mehr fürchtete als den der Engländer, aufrichtig verbunden. Bei der Beisetzung des italienischen Prinzen in der Kathedrale von Turin fällt neben den Rittern vom Annunziatenorden eine tränenüberströmte ältere Frau auf, »in Schwarz und ganz gebeugt«: Donna Rachele, Mussolinis Frau, die erstmals an einer Trauerfeier der Königsfamilie teilnimmt. Sie hat gerade selbst ihren zwanzigjährigen Sohn Bruno, einen Flieger, verloren.

Ende 1942, nach dem Sieg der Engländer in El Alamein, denkt Viktor Emanuel an einen Kompromißfrieden und empfiehlt Ciano, auch seine noch so unbedeutenden angelsächsi-

*Mussolini mit seinem Schwiegersohn Graf Ciano.*

schen Beziehungen zu pflegen: Sie könnten Italien nützlich werden. Er bedauert, daß im Land selbst kaum noch Truppen stehen: Bei der Landung der Alliierten werden die Deutschen die Verteidigung übernehmen; Görings häufige Besuche in Rom deuten darauf hin. Man muß sich darauf vorbereiten und Verbindung zu den Befehlshabern der italienischen Armee aufnehmen. Doch Ciano, der nur noch versucht, die Bombardierung Roms zu verhüten, wird aus der Regierung entfernt und zum Botschafter am Heiligen Stuhl ernannt. Weiß er, daß die Heeresleitung im Februar 1943 den Plan gefaßt hat, Mussolini loszuwerden? Giuseppe Castellano hat den Schwiegersohn des Duce angeblich ins Vertrauen gezogen. Man muß sich beeilen. Nach der Niederlage in Tunesien im Mai ist klar, daß die Alliierten in Italien landen werden. Hat Mussolini seinen Schwiegersohn in den Vatikan delegiert, um einen Sonderfrieden auszuhandeln? In Deutschland mag dieser Verdacht aufkeimen. Der König dagegen hält sich in diesem Fall für den einzig berechtigten Unterhändler.

Viktor Emanuel hat sich nicht getäuscht. Bei einem Treffen in Salzburg mahnt Hitler Mussolini, auf die »Stimme der

Geschichte« zu hören. Der Duce kehrt mit dem festen Vorsatz, sein Regime zu festigen, in das erstmals bombardierte Rom zurück. Doch das wird durch ein doppeltes Komplott verhindert. Am 24. Juli 1943 versammelt sich der Faschistische Große Rat und stimmt in einer Resolution für die Wiedereinsetzung einer konstitutionellen Monarchie mit einem demokratischen Parlament. Außerdem soll der König das Oberkommando über die Armee wieder übernehmen. Die Generäle und der König sind sich einig: Tags darauf, am 25. Juli, wird Mussolini in den Königspalast zitiert, von Viktor Emanuel seiner Ämter enthoben und in einem Krankenwagen in die Carabinieri-Kaserne »Podgora« gebracht.

»Mein lieber Duce«, hat ihm der König zum Abschied gesagt, »so kann es nicht weitergehen. Italien bricht auseinander. Die Soldaten wollen nicht mehr kämpfen... Momentan sind Sie der meistgehaßte Mann Italiens.«

»Ich wünsche meinem Nachfolger viel Glück«, soll Mussolini geantwortet und die Macht abgetreten haben. Kein einziges »Schwarzhemd« hatte die Faust zu seiner Verteidigung gehoben.

Der König war der Mann der Stunde. Auf diesen Augenblick hatte er schon lange gewartet. Er hatte immer gewußt, daß das Land in höchster Gefahr zu seinen traditionellen Beschützern, dem König und auch dem Papst, zurückfinden würde.

Doch Hitler verlor keine Zeit und schickte Rommel mit acht Divisionen nach Italien, dazu eine Sondereinheit mit dem Auftrag, sich der Regierung, des Königs und vor allem des Kronprinzen zu bemächtigen. »Der«, so Keitel, »ist wichtiger als der Alte.«

Da die Alliierten die Waffenstillstandsverhandlungen mit Marschall Badoglio, dem neuen Regierungschef, hinauszögerten, hatte Hitler Zeit, sich Roms zu bemächtigen und in Süditalien eine Front aufzubauen. Dem König war es buchstäblich in letzter Sekunde geglückt, sich und seine Familie in den Schutz der Alliierten zu begeben. Aus Rache ließ Hitler den

Prinzen Philipp von Hessen und dessen Frau, Prinzessin Mafalda, die Tochter Viktor Emanuels, festnehmen und in ein Konzentrationslager schaffen. Nach Mussolinis Befreiung durch deutsche Fallschirmjäger konnte im Norden in Salò am Gardasee die »Repubblica Sociale Italiana« gegründet werden. Kaum aber war Mussolini zu ihrem Präsidenten ernannt worden, ließ er seinen Schwiegersohn Ciano verhaften und am 11. Januar 1944 im Gefängnis von Verona erschießen. Badoglio hatte am 3. September 1943 im Waffenstillstand mit den Alliierten die bedingungslose Kapitulation der italienischen Armee unterzeichnet, entwaffnet aber wurden seine Divisionen von den Deutschen. Der Krieg kehrte für lange Monate zurück. Wütend über den Diebstahl seiner wertvollen Münzsammlung aus dem Quirinal-Palast, erwartete der König den Abzug der Besatzungstruppen voller Ungeduld. Als die Alliierten am 4. Juni 1944 die Ewige Stadt zurückeroberten, entschloß sich der alte Monarch, seinem Sohn Umberto die Vollmachten eines Generalstatthalters zu übertragen. Das schien die einzige Möglichkeit, die Monarchie zu retten. Die Führer der Widerstandsbewegung und der Kommunistischen Partei übten heftige Kritik und wollten das Haus Savoyen am liebsten definitiv abschaffen. Müde und desillusioniert hatte der König nicht die Absicht, sich für seine »Fehler« vor dem Land zu verantworten. Im Gegensatz zu Leopold von Belgien war er sofort bereit, seinen Platz zu räumen. Das Kommando über die eilends wieder aufgestellten italienischen Streitkräfte hatte ohnedies bereits sein Sohn übernommen. Dieser war von Sir d'Arcy Osborner, dem britischen Botschafter, Winston Churchill vorgestellt worden. »Zu meinem Vergnügen«, so Churchill, »traf ich in ihm eine ebenso starke wie verführerische Persönlichkeit, die über die politische und militärische Lage bestens im Bild war und mir ein Gefühl des Vertrauens einflößte... Ich hoffte, daß er sich an die Spitze eines freien, starken und geeinten Italiens setzen und seinen Part bei der Errichtung einer konstitutionellen Monarchie übernehmen würde.«

Doch Italien war schwach und uneinig, die Nachkriegszeit außerordentlich schwierig, und viele Italiener lehnten die Monarchie ab. König Viktor Emanuel war vom Ausgang des Kongresses der Democrazia Cristiana, die zusammengekommen war, um über die künftige Regierungsform zu beraten, zutiefst beeindruckt. Die Christdemokraten – die wichtigste Partei der Nachkriegszeit – waren die einzigen, die den Vormarsch der Kommunisten aufhalten konnten. Der Heilige Vater unterstützte sie mit seinen Wünschen. Aber der Kongreß sprach sich mit überwältigender Mehrheit für die Republik aus. Am 9. Mai 1946 beschloß Viktor Emanuel, die Konsequenzen aus seiner geringen Beliebtheit zu ziehen, und dankte ab, um die Institution der Monarchie nicht zu gefährden. In seinem Büro in der Villa Maria Pia in Neapel unterzeichnete er in Gegenwart des königlichen Notars und seiner Adjutanten die Abdankungsurkunde. Das Dokument wurde in einem Lederumschlag mit dem königlichen Siegel dem Ministerpräsidenten Alcide De Gasperi überbracht. Daraufhin begab sich der König an Bord des Kreuzers *Duca degli Abruzzi,* der ihn als Gast des ägyptischen Königs Faruk nach Port Said brachte.

Doch die Abreise des münzensammelnden Königs war nicht das Ende der Monarchie. In Rom hoffte man ganz im Gegenteil auf eine ähnliche Lösung wie in Brüssel. Eine Volksbefragung sollte die Institution wieder rehabilitieren. Prinz Umberto empfing im Quirinal-Palast de Gasperi, um das Referendum zu organisieren. Schon bald setzte er sich an die Spitze des Wahlfeldzugs, trat bei einer promonarchistischen Demonstration, an der viele Veteranen teilnahmen, vor dem Quirinal-Palast auf und bereiste mehrere Städte. In Neapel wurde er begeistert begrüßt, in Mailand ausgepfiffen. Während seine Eltern in Kairo in der Nachbarschaft des albanischen Königs Zogu im Exil lebten, bestritt er Wahlversammlungen und gewann nach Einschätzung der Präfekten und ausländischen Botschafter an Boden. Die Kampagne war turbulent und leidenschaftlich; gelegentlich kam es vor den Wahllokalen sogar zu Schlägereien. Als Umberto und Marie José ihre Stimmzettel in die Urne steckten, bekundeten ihnen die Römer lauthals ihre Sympathie.

Doch das – allerdings äußerst knappe – Wahlergebnis war eine Absage an die Monarchie. In den Provinzen des königstreuen Südens allerdings mußte der Verteidigungsminister Maßnahmen treffen, um Unruhen zu unterbinden. Alcide De Gasperi rief die Bürger in einer Radioansprache auf, Ruhe zu bewahren. In Pisa warf ein junger Mann eine Bombe, in Rom wurde der Quirinal-Palast von Carabinieri bewacht. Der »Osservatore Romano«, das Organ des Heiligen Stuhls, forderte »ein Ende der Polemik und der persönlichen Egoismen« und empfahl der Minderheit, »den aufrichtigen Willen der Mehrheit« zu akzeptieren. In Neapel mußten schwere Unruhen unterdrückt werden, schließlich aber kehrten im Land wieder Ruhe und Ordnung ein. König Umberto bat Marie José telefonisch, mit den Kindern das Land zu verlassen und sich auf einem Kreuzer nach Portugal zu begeben, wo sie der Marquis de Cadaval in Empfang nehmen würde. Er selbst wollte später zur Familie stoßen.

Der Herzog von Genua hatte ein Visum für Spanien beantragt, der Herzog von Pistoia befand sich bereits in Lugano, der Herzog von Aosta mit seiner Frau in Brüssel. So lernte nun auch das Haus Savoyen das Exil kennen. Italien aber sollte künftig eine Republik sein. Der Papst, der darüber ebenso enttäuscht war wie Winston Churchill, rechnete auf Alcide de Gasperi, um den Kommunismus einzudämmen. Die Lösung, die in Brüssel eine Mehrheit gefunden hatte, hatte in Rom keine Chance. Südeuropa wollte keine Könige mehr.

Sechstes Kapitel

# *Die faschistischen Könige*

Dem Ersten Weltkrieg, der ja bekanntlich auf dem Balkan ausbrach, waren 1912 und 1913 bereits zwei Balkankriege voraufgegangen. Im ersten war der Balkanbund – Bulgarien, Griechenland, Montenegro und Serbien – einträchtig über die Türkei hergefallen, um das türkische Joch abzuschütteln; im zweiten hatte er sich dann um die Beute gestritten. Um auf der »verfluchten« Halbinsel fürderhin Zwietracht und Spaltung im Keim zu ersticken, hatte Amerikas Präsident Wilson bei den Versailler Friedensverhandlungen das ganze Gewicht seines Landes in die Waagschale geworfen und versucht, auf den Ruinen des türkischen und des österreichisch-ungarischen Reichs homogene Nationalstaaten aufzubauen.

Im Zuge dieser Bestrebungen, aber auch, um den legitimen Appetit derer zu befriedigen, die im Ersten Weltkrieg auf seiten der Sieger gekämpft hatten, waren Millionen von Menschen umgesiedelt worden. Bulgarien hatte Hunderttausende von Flüchtlingen aufgenommen: Die Distrikte Tsaribrod, Timok und Biosiliegrad waren dem benachbarten späteren Jugoslawien zugeschlagen worden; die bulgarische Bevölkerung aber, nicht willens, unter der Herrschaft ihrer serbischen Feinde zu leben, hatte es vorgezogen, die Heimat zu verlassen. Viele waren aus der Dobrudscha geflohen, als sie an Rumänien fiel. Und da Thrakien teilweise zu Griechenland kam, wurde Bulgarien vom Mittelmeer abgeschnitten. So mußten die besiegten Bulgaren versuchen, unter dem Hirtenstab eines ebenso charmanten wie maßvollen Königs, Boris III. aus dem Hause Sachsen-Coburg-Gotha, zu leben. »Groß-Rumänien« dagegen beherbergte auf seinem Territorium neben 12 Millionen Rumänen 1 300 000 Magyaren, 780 000 Juden, 723 000 Deutsche, 448 000 Ukrainer, 358 000 nicht ausgewanderte Bulgaren, 308 000 Russen und 57 000 Serben. Kein Wunder, wenn der König davon überzeugt war, daß sein Land, das in Ion Bratianu einen geschickten Vertreter bei den Versailler Verhandlungen gefunden hatte, nur mit eiserner Hand zu regieren war. Das Griechenland des Ministerpräsidenten Venizelos, das sich in Smyrna und an der kleinasiatischen Küste festgesetzt hatte, wurde von französischen und britischen Diplomaten bei seinen Ansprüchen im Orient unterstützt. Und Jugoslawien beziehungsweise das »Königreich der Serben, Kroaten und Slowenen«, wie die offizielle Bezeichnung bis 1929 lautete, war mit 6 Millionen orthodoxen Serben, 4 Millionen katholischen Kroaten, 500 000 Magyaren und ebenso vielen Deutschen, 400 000 Türken und Albanern, die Rumänen und Italiener nicht mitgezählt, ein buntes Völkergemisch. Um so viele verschiedene Völker mit so unterschiedlichen kulturellen, religiösen und politischen Traditionen zusammenzuhalten, mußte Prinz Alexander, seit 1921 König, seine ganze Energie aufbieten. Wilson hatte auf dem Balkan einen Flickenteppich geschaffen. Ob sich diese Staaten zu Demokratien nach westlichem Vorbild würden entwickeln können, erschien von Anfang an fraglich, denn die heftige Rivalität der zersplitterten Völker machte das freie Spiel der ursprünglich für homogene Völker geschaffenen Institutionen unmöglich.

Die unruhigsten Nationen waren auch die reichsten. Rumänien und Jugoslawien waren, wie Griechenland und Bulgarien, konstitutionelle Monarchien mit Verfassung, Parlament und politischen Parteien. Soziale Schwierigkeiten im Verein mit der Wirtschaftskrise aber trieben die stärkeren in den Faschismus, die schwächeren in eine Diktatur. Das Besondere an den Königen von Jugoslawien und Rumänien war, daß sie selbst zu Diktatoren wurden. Auf dieses gefährliche Spiel hatten sich die Herrscher nicht ohne schwerwiegende Gründe eingelassen. Sie sahen sich gleichzeitig von zwei Seiten bedroht: von der extremen, revolutionären Linken, die Waffen, Kämpfer und Anweisungen aus Moskau erhielt, und von den Ordnungsregimen Italiens und Deutschlands. Der Wirtschaftsimperialismus des Hitlerreichs lastete schwer auf dem Schicksal Rumäniens mit seinem Ölreichtum, aber auch auf dem Jugoslawiens mit seinen Vorkommen an seltenen, von der Rüstungsindustrie so begehrten Erzen. Die Herrscher liefen Gefahr, von den faschistischen Parteien, die vornehmlich auf dem Land wie Pilze aus dem Boden schossen, beiseite geschoben zu werden. Dieser Entwicklung beschlossen sie zuvorzukommen und den Ordnungsstaat, von dem die Massen offenbar träumten, zu ihren eigenen Gunsten zu realisieren.

Die Monarchen dieser Staaten stammten aus den angesehensten Geschlechtern und wurden vom Volk geachtet. In Griechenland, Bulgarien, Rumänien dominierte deutsches Blut aus den Häusern von Sachsen-Coburg, Hohenzollern-Sigmaringen, Wittelsbach und Oldenburg. Einzig die serbischen Könige stammten aus einem einheimischen Geschlecht.

Im Londoner Protokoll vom 3. Februar 1830 wurde Griechenland unter dem Schutz der drei Großmächte Rußland, England und Frankreich, die den Griechen geholfen hatten, ihr Land von den Türken zu befreien, als unabhängige Erbmonarchie anerkannt. Und 1832 bestimmten die Großmächte den bayerischen Prinzen Otto zum König. Otto ließ sich mit zahlreichen Landsleuten in Athen nieder, darunter der Bierbrauer Fuchs, der das teutonische Gebräu auf dem Peloponnes einführte. Als Otto I. nach dreißig Jahren Herrschaft 1862 kinderlos abdankte, folgte ihm der dänische Prinz Wilhelm Georg als Georg I. nach – wieder eine Wahl ausländischer Mächte, die sich offensichtlich in den Kopf gesetzt hatten, die Hellenen mit Biertrinkern und Lachsfischern von den nebeligen Küsten der Nordsee zu beglücken. Georg, der die bayerischen Farben Weiß-Blau auf der Fahne der neuen Nation beibehielt, war durch seine russische Frau Olga Konstantinowna der Schwager Zar Alexanders III. geworden. Als Georg 1913 in Saloniki ermordet wurde, folgte ihm sein Sohn Konstantin nach, der Sophie von Preußen, die Tochter Kaiser Friedrichs III., geheiratet hatte. So überwog das deutsche Blut auch in der hellenischen Dynastie. Nicht minder gut wurden die Bulgaren vom Westen in der Person Prinz Alexanders von Battenberg, des brillanten Neffen des Zaren aus dem Haus Hessen-Darmstadt, bedient, der, Opfer einer von Rußland angestifteten Verschwörung, 1886 nach Österreich ins Exil ging, wo er eine hervorragende Opernsängerin heiratete. Ihm folgte als Ferdinand I. – 1908 avancierte das Fürstentum zum Königreich Bulgarien – Ferdinand von Sachsen-Coburg-Gotha nach, von väterlicher Seite halb Deutscher, halb Ungar, von der Mutter her ein Bourbone. Er hatte eine katholische Prinzessin geheiratet, doch mußte er, um einem Aufstand in der Hauptstadt vorzubeugen, seinen Sohn Boris zur orthodoxen Religion konvertieren lassen. Nach der Niederlage von 1918 – Bulgarien hatte auf seiten der Mittelmächte gekämpft – dankte Ferdinand, »der Fuchs«, der seine deutsche Abstammung nicht verleugnen konnte, zugunsten seines Sohnes Boris III. ab.

Auch für die einfachen Bauern des Fürstentums Walachei und Moldavien sowie für die Siebenbürger Holzfäller hielt man einen deutschen Prinzen für geeignet: Karl von Hohenzollern-Sigmaringen, der 1866 an die Stelle des Woiwoden Cusa gesetzt und 1881 mit seiner ebenfalls deutschen Gemahlin, einer Prinzessin zu Wied, zum König proklamiert wurde. Er starb 1914 ohne Thronerben. So fiel der Thron an den zweitältesten Sohn seines Bruders, an Ferdinand, der mit Prinzessin Marie von Sachsen-Coburg-Gotha verheiratet war. Wie er hatte auch König Alexander von Jugoslawien seine Frau, die Tochter König Ferdinands von Rumänien, nicht aus dem eigenen Land geholt. Alexanders Vater, Peter I., König der Serben, war mit der Tochter des Königs von Montenegro, Zorka, verheiratet. Stammvater der im Land tief verwurzelten, orthodoxen Dynastie der Karageorgewitsch war ein Schweinezüchter – der »schwarze Georg« (Kara Georg) –, der 1804 den serbischen Bauernaufstand gegen die Türken organisiert hatte.

Als Serbe jedoch mußte sich Alexander bei den anderen in den jugoslawischen Staat eingebundenen Völkern erst durchsetzen. Was Wunder, daß sein Reich eine andere Entwicklung nahm als die benachbarten Königreiche Griechenland und Bulgarien, die mit ihrer weitaus homogeneren Bevölkerung weniger einem faschistischen Regime zuneigten und daher auch für die Diktaturen in Italien und Deutschland weniger verlockend waren.

Dennoch haben auch Griechenland und Bulgarien mit der von den Alliierten 1918 etablierten Demokratie keine glücklichen Stunden erlebt. In Griechenland beherrschte ein ehemaliger Gegner des für den uneingeschränkten U-Boot-Krieg gegen die Alliierten verantwortlichen deutschen Kaisers das Nachkriegsparlament: der Kreter Venizelos, ein Republikaner, der in Paris bei einem Attentat verwundet worden war, und dessen Anhänger notfalls, wie im Falle des Royalisten Dragoumis, auch einmal für die gewaltsame Eliminierung seiner politischen Gegner sorgten. Als König Konstantin 1917 ins Exil gegangen war, hatten die Briten seinen zweitältesten Sohn Alexander als Thronfolger bestimmt. Alexander kam 1920 bei einem Unfall ums Leben, ohne Kinder zu hinterlassen; sein Bruder Paul lehnte die Krone der Hellenen ab, weil sie ihm von Venizelos angeboten wurde. (1947 wurde Paul allerdings doch noch König von Griechenland und regierte bis zu seinem Tod 1964.) Bei den Wahlen vom 14. November 1920 stimmten die Griechen mit großer Mehrheit für König Konstantin, der daraufhin aus dem Exil zurückkehrte und am 5. Dezember seinen Thron zurückerhielt.

In der Türkei hatte Mustafa Kemal – seit 1934: Kemal Atatürk –, ein General der Jungtürken, die Gewalt an sich gerissen, den Sultan liquidiert, die Alliierten überrumpelt, nach einer Reihe eindrucksvoller Siege die Griechen von der kleinasiatischen Küste verdrängt und damit klar und deutlich

*Konstantin I. von Griechenland.*

demonstriert, daß die Türkei nicht, wie Venizelos' Griechenland, eine Kolonie der britischen Krone sein würde. In Kleinasien mußten die Hellenen Smyrna räumen, wo sie zu Tausenden hingeschlachtet wurden, in Europa Thrakien. Konstantin, durch eine Revolte griechischer Generäle und Obersten 1922 erneut zur Abdankung gezwungen, ging ins Exil nach Italien, wo er bald darauf starb. Ihm folgte sein ältester Sohn, Kronprinz Georg nach, der am 2. Dezember 1922 fünf Minister erschießen ließ, die für das Desaster verantwortlich gemacht wurden. Mustafa Kemal baute eine moderne, laizistische Türkei mit einer starken Armee auf, ließ die Republik ausrufen und bot dem ohnmächtigen Griechenland die Stirn. Der 1923 in Lausanne geschlossene Orientfrieden, der den zweijährigen Griechisch-Türkischen Krieg beendete, brachte die Umsiedlung von 400 000 Türken nach Anatolien und von 150 000 orthodoxen Griechen aus der Türkei nach Griechenland mit sich. Wie aber sollte ein Land mit 5 Millionen Einwohnern, das schon 1 400 000 vor dem türkischen Terror geflüchteten

Landsleuten einen schlechten Empfang bereitet hatte, einen solchen Bevölkerungsstrom integrieren?

Der neue König Georg II., der älteste Sohn Konstantins, war einer solch schwierigen Situation nicht gewachsen, und so wurde durch die Wahlen von 1923 der kranke Venizelos an die Macht zurückgerufen, der im Anschluß an eine Volksabstimmung eine Republik etablierte: 1 100 000 Griechen hatten dafür, 760 000 dagegen gestimmt. Nun war das Parlament zwar republikanisch, aber die Parteien lieferten sich nach wie vor heftige Kämpfe; die Generäle Pangalos und Kondylis organisierten Militärputsche und vertrieben sich gegenseitig. Die parlamentarische Regierung schien unfähig, Griechenland aus der Misere herauszuführen.

1926 bildete der Republikaner Alexander Zaimis, der bereits unter König Konstantin mehrere Male Regierungschef gewesen war, eine Koalitionsregierung, die sich im folgenden Jahr durch eine neue Verfassung den erforderlichen Handlungsspielraum gegenüber dem Parlament verschaffte. Noch einmal übernahm Venizelos die Macht für vier Jahre. Er führte ein diktatorisches Regiment über die Abgeordneten, die durch die Weltwirtschaftskrise vorsichtig geworden waren. War nicht die Bank von Griechenland gezwungen gewesen, die Goldwährung aufzugeben und die Drachme dem freien Fall auszuliefern? Da sich kein Ausweg aus der Sackgasse finden lassen wollte, setzten nach dem Abgang des kretischen Führers 1933 die Kabinettskrisen erneut ein. In diesem Jahr hatten die Royalisten die Wahlen gewonnen. General Plastiras versuchte einen Staatsstreich, während Venizelos einem weiteren Attentat entkam. Wieder einmal war die griechische Regierung in Frage gestellt, als ob ein Regimewechsel die Probleme der Hellenen auf wunderbare Weise zu lösen vermöchte. Venizelos' aufgebrachte Anhänger gaben revolutionäre Parolen aus, und im März 1935 versank das Land im Chaos. Doch General Kondylis, der sich zu einem glühenden Monarchisten gewandelt hatte, ließ auf die Aufrührer schießen und die Rebellen bis Saloniki verfolgen. Athen war gerettet. Venizelos, dessen

*Bei seiner Rückkehr nach Griechenland am 25. November 1935 wird Georg II. (links) von General Kondylis empfangen.*

Anhänger die Flotte in ihre Gewalt gebracht hatten, versuchte die Unabhängigkeit seiner eigentlichen Heimat, der Insel Kreta, auszurufen, wurde aber verfolgt und mußte das Land verlassen. Seine Flucht führte ihn nach Italien, später nach Paris, wo er 1936 sein kämpferisches Leben beschloß.

Die Wahlen vom Juni 1935 gewannen die Monarchisten, und im Oktober übernahm der siegreiche General Kondylis die Macht. Er war der Monk* Georgs II., den er unverzüglich aus England zurückrief. Der König ernannte seinen Wohltäter zum Regenten. Seine Hoffnung aber, die Griechen um die Krone scharen und so aussöhnen zu können, erwies sich bei den nächsten Parlamentswahlen als trügerisch: Erneut war das Wahlgremium in zwei unversöhnliche Lager gespalten.

* Monk, englischer Feldherr zur Zeit Cromwells, der sich vom Royalisten zum Anhänger des Parlamentarismus und wieder zum Royalisten wandelte, bewirkte 1660 die Rückkehr des Königs (Anm. d. Übers.).

Was tun? Kondylis und Venizelos waren gestorben, und niemand konnte sich schmeicheln, die Gegner zusammenbringen und eine nationale Einheitsregierung bilden zu können. In dieser schwierigen Lage wandte sich der König 1936 wieder an einen General, einen kampferprobten, willensstarken Mann, fähig, sich bei der Armee und im Land durchzusetzen: Metaxas, der als Ministerpräsident und Verteidigungsminister den Kampf gegen die 1936 ganz Europa erschütternden schweren sozialen Unruhen aufnahm. Die immer wieder ausbrechenden Streiks in Werften, Unternehmen und im Verwaltungsapparat ließen einen kommunistischen Umsturz befürchten, der auf dem Land, wo größte Not herrschte, sowie bei den vielen Seeleuten und Fischern Griechenlands zweifelsohne Unterstützung gefunden hätte. Britische Agenten warnten London vor einem bevorstehenden *pronunciamiento* der Heeresoffiziere. So ließ man Metaxas freie Hand: Das Parlament wurde aufgelöst, das Kriegsrecht verhängt und die Presse überwacht. Der General übernahm mit dem Segen des Londoner Kabinetts alle Vollmachten und bildete eine nicht eigentlich faschistische, aber doch autoritäre Militärregierung. Allerdings wäre die Einführung einer republikanischen Demokratie, wie Venizelos sie erträumt hatte, zu diesem Zeitpunkt ohnehin völlig unmöglich gewesen. Dazu waren die sozialen Unruhen und die Kriegsgefahr viel zu groß. Griechenland war eine bettelarme, von einem draufgängerischen General dirigierte Nation. Man hatte auf die Krise keine andere Antwort gefunden; Griechenland hatte seine bürgerlichen Freiheitsrechte eingebüßt, dafür aber kam die erzwungene Ordnung den Geschäftsleuten zugute, die auch gar nicht mehr verlangten. Und König Georg war es zufrieden, daß ihm der Thron erhalten blieb.

König Boris III. von Bulgarien befand sich in einer ganz ähnlichen Lage. Der 1919 geschlossene Friedensvertrag von Neuilly bescherte Bulgarien, das als Komplize der Mittelmächte angesehen wurde, beträchtliche Gebietsabtretungen und Reparationsforderungen. Als vorrangigste Aufgabe erschien dem neuen König der Ausbau des Eisenbahnnetzes. Während das Hauptaugenmerk seines Vaters dem Aufbau der Armee und Rüstungsindustrie gegolten hatte, mußte Boris für Hunderttausende von Flüchtlingen Arbeit schaffen – ein Problem, das er durch Erweiterung des Streckennetzes und Ansiedlung von Industriebetrieben zu lösen versuchte. Doch Boris hatte die Krisensituation auf dem Land falsch eingeschätzt. Daher war es kein Wunder, daß Bulgarien von 1919 bis 1923 eine Zeit heftiger Unruhen erlebte, eine Zeit unbarmherziger Abrechnung zwischen den Anhängern der verschiedenen miteinander rivalisierenden politischen Strömungen: Den aus der Armee entlassenen Offizieren schwebte noch immer das kriegerische Groß-Bulgarien vor, die landlosen Bauern scharten sich um ihren Führer Alexander Stambulijski, der ihnen eine umwälzende Agrarreform versprach. Die Bürger und Geschäftsleute aus Sofia und den anderen Großstädten wurden von den arroganten Mazedoniern schikaniert, die, ihrerseits von den Jugoslawen vertrieben, die bulgarische Politik mit allen Mitteln für ihre Rachepläne einzuspannen suchten. Und schließlich hatten die Kommunisten zahlreiche Anhänger unter den Eisenbahnarbeitern, in den Verwaltungen, den wenigen Fabriken und sogar auf dem Land.

Zwischen diesen Kräften verstand sich König Boris, beziehungsweise Zar Boris, wie der bulgarische Titel lautete, geschickt durchzulavieren, ohne selbst geschwächt zu werden. Er schaffte es, daß die Monarchie als solider Rahmen bestehenblieb. Allerdings mußte er wiederholt autoritäre Regierungen in Kauf nehmen, obwohl er grundsätzlich für Toleranz eintrat. Stambulijski, ein gerissener Politiker und begnadeter Redner, hetzte die Massen durch fanatische Ausfälle gegen die Advokaten und Wucherer in den Städten auf. Im ersten Parlament von 1919 verfügten seine Bauernpartei über 83, die Sozialisten und Kommunisten über 82, die städtische Bürgerschaft über 55 Sitze. Der demagogische Bauernführer war also, um das Land an »die wirklich Arbeitenden« verteilen und seine Diktatur durchsetzen zu können, auf die Unterstützung der

Linken angewiesen. Und er bekam sie, sehr zum Mißfallen des Königs, der reichen Bourgeoisie und der ausländischen Investoren. Einen Vorteil aber brachte die Herrschaft des populistischen Regierungschefs doch: Durch die Enteignung des Großgrundbesitzes, die Verteilung des Ackerbodens einerseits und den Einsatz der gesamten Bevölkerung in paramilitärischen Arbeiterverbänden andererseits errichtete er eine Barriere gegen den Bolschewismus. Er zögerte nicht, die Streiks der Eisenbahner zu brechen, obwohl er nach außen eine Politik der Öffnung zu den russischen Bolschewisten betrieb.

Von da an waren Unruhen und Attentate an der Tagesordnung, zumal die gut ausgerüsteten mazedonischen* Terroristen über Mitglieder der Bauernpartei herfielen, die sie einer serbienfreundlichen Politik verdächtigten. Niemanden haßten die mazedonischen Flüchtlinge so sehr wie die Serben, die sie aus ihrer Heimat vertrieben hatten. Dreihunderttausend Mazedonier waren nach Bulgarien geflohen, wo sie, ehe sich der Staat ihrer annahm, in elenden Verhältnissen lebten. Die mazedonischen »Komitadschis« verbreiten einen solchen Schrecken und Terror, daß bei den westlichen Journalisten der Spruch umläuft, in Bulgarien sei »ein Menschenleben weniger wert als ein Huhn«. 1923 wird die Regierung Stambulijski durch einen Offiziersputsch gestürzt; die Bauernpartei und die Kommunistische Partei werden zerschlagen, Ministerpräsident Stambulijski erschossen. Bauern und Kommunisten entrollen die rote Fahne und werden unter der Regierung von Professor Zánkow zu Tausenden exekutiert. Boris erweist sich als Philosoph und läßt den Dingen ihren Lauf. Die Kommunisten und die Bauernpartei nehmen Rache, organisieren ihrerseits Terrorbanden im Untergrund. Am 16. April explodiert in der Kathedrale von Sofia eine Bombe. Ihr Ziel: der Zar.

Nach 1926 erlebt das Land unter der Regierung des Maze-

* Mazedonien, das eigentliche Kriegsziel der beiden Balkankriege 1912 und 1913, kam im Ersten Weltkrieg unter bulgarische Zivilverwaltung, wurde im Endeffekt aber zwischen Griechenland, Serbien und Bulgarien aufgeteilt (Anm. d. Übers.).

doniers Liaptschew, der mit seinen gemäßigten Vorstellungen den Wünschen des Königs entgegenkommt, eine gewisse Beruhigung. Mit Hilfe des Völkerbundes werden gewaltige Anstrengungen zur Eingliederung der Flüchtlinge aus Thrakien und Südmazedonien unternommen. Doch die weltweite Depression führt zu einem Preissturz bei landwirtschaftlichen Erzeugnissen, was der Bauernpartei neuen Auftrieb gibt. Wieder beginnen mazedonische Terroristen mit ihren Bombenanschlägen auf die Bahn; und bald überzieht Aufruhr das ganze Land. Das aufgeschreckte Bürgertum beginnt dem Diktator Alexander Zánkow nachzutrauern. Es ist nicht so sehr der Terrorismus, vor dem es Angst hat, weit mehr schreckt das Gespenst des Bolschewismus oder das der Bodenreform. Im Mai 1934 ergreifen die Militärs mit einem Staatsstreich die Initiative, lösen das Parlament auf und besetzen die Schaltstellen der Hauptstadt.

Und wieder einmal schaut der König untätig zu. Er empfängt eine Offiziersdelegation, akzeptiert eine Notstandsverordnung, die eine Regierung ohne Parlament ermöglicht, und läßt zu, daß ein »von Parteien unabhängiges« Kabinett gebildet wird. Oberst Kimon Geórgiew, der neue Ministerpräsident, verbietet sämtliche Parteien, politischen Versammlungen und alle Zeitungen. Die Militärs wollen die Verfassung in einem autoritären Sinn reformieren. Wieder machen sich die Bürger Sorgen. Es paßt ihnen ganz und gar nicht, daß der Gang der Geschäfte nun von einer verantwortungslosen Gruppe abhängen soll, die mit Wirtschaftsfragen wenig vertraut ist. Im Januar 1935 beschließt der König, sich von Oberst Geórgiew zu trennen und den ihm treu ergebenen General Zlátew zu ernennen. Dieser überläßt die Macht schon bald einem Professor, der Boris' Wünschen entsprechend wieder eine Art Parlamentarismus einführt. Ja, der König wendet sich selbst an die Öffentlichkeit, um eine Volksbefragung hinsichtlich der Verfassungsänderung zu befürworten.

Auch im neuen System bleiben die Parteien verboten und der Parlamentarismus unter Kontrolle. Glaubt der König, die

Befriedung durchsetzen zu können? Schon organisieren sich wieder die Bauernpartei, die Kommunisten und die Sozialisten. Der Zar muß listig lavieren, sein Kabinett ständig umbilden. Trotz der fehlenden politischen Stabilität aber läßt die relative Ruhe im Inneren hoffen, daß sich eine Aussöhnung anbahnt. Die Maßnahmen zugunsten der Mazedonier haben dem Terrorismus den Wind aus den Segeln genommen. Die Flüchtlinge widersetzen sich der von Boris betriebenen Annäherungspolitik an Jugoslawien nicht mehr. Und wie könnte Bulgarien, dessen Zar Johanna von Savoyen, eine Tochter Viktor Emanuels III., geheiratet hat, noch an einen Revanchekrieg auf dem Balkan denken, der ganz unter dem Einfluß der beiden bedrohlichen Militärmächte Deutschland und Italien steht? Garant des inneren Friedens ist vor allem die vom Souverän geteilte Angst vor dem Faschismus. Boris' halbautoritäres Regime hat diese Gefahr zwar gebannt, es kann aber nicht verhindern, daß die Bulgaren 1940 beim Überfall der Deutschen auf den Balkan in den Sog von Hitler-Deutschland geraten, verheißt es ihnen doch die Realisierung ihrer Revancheträume: Annexion des westlichen Thrakien und damit auf Kosten Griechenlands einen Zugang zum Mittelmeer sowie Wiedergewinnung des Jugoslawien zugeschlagenen Teils von Mazedonien. So verfangen sich die Bulgaren in der Spirale der deutschen Politik, die ihren König mit größerer Sicherheit die Krone kosten wird als den König der Griechen, der dem britischen Lager treu bleibt und sich fürs Exil entscheidet.

Und der König der Jugoslawen, der Exkönig der Serben, Kroaten und Slowenen? Wie hätte er sich dem gefährlichen politischen Klima entziehen können, das seit 1918 herrschte? Schließlich hatte das neugegründete Königreich jetzt 14 Millionen Einwohner gegenüber den 4 Millionen Serben von 1914. Und es mußte sich erst erweisen, ob die monarchistischen Institutionen einem solch monströsen Zustrom verschiedenartiger Völker gewachsen waren. In Montenegro hatte der Nationalrat für die Vereinigung mit den serbischen »Brüdern«

gestimmt und damit die montenegrinische Dynastie, deren Wiedereinsetzung dem italienischen Königspaar so sehr am Herzen lag, endgültig abgeschafft. Vor allem aber kamen nun die jüngst noch von der Doppelmonarchie Wiens und Budapests beherrschten Gebiete dazu. 1918, als Kaiser Karl noch auf dem Thron saß, hatte sich in Zagreb ein »Komitee« aus serbischen, kroatischen und slowenischen Staatsangehörigen gebildet, deren Paß noch den Doppeladler trug. Sie hatten den Zusammenschluß der befreiten Völker mit den »Königreichen von Serbien und Montenegro« proklamiert. Ein einziger Staat sollte entstehen.

Sollte es ein serbischer Staat werden? Mit einem serbischen König? Einer serbischen Verfassung? In dem zur Hauptstadt aufgewerteten Belgrad tritt ein Parlament zusammen, um eine für die vereinigten Völker repräsentative Regierung zu bilden. Eine verfassunggebende Versammlung muß gewählt werden. Schon 1914 hat König Peter seinen Sohn Alexander, der sich im Krieg ausgezeichnet hat, zum Regenten ernannt. Natürlich schweben dem Souverän, einem ehemaligen Eleven der Pagenschule des Zaren, nicht die demokratischen Vorstellungen der slawischen Widerstandskämpfer der österreichisch-ungarischen Donaumonarchie vor. Der König wünscht sich selbstverständlich einen zentralistischen Serbenstaat, in den die fremdstämmigen Völker integriert werden sollen. Nichts anderes schwebt auch dem Kriegshelden und radikalen serbischen Ministerpräsidenten Nikola Pašić vor, dem passioniertesten Verfechter einer großserbischen Machtpolitik im neuen Jugoslawien. Dagegen treten Demokraten, Kommunisten und auch Kroaten für eine föderalistische Staatsform ein. Die Geschäftsleute sowie das bürgerliche Lager Kroatiens, samt und sonders Katholiken, wollen von einer Bevormundung durch orthodoxe serbische Ziegenhirten und Bauern, die ihrem, in vielem an einen alten russischen Zaren erinnernden König, blind ergeben sind, nichts wissen.

Bei den Wahlen vom November 1919 bringen es die Gegner des serbischen Zentralismus auf ein Drittel der Stimmen. Der

Abstimmung der verfassunggebenden Versammlung über die straff zentralistische, betont proserbische Verfassung im Juni 1921 bleiben die Abgeordneten der Kroatischen Bauernpartei allerdings fern.

Der neue Staat hat also eine konstitutionelle Monarchie, aber nur eine Kammer, die alle vier Jahre in einer allgemeinen Wahl gewählt wird und vom König jederzeit aufgelöst werden kann.

Die kommunistische Opposition wird für ein Attentat auf den Prinzen und die Ermordung des Innenministers 1921 verantwortlich gemacht und daraufhin verboten. Doch nun organisieren sich die Kroaten, die sich mit einemmal nach den guten alten Zeiten unter dem österreichischen Regime sehnen, das ihnen immerhin eine gewisse Autonomie garantierte. Stolz auf ihre Kultur und empfindlich hinsichtlich ihrer Religion, beginnen sie den Unabhängigkeitsparolen des Bauernführers Radić Gehör zu schenken, eines ehemaligen Gefangenen der Donaumonarchie, der gegen die Präsenz serbischer Truppen auf kroatischem Territorium protestiert und sämtliche Wahlen in seinem Land gewinnt. Mit gegen die Serben geballter Faust zieht er mit den kroatischen Abgeordneten ins Belgrader Parlament ein.

Kann Alexander, seit 1921 König, die verfeindeten Volksgruppen zum Zusammenleben zwingen? Er zweifelt, ob ihm dies im Rahmen einer liberalen Regierung gelingen wird. Im Parlament geht es hoch her; die Abgeordneten beschimpfen und bedrohen sich gegenseitig, ja, sie ziehen einige Male sogar den Revolver. Der König leidet unter dieser Zerrissenheit, die sein Reich zur Ohnmacht verdammt, während sich ein Konflikt mit Italien abzeichnet und im Süden des Landes die Mazedonier Unruhen auszulösen drohen. Bis zum Jahr 1924 üben die radikalen Serben ununterbrochen die Macht aus. Der Preis dafür sind nicht abreißende Parlamentskrisen, Kabinettsdemissionen und Neuwahlen. Der alte Pašić wäre durchaus bereit, wechselnde Mehrheiten zu akzeptieren; er appelliert sogar an die Muslime und Slowenen, an die Bauern und selbst an die kroatische Bauernpartei, einen nationalen Block zu bilden und so Stabilität zu gewährleisten. Aber Radić bietet sein ganzes demagogisches Talent auf, um eine Verständigung zu hintertreiben. 1924 wird er verhaftet und des Hochverrats angeklagt. Man bezichtigt ihn, das Land dem Bolschewismus öffnen zu wollen. Doch die Kroaten empfinden seine Verhaftung als Beleidigung und verweigern die Zusammenarbeit mit der Dynastie nur noch entschiedener.

Die Angst vor dem Faschismus und einer Ansteckung durch das benachbarte Italien veranlaßt Radić, ins andere Lager überzuwechseln. Im Juli 1925 erscheint ihm eine Beteiligung am parlamentarischen Spiel und eine Annäherung an die radikalen Serben der Einheit zuliebe annehmbar. Der Führer der Kroaten erklärt sich bereit, in einem serbischen Kabinett mitzuwirken. Der König atmet auf. Hat das Schiff schließlich doch noch den rettenden Hafen erreicht? Doch sehr bald schon schwenkt Radić wieder auf seinen Oppositionskurs ein, wettert gegen die serbische Tyrannei und hetzt die Bauern auf seinen Kampagnen durch Kroatien zum Widerstand auf. Die Kammer wird aufgelöst, doch die Wahlen vom September 1927 geben den Radikalen keine besseren Regierungschancen. König Alexander bemüht sich, die herrschende radikale Partei zu schwächen, um zu verhindern, daß die Minderheiten vollständig erdrückt werden. Als ein montenegrinischer Abgeordneter drei Parlamentarier, darunter Radić, im Parlament verletzt, muß der König einsehen, daß das liberale englische System für die Lage auf dem Balkan nicht geeignet ist. Der Abgeordnete hatte sich durch den Vorwurf seines kroatischen Gegners, Montenegro habe den Klöstern die Wälder gestohlen, schwer beleidigt gefühlt und als Antwort den Revolver gezogen. Als Alexander den kroatischen Abgeordneten Radić im Krankenhaus besucht, meint er zu hören, wie dieser murmelt: »Jetzt gibt es nur noch den König und das Volk.«

Um in der Kleinen Entente bestehen zu können, einem unter dem Schutz Frankreichs stehenden System bilateraler Bündnisverträge zwischen Jugoslawien, Rumänien und der

Tschechoslowakei, glaubte Jugoslawien seine parlamentarische Regierungsform zur Schau stellen und die Macht, so des Königs Meinung, erfahrenen Berufspolitikern wie dem in der westlichen Presse vielgerühmten Pašić übergeben zu müssen. Außerdem wollte es sich von seinem faschistischen Rivalen Italien unterscheiden.

Wer letztlich hinter der wütenden Opposition der Kroaten steckte, wußte Alexander nicht genau: Jedenfalls zappelten die kroatischen Bauern wie die slowenischen im Wirtschaftsnetz von Wien und München und konnten sich dem deutschen Einfluß nicht entziehen. Möglicherweise aber wurden sie auch von Mussolini ermutigt, der ja stets darauf aus war, den slawischen Staat, der seinem Land durch den Versailler Frieden an der Adria vor die Nase gesetzt worden war, zu schwächen. Und schließlich mochte Moskau versuchen, die Karte der kroatischen Unabhängigkeitsbewegung gegen die frankophilen Serben auszuspielen, um die »Widersprüche des Kapitalismus« zuzuspitzen. Aus all diesen Gründen bedauerte der König zutiefst, daß es im Parlament zu dem kriminellen Vorfall gekommen und sein Versuch der Öffnung gegenüber den kroatischen Deputierten gescheitert war. Er gelangte zu der Überzeugung, daß er sich, wollte er die nationale Einheit wahren, selbst an die Spitze setzen mußte, wenn er seine Rolle nicht einem serbischen Faschisten überlassen wollte.

So kam es zum ersten faschistischen Königtum in der europäischen Geschichte: Alexander trat die Flucht nach vorn an und machte sich zum Chef einer Einheitspartei und zum Herrn eines totalitären Staats. Der Slowene Anton Korošec, ein katholischer Priester und der erste nichtserbische Ministerpräsident, wurde auf der dalmatinischen Insel Hvar interniert, da er sich geweigert hatte, mit der Regierung des Königs unter dem Vorsitz des Gardekommandeurs General Peter Živković, der sich als Repräsentant des Militärclans aufspielte, weiter zusammenzuarbeiten.

Der König schaffte Parteien und Verfassung ab, löste die Kammer auf, schickte die Abgeordneten nach Hause und setzte die bürgerlichen Freiheitsrechte außer Kraft. Dieser Staatsstreich stieß auf keinen Widerstand, die Person des Königs – außer bei den kroatischen Extremisten – auf keine Kritik. Selbst Radić stellte sich kurz vor seinem Tod hinter den König. Alexander erinnerte sich, daß er ihn bitten mußte, den Raum nicht rückwärts zu verlassen, er sei doch nicht Franz Joseph. »Nein, Majestät«, antwortete der Kroate, »seinem Souverän kehrt man nicht den Rücken zu.«

Aber wie lange würden die Partei der Militärs, die dem König bis in den Tod treu ergebene sogenannte »Weiße Hand«, und die Regierung der vom König persönlich ausgewählten Minister die Macht ausüben können?

1929 beschloß der Monarch, das alte »Königreich der Serben, Kroaten und Slowenen« in »Königreich Jugoslawien« umzubenennen. Journalisten aus Paris und London erklärte er, die Diktatur nur so lange aufrechterhalten zu wollen, bis er die Völker geeint habe und zum Fest der Demokratie laden könne. Nach französischem Vorbild benannte er die neun »Banschaften«, in die er das Land anstelle der bisherigen dreiunddreißig Bezirke aufteilte, nach Flüssen. Er wußte, daß die alten Parteien – die Radikalen, die Demokraten und die Bauernpartei – im Untergrund weiterexistierten. Sein Ziel aber war, eine neue nationaljugoslawische Partei ins Leben zu rufen und ihr allein die Macht zu übertragen. Die Verfassung von 1929 sah eine zweite Kammer vor, den Senat, dessen Mitglieder zur Hälfte vom König bestimmt werden sollten. Zum Finanzminister ernannte er den Volkswirt Stojadinović, dem er zutraute, Jugoslawien aus der durch die Weltwirtschaftskrise bedingten Auszehrung herauszuführen. Zunächst aber sollte er vor allem Radikale um sich sammeln. Im übrigen glaubte der König, alle Vorsichtsmaßnahmen getroffen zu haben, um Auseinandersetzungen zwischen den Völkern künftig auszuschließen: Die Banschaften deckten sich nicht mit den alten Bezirken; die neuen Parteien sollten keine regionale oder konfessionelle Basis haben; die radikalen Serben sollten radikale Kroaten und Slowenen in ihre Partei integrieren. Die vom

König ausgewählten Minister waren ihm allein verantwortlich, die Kammern hatten nicht die Macht, die Regierung zu stürzen.

Dennoch gelang es auch durch diese Reformen nicht, im Land Ruhe und Ordnung wiederherzustellen. Kroaten und Slowenen weigerten sich, an der Wahl teilzunehmen, und protestierten gegen die Diktatur. Es kam zu Studenten- und Bauernunruhen. Wieder wurden Anschläge auf die Eisenbahn verübt; die Polizei suchte die Verantwortlichen in Kroatien. Die Namen der im Untergrund arbeitenden Führer des Widerstands – Rechtsanwalt Pavelić und Oberst Pertschević – waren bekannt.

Nach Hitlers Machtergreifung leitete Louis Barthou, der französische Ministerpräsident, eine Einkreisungspolitik gegen NS-Deutschland ein, das er durch einen Ring Verbündeter vom Balkan bis nach Moskau einzuschließen suchte. Er konnte König Alexander für seine Pläne gewinnen, der sich nach der Unterzeichnung eines entsprechenden Abkommens nach Frankreich begab, um der Weltöffentlichkeit klarzulegen, daß er sich für das Lager der Freiheit entschieden habe.

Doch am 9. Oktober 1934 fiel er in Marseille zusammen mit Barthou einem Attentat kroatischer und mazedonischer Nationalisten zum Opfer, hinter dem als Drahtzieher Ungarn steckte. Die Frage war nun, ob mit dem König auch der jugoslawische Faschismus verschwinden würde. Nachfolger von Alexander wurde der erst elf Jahre alte Peter II. unter der Regentschaft des Prinzen Paul, ebenso wie der ermordete König ein Enkel Alexanders I. von Serbien. Aber Paul, vielbeneidet um seine Gemahlin, die griechische Prinzessin Olga, interessierte sich nur für Kunst und hatte nicht das Zeug zum Diktator; er hoffte vielmehr auf die Rückkehr zum Parlamentarismus. Gestützt auf die königliche Garde und ihre diversen Artillerieregimenter, bemühte er sich, die Ruhe im Land aufrechtzuerhalten und Alexanders letzten Willen zu vollstrecken. Dieser sollte kurz vor seinem Ende geäußert haben: »Bewahrt Jugoslawien.« Während Göring bereits nach Belgrad reiste und der deutsche Botschafter Victor Heeren mit seiner Frau Lily mondäne Gesellschaften gab und erlesene Jagdpartien veranstaltete, um die künftigen Regierenden Jugoslawiens zu gewinnen, versuchte Ministerpräsident Bogoljub Jevtić die vom König geschaffene Nationale Partei zu retten und an der Allianz mit Frankreich festzuhalten.

Dem Kreis derer, die mit Göring zusammengekommen waren, gehörte auch der leutselige Nationalökonom Stojadinović an, der auf Investitionen und eine solide Währung setzte, was ihn in den Augen des Prinzregenten Paul für das höchste Amt empfahl. Stojadinović, dem eine Neuauflage der alten Parteien vorschwebte, strebte eine Mehrheit aus radikalen Serben, den muslimischen Bosniaken des Dr. Spaho und den Slowenen des Priesters Korosec an, kurz: einen Rückgriff auf die konfessionellen Parteien unter Ausschluß der Kroaten, die sich jeder Form der Integration verweigerten. Unter Jevtić Finanzminister, wurde Stojadinović bei der Kabinettsneubildung Ministerpräsident.

Nach der Ermordung Alexanders, der die Methoden des Faschismus zum Wohle der jugoslawischen Einheit hatte anwenden wollen, änderte sich das Bild schlagartig. Mit einemmal bekundeten die faschistischen Regime des Auslands großes Interesse an dem bis dahin von Serben dominierten Staat und machten ihren Einfluß mit allen Mitteln geltend. So drohte Jugoslawien, ein Erbe der auseinandergebrochenen österreichisch-ungarischen Doppelmonarchie, nun seinerseits auseinanderzubrechen. Doch dem fast heroischen Versuch des Monarchofaschismus war der Erfolg versagt geblieben. Es war nicht gelungen, das Land vor der Zerreißprobe zu bewahren.

Stojadinović schlägt außenpolitisch neue Wege ein; er sucht die Verständigung mit Mussolinis Italien. Seine autoritäre Politik aber mißfällt dem Prinzregenten. Doch die neue Einheitspartei aus Slowenen, bosnischen Moslems und radikalen Serben sichert ihm die Mehrheit.

Stojadinović zögert auch nicht, sich von der Politik der Kleinen Entente, die Barthou, unterstützt von dem Tschechen Benesch und dem Rumänen Titulescu, aus Angst vor Hitler-Deutschland auf Rußland hatte ausdehnen wollen, zu distanzieren. Die jugoslawische Regierung folgt lieber der von dem neuen französischen Ministerpräsidenten Pierre Laval betriebenen Politik einer Annäherung an Italien. Mit einemmal werden herzliche Beziehungen zum Königreich Viktor Emanuels geknüpft; 1936 wird ein Wirtschafts- und Finanzabkommen ausgehandelt und im darauffolgenden Jahr ein Nichtangriffspakt mit dem Königreich Italien geschlossen. Nach außen gibt sich das jugoslawische Regime nun zwar nicht mehr faschistisch, aber das von seinem autoritären Ministerpräsidenten unterzeichnete Abkommen mit Mussolini stimmt Pierre Laval letztendlich doch nachdenklich: Italien erkennt die Grenzen des jugoslawischen Territoriums weitgehend an, verzichtet auf seine Forderungen an der Adria. Auch von Hitler hat Stojadinović nach Aufkündigung der Verträge der Kleinen Entente die Anerkennung der »geheiligten« Grenzen Jugoslawiens erreicht. Von nun an folgt Belgrads Außenpolitik nicht mehr dem Pariser Kurs.

Die Kommunalwahlen von 1936, von Stojadinović organisiert und manipuliert, bringen seiner Partei, der Radikalen Jugoslawischen Union, deren Vorsitzender er ist, eine starke Mehrheit. Sein Annäherungsversuch an die Kroaten, die 1935 zahlreiche Sitze in den legislativen Körperschaften errungen haben, aber scheitert. Ihr Chef, Maček, schließt sich lieber mit der serbischen Opposition und der Bauernpartei zusammen und fordert die Dezentralisierung. Im Dezember 1938 kann die Opposition in der Kammer ein starkes Abgeordnetenkontignent stellen. Stojadinović, neuerdings »der Chef« genannt, zögert nach dem Abkommen von München, das seiner »realistischen« Europapolitik recht zu geben scheint, nicht, die Versammlung aufzulösen. Doch Tatsache bleibt, daß Kroaten und Dalmatiner massiv für Maček gestimmt hatten und die Opposition 45 Prozent der Stimmen auf sich vereinigen konnte. Am 6. Februar 1939 beschließt der Prinzregent, den von den Kroaten heftig angegriffenen Stojadinović zu entlassen. Er schafft sein autoritäres Regime ab und kehrt zur klassischen parlamentarischen Regierungsform zurück. Vor allem liegt ihm die Regelung der kroatischen Frage am Herzen.

Am 24. August 1939, wenige Tage vor Ausbruch des Zweiten Weltkriegs, kann eine Übereinkunft erzielt werden: Eine »Banovina« Kroatien mit viereinhalb Millionen Slowenen, Kroaten und Dalmatinern wird eingerichtet, regiert von einem »Ban« im Namen des Königs und einem Parlament, das in allgemeinen, direkten und geheimen – und nicht, wie in der von Alexander oktroyierten Verfassung vorgesehen, öffentlichen – Wahlen gewählt werden soll. Maček ist mit dem Posten des Stellvertreters des serbischen Ministerpräsidenten einverstanden. Die gemeinsamen Belange sollen in Belgrad geregelt werden. Paul kann sich wieder seinen Gemäldesammlungen widmen. Er glaubt, die Einheit des Staates gerettet und die Interessen seiner Dynastie gewahrt zu haben. Der junge Peter II. kann in aller Ruhe heranwachsen.

Doch nun begehren die Serben gegen den Diktator Paul auf, der die Einheit des Königreichs so leichtfertig aufs Spiel gesetzt hat. Kaum nämlich war das Abkommen mit den Kroaten unter Dach und Fach, schlug das neue Banat eine Politik der Unterdrückung und rüden Vertreibung serbischer Beamter ein. Maček spielte sich in seiner Banovina als Herr und Meister auf, der es nicht nötig hat, Belgrad Rechenschaft abzulegen. Nun lebten aber in der Banovina zahlreiche Serben, die als zornige Minderheit nur darauf warteten, den Machtmißbrauch durch den neuen Herrscher anzuprangern. Auch warfen die Serben dem Prinzregenten und seiner Regierung mangelnden Nationalstolz vor, weil sie sich die despotische Politik Hitlers und Mussolinis nach deren Sieg von 1940 im Westen gefallen ließen. Hatte sich Paul nicht geneigt gezeigt, die Bitte seines Freundes Hitler um freien Durchzug der Wehrmacht durch Jugoslawien zu erfüllen, als dieser nach dem gescheiterten Griechenlandfeldzug der Italiener seiner-

*König Peter II. von Jugoslawien.*

seits die Griechen angreifen wollte? Und hatte der Prinzregent nicht den Dreimächtepakt mit Deutschland unterzeichnet?

Am 27. März 1941 erheben sich die serbischen Offiziere: General Bora Mirković, der Oberbefehlshaber der Luftwaffe, und die Brüder Knejević organisieren einen Militärputsch und stürzen den Prinzregenten. An die Spitze der neuen serbischen Regierung tritt der Fliegergeneral Simović.

Die Offiziere, die die Monarchie keineswegs abzuschaffen beabsichtigen, erklären König Peter II. – ein halbes Jahr vor seinem 18. Geburtstag – für volljährig, verhaften Paul, ehe er sich nach Griechenland absetzen kann, und übergeben ihn den britischen Behörden in Athen, die ihn als Deutschlands Freund und Englands Feind während des ganzen Kriegs in Kenia gefangenhalten. König Peter seinerseits muß vor der deutschen Invasion fliehen. Am frühen Morgen des 6. April 1941, als die Wehrmacht zum Angriff auf Belgrad ansetzt, flieht er, wie 1914 sein Vorfahr, König Peter I., in die montenegrinischen Berge. Als er in Bosnien den Kroatenführer Maček trifft und ihn auffordert, sich ihm anzuschließen, antwortet ihm dieser, er gedenke im Land zu bleiben und »das Schicksal meines Volkes zu teilen«. Der junge König dagegen geht ins Exil nach London, um sich unter den Schutz Winston Churchills zu stellen.

Ferdinand I., der König von Rumänien, konnte sich 1918 zu dem Unglück seiner kaiserlichen Nachbarn nur gratulieren. Von den Romanow erbte er Bessarabien, von den Habsburgern Siebenbürgen, die Bukowina und einen Teil des Banats. Allerdings übernahm Rumänien mit diesen riesigen Gebieten, die ihm die Alliierten zuschanzten, auch die Verpflichtung für den Schutz der Minoritäten – immerhin über ein Viertel der Bevölkerung. Mit diesem hohen Anteil an Nicht-Rumänien auf seinem Territoium aber war der neue Staat noch stärker gefährdet als Jugoslawien. Waren im alten Königreich 40 Prozent der Bevölkerung des Schreibens und Lesens unkundig gewesen, so kamen in der Bukowina 60 und in Bessarabien nahezu 100 Prozent der Bewohner dazu. Kurzum, die neuen Untertanen des Königs waren in der Mehrzahl Analphabeten.

Wieweit ihn das kümmerte, läßt sich schwer sagen. Die beginnende Industrialisierung in den Bergwerks- und Erdölregionen aber bereitete dem Vordringen des Kommunismus, die Unzufriedenheit auf dem Land dem Einzug des Faschismus den Boden. Gleichermaßen von Hitler wie von Stalin um die Raffinerien von Ploiesti beneidet, war Rumänien in seiner Unabhängigkeit von zwei Seiten bedroht. Im Inneren hatte die Agrarreform, von General Alexandru Averescu 1920 mit eiserner Faust durchgeführt, die Großgrundbesitzer verärgert, eine Vielzahl von Kleinbauern und mit ihnen eine neue anspruchsvolle Klasse geschaffen, deren Angehörige als künftige Mitglieder der Bauernpartei den Faschisten sehr nah stehen sollten.

1922 kam Ion Bratianu, Sproß einer der mächtigsten Familien des alten Rumänien, wieder an die Macht und führte 1923 eine konstitutionelle Monarchie nach britischem Vorbild mit zwei Kammern ein: Die Mitglieder der einen Kammer sollten in einer allgemeinen, direkten und geheimen Wahl gewählt werden, die andere, der Senat, sollte sich aus teils gewählten und teils vom König ernannten Senatoren zusammensetzen. Ion Bratianu selbst war ein Liberaler, der sich eine rasche Industrialisierung seines Landes wünschte. Dadurch hatte er sich die Nationalzaranisten zu Gegnern gemacht, die den Liberalen vorwarfen, Rumänien mit ausländischem Kapital zu überschwemmen und die nationalen Schätze zu verschleudern.

Rumänien war eine Monarchie jüngeren Datums. Napoleon III. hatte der Ernennung eines Prinzen aus dem Haus Hohenzollern-Sigmaringen zugestimmt. Zunächst nur Fürst, wurde Karl, der die Härte und den Mut eines preußischen Offiziers besaß, am 14. März 1881 als Carol I. zum König proklamiert. Er war mit einer Prinzessin zu Wied verheiratet, die eine hervorragende literarische Begabung entwickeln und unter dem Pseudonym Carmen Sylva bei der europäischen High Society zu Ruhm und Ansehen gelangen sollte. Romantisch und extravagant, hüllte sie sich mit Vorliebe in geblümte Gewänder und weiße Schleier und gestattete sich in ihrer unersättlichen Neugier eine sexuelle Freizügigkeit, die an die antikische Sinnenfreude der Gedichte und »Lieder der Bilitis« des französischen Schriftstellers Pierre Louys erinnerte.

Das einzige Kind des Paares, ein Mädchen, war schon früh gestorben. Um die Zukunft seiner frischgebackenen Dynastie zu sichern, zögerte König Carol nicht, den zweiten Sohn seines älteren Bruders Leopold zu adoptieren, Ferdinand von Hohenzollern-Sigmaringen, der – in Carols Augen die beste Referenz – als Leutnant in der preußischen Armee diente.

Besagter Ferdinand, ein schüchterner, eher einfältiger junger Mann, der mit seiner Person nichts Rechtes anzufangen wußte, war in völliger Unkenntnis der rumänischen Sitten und Gebräuche oder der Pflichten eines Königs aufgewachsen. Aber Carol, im Drillen von Rekruten geübt, hatte ihn binnen kurzem mit eiserner Disziplin nach seinen Vorstellungen »geformt«. Der Kronprinz mußte Rumänisch lernen, die orthodoxe Religion annehmen und in allem und jedem den Rat seines Onkels befolgen, der ihn terrorisierte und nichts von Liebschaften mit den hübschen Bukarester Mädchen hören wollte. So schickte er den Leutnant einer Liaison wegen kurzerhand nach Holland, Belgien und Deutschland. Dort sollte Rumäniens Thronerbe am Kaiserhof seine zukünftige Frau Marie kennenlernen, eine Prinzessin von Sachsen-Coburg-Gotha, die älteste Tochter von Königin Victorias zweitem Sohn, Herzog Alfred von Edinburgh, der zugleich Herzog von Sachsen-Coburg-Gotha war. Marie war sechzehn Jahre alt, als sie Ferdinand von Wilhelm II. vorgestellt wurde. 1893 heiratete das Paar, und da Marie mütterlicherseits auch mit dem Zaren verwandt war, trat die rumänische Monarchie nun in den Verband der größten herrschenden Geschlechter Europas ein. Mit Marie hatte Ferdinand aber nicht nur eine schöne Prinzessin geheiratet, sondern auch eine von Kindheit an von ihrer Großmutter auf das Metier der Königin vorbereitete Fürstin. Sie verstand mit den einfachsten ihrer Untertanen genausogut umzugehen wie mit den mächtigsten Monarchen. Ihre blauen Augen und blonden Haare, ihr hoher Wuchs und ihre hoheitsvolle Haltung bezauberten die Rumänen, die hinfort auf die Königin Marie schworen. Durch ihre Reisen während des Ersten Weltkriegs auch in den Hauptstädten des Westens bekannt, war sie die eigentliche Herrscherin Rumäniens.

Die Tyrannei Onkel Carols I., der sich die Erziehung des Thronerben, des 1893 geborenen jungen Carol, nicht nehmen lassen wollte, ertrug Marie nur schwer. Im Januar 1914 jedenfalls wurde der Prinz zur militärischen Ausbildung nach Berlin geschickt und ins 1. preußische Garderegiment gesteckt. Für Ferdinand – wie für seinen Onkel Carol – kam für den sich ankündigenden Krieg nur ein Bündnispartner in Frage: das Deutsche Reich.

Der Kronrat jedoch war für eine Allianz mit Frankreich; und als König Carol am 10. Oktober 1914 starb, hatte sein Land freie Hand hinsichtlich seiner Verbündeten. Im August 1916 gelang es Königin Marie, König und Kronrat zu überzeu-

*Ferdinand I. von Rumänien mit seiner Frau Marie von Sachsen-Coburg-Gotha (um 1914).*

gen, daß es im Interesse des Landes sei, auf seiten der Alliierten in den Krieg einzutreten. Nach dem Desaster des Friedens von Bukarest im Mai 1918, als Rumänien, von den deutsch-österreichischen Streitkräften besiegt, einen entehrenden Friedensvertrag hatte unterzeichnen und die gesamte Dobrudscha an Bulgarien abtreten müssen, schickte Marie ihren Sohn Carol, der sich an der Front bestens bewährt hatte, in den Kronrat, um im Namen der rumänischen Frauen gegen die Schande eines solchen Fußfalls zu protestieren: Das Land werde auf diese Weise den Siegern ausgeliefert. Unter diesen Umständen betrat Carol mit fünfundzwanzig die politische Bühne. Er verurteilte die Liaison seiner Mutter mit dem Fürsten Barbu Stirbeï, einem Liebhaber schneller Pferde und hoher Politik, der als Mentor der Königin galt, und konnte ihr nicht verzeihen, daß sie ihn zum Sprachrohr der rumänischen Frauen gemacht hatte.

Wie ehedem sein Vater, wollte sich auch der Prinz bei der Wahl seiner Frau nicht dreinreden lassen. Als ihn die Königin aus Bukarest entfernte, um ihn von Zizi Lambrino, einer Generalstochter, zu trennen, verließ er sein Regiment, floh nach Odessa, um seine Geliebte zu heiraten, und erklärte den rumänischen Parteien, auf den Thron verzichten zu wollen. Allerorten waren die Zeitungen voll von Berichten über die Hochzeit des Prinzen, der auf Anordnung seines Vaters schleunigst aus dem Verkehr gezogen wurde. Der Sohn aus dieser Verbindung wurde zwar von Carol, aber nicht von der Krone anerkannt und samt seiner jungen Mutter mit einer guten Pension nach Paris abgeschoben, während man den zukünftigen Carol II. auf einem Kriegsschiff auf Weltreise schickte. 1921 wurde er mit Prinzessin Helene von Griechenland vermählt, deren Bruder Georg, der Thronerbe, Carols Schwester Elisabeth geheiratet hatte. Nun konnte das Leben im Königspalast von Bukarest wieder seinen geregelten Gang gehen.

Nach der Geburt des Prinzen Michael im Jahr 1921 schien die Nachfolge gesichert. Wie König Alfons von Spanien aber füllte Prinz Carol durch seine Rennwagen und seine Erfolge beim weiblichen Geschlecht auch weiterhin die Klatschspalten der Tagespresse. Der hübsche junge Mann fehlte auf keiner Party in den Palästen und kümmerte sich herzlich wenig darum, sich mit den Aufgaben eines Königs vertraut zu machen. Mit dem Fürsten Stirbeï oder dem Minister Bratianu, den beiden politischen Säulen des Landes, verband ihn nichts.

Für Prinzessin Helene empfand er keine tieferen Gefühle. Er hatte die Frau geheiratet, die seine Mutter für ihn bestimmt hatte. Von seiner Militärzeit war ihm die Liebe zur Fliegerei und zu den Kameraden geblieben, die das lustige Leben mit ihm teilten. Die Ausbeutung der Erdölvorkommen und die Ansiedlung großer Konzerne in Bukarest hatte im Donaudelta eine reiche internationale, vielfach müßige Gesellschaft entstehen lassen, erpicht auf raschen Gewinn und die Vergnügungen der goldenen zwanziger Jahre. Doch von dieser leichtfertigen, korrupten Gesellschaft fühlte sich der junge Prinz wenig angezogen; die Fliegeroffiziere standen ihm näher als die Manager der Erdölgesellschaften.

Wieder hatte er eine Mätresse, die schöne junge Helena Lupescu, die geschiedene Frau eines Offiziers. Da sie die Tochter eines jüdischen Apothekers aus der Provinz war, mußte die Liaison im antisemitischen Rumänien der zwanziger Jahre geheimgehalten werden. Die grünen Augen und das füllige rote Haar Helenas hatten es dem Prinzen angetan, ihre Intelligenz, ihre Vitalität, ihr Mut hatten ihn dauerhaft für sie eingenommen. Anderthalb Jahre war es ihnen gelungen, ihre Verbindung vor dem Hof zu verbergen. König Ferdinand wollte den verleumderischen Gerüchten, die ihm zugetragen wurden, keinen Glauben schenken. Als nicht länger zu übersehen war, daß der Prinz vor lauter Verliebtheit seine Pflichten vernachlässigte, verwarnten ihn Vater und Mutter energisch und schickten ihn 1925 – anläßlich der Beisetzung Königin Alexandras am 27. November – nach London.

Von dort kehrte der Prinz jedoch nicht in die Heimat zurück. Erst nach geraumer Zeit kam ihm die rumänische Geheimpolizei auf die Spur. Carol hatte sich mit Helena Lupescu zunächst nach Paris, dann nach Mailand geflüchtet. War die Lupescu von Bratianu und dem Fürsten Stirbeï bestochen worden, den Prinzen von Bukarest fortzulocken und damit von der Thronfolge auszuschalten? Zwar schätzte Carol Iuliu Maniu, den Führer der Nationalzaranisten, der Vereinigung der siebenbürgischen Nationalpartei und der altrumänischen Bauernpartei, mehr als die Liberalen, doch die Annahme einer solchen Intrige erscheint durch nichts gerechtfertigt. Wie in England der Prince of Wales war Carol durchaus imstande, aus Liebe zu einer schönen Nichtadligen auf den Thron zu verzichten. Aber Helena wollte nichts von einer Scheidung und einer morganatischen Ehe hören. Sie beschwor Carol vielmehr, seinen Platz als Thronprätendent wieder einzunehmen. Dennoch hatte er zur Verwirrung des Palastes von Mailand aus eine Verzichterklärung geschickt. »Wegen einer

Lupescu verzichtet man nicht auf die Krone«, hatte ihn Königin Marie belehrt. Gleichwohl mußte sie resignieren: Ein Regentschaftsrat wurde eingesetzt und der fünfjährige Prinz Michael zum Thronerben erklärt. In den Augen der Rumänen war Carol einer politischen Intrige des Bratianu-Clans zum Opfer gefallen.

Schließlich machten italienische Journalisten Carol und »Magda«, wie sie die ihnen unbekannte Helena nannten und wie sie künftig heißen sollte, ausfindig. Das Pärchen lebte im Hotel Principe e Savoia auf großem Fuß und verbarg sich nicht länger vor den Pressefotografen. Die Journalisten hefteten sich an die Fersen der beiden, folgten ihnen in die Paläste und Kasinos von Nizza, Cannes und Monte Carlo. Im Hôtel de Paris und im Negresco hatten sie eine Suite reserviert, und Bratianu sorgte dafür, daß es ihnen an nichts mangelte. In Frankreich hatten sie sich dann in Neuilly-sur-Seine niedergelassen. Der Prinz ritt im Bois de Boulogne, derweil Magda, stets voller Mißtrauen gegen die Domestiken, die sie nicht ohne Grund für Spitzel des Geheimdienstes hielt, zu Hause rumänische Gerichte kochte. Ein englischer Bankier rumänischer Abstammung, Barbu Ionesco, hatte es sich in den Kopf gesetzt, Carol mit Hilfe britischer Pressekreise, die Bratianus Politik für unselig hielten, wieder auf den Thron zu bringen. Als König Ferdinand I. am 20. Juli 1927 an Krebs starb, wurde Carol die Erlaubnis verweigert, seinem Vater das letzte Geleit zu geben, und sein Sohn Michael zum König ausgerufen. Bratianu, Ministerpräsident während der Regentschaft für Michael, wollte Carols Rückkehr nach Bukarest um jeden Preis verhindern. Auf Magdas Drängen, seine Rechte geltend zu machen und seine Verzichterklärung zurückzunehmen, veröffentlichte Carol eine solche Erklärung im »Matin«. Er versicherte, »als guter und loyaler Patriot von dem glühenden Wunsch beseelt« zu sein, »seinem Land zu dienen und dessen Ruf zu folgen«.

Aber würde der Ruf erfolgen? Weitere Artikel erschienen, ohne daß Bukarest reagierte. Auf den verstorbenen Ion Bratianu war sein Bruder Vintila als Ministerpräsident gefolgt. Noch immer gaben am rumänischen Hof die »Hausmeier« den Ton an, und Königin Marie war machtlos. In ihren Gesprächen mit Fürst Stirbeï beklagte sie die augenfällige Unfähigkeit und Ohnmacht des Regentschaftsrates, der nicht imstande schien, die Herrschaft auszuüben. Sie wußte nicht, daß sich ein Staatssekretär des Finanzministeriums, der Nationalökonom Mihai Manoilescu, nach Neuilly begeben hatte, um Carol für 1928 einen Staatsstreich vorzuschlagen. Er versicherte, die Armee sei allein schon aus Haß gegen die liberale Partei, die Partei des Auslands, für Carol. Er sollte, so sah es der Plan des Komplotts vor, von einem englischen Flughafen nach Alba Julia fliegen, der Stadt in Siebenbürgen, in der Ferdinand und Marie gekrönt worden waren. Dort würden ihn die rumänischen Offiziere, nachdem sie in der Zwischenzeit möglichst viele Bauern versammelt und einen Marsch nach Bukarest organisiert hatten, erwarten. Ein von Carol unterzeichnetes Manifest – in Form eines Flugblatts – sollte von einem Flugzeug über Rumänien abgeworfen werden. Doch kaum hatte Carol den Fuß auf einen englischen Flughafen gesetzt, wurde er schon von Scotland Yard verhaftet. Das Komplott war aufgeflogen.

Trotzdem mußten die Liberalen in Bukarest die Macht an Maniu und die Nationalzaranisten abtreten, die Carol den Vorschlag machten, mit der Lupescu zu brechen, wieder mit Königin Helene zusammenzuleben und in sein Land zurückzukehren. Magda war bereit, auf Carol zu verzichten. In Bourget wurde ein Flugzeug gechartert und der Franzose Lalouette als Pilot angeheuert, und am 5. Juni 1930 traf Carol in der Uniform eines Luftwaffenoffiziers in Bukarest ein. Zwei Regimenter standen zu seinem Empfang bereit und eskortierten ihn zum Königspalast, während Magda Lupescu in Paris die Rolle der verlassenen Geliebten spielte.

Die Begeisterung der rumänischen Massen überraschte selbst Carol. Am 8. Juni 1930 nahm die Nationalversammlung trotz des Widerstands der Liberalen Michael die Krone wieder weg, um seinen Vater zum König von Rumänien zu krönen. Als der neue Herrscher auf dem Thron im riesigen weiß-goldenen Saal im königlichen Palais an der Calea Victoriei Platz nahm, brach ein wahrer Begeisterungssturm los. Fragte sich nun nur noch, ob auch Königin Helene an ihren Platz zurückkehren würde. Doch sie weigerte sich, zu verzeihen und die Trennung rückgängig zu machen. So verzichtete man auf die Krönungszeremonie. Zur maßlosen Verblüffung der politischen Kreise jedoch tauchte schon bald darauf die Geliebte des Königs wieder in Bukarest auf: Der Souverän hatte sie heimlich an einem verschwiegenen Ort untergebracht.

Wie er seinen Untertanen seine Mätresse aufzwang, so gedachte Carol auch die Politik selbst in die Hand zu nehmen. Sehr schnell schaltet er Maniu aus, dem er seinen Thron verdankt, und macht sich mit Nachdruck daran, die Parteien zu spalten, um Mehrheiten aller Art zu verhindern. Den Nationalzaranisten Mironescu wechselt er gegen den für die antisemitische Hetze Codreanus sehr empfänglichen Professor Iorga aus. Besagter Codreanu gründete 1927 die »Legion Erzengel Michael« zur Bekämpfung des Kommunismus und zur Vertreibung der Juden aus Bukarest. Die Bewegung ist von religiösem Fanatismus getragen und nicht auf die ländlichen Gebiete beschränkt. Ihr schließen sich auch zahlreiche Studenten der neugegründeten Universität, Militärs und Beamte an. Der unter Codreanus Anhängern übliche faschistische Gruß, ihre militärischen Kader und ihre grünen Hemden erinnern an Mussolinis Bewegung. Die »Legion Erzengel Michael«, die sich seit 1930 »Eiserne Garde« nennt, ist zu allen Opfern zum Ruhme des heiligen Michael und des »wahren Glaubens« bereit, und in den Dorfpopen findet Codreanu natürliche Vermittler seiner Propaganda. So kann der *Capitano* den Nationalzaranisten immer mehr Mitglieder abspenstig machen. Er prangert den Parlamentarismus und die Korruption der Städte an, nimmt die Monarchie aber von seiner Kritik aus. Als ihm Carol eine politische Allianz anbietet, lehnt er jedoch ab. Der *Capitano* gedenkt die Monarchie zu erneuern und den König zu zwingen, seine Mätresse fortzuschicken. Und in der Tat geben der rapide Preisverfall bei landwirtschaftlichen Erzeugnissen, der geringe Erfolg der Agrarreform und die sinkenden Erträge, mit einem Wort, die Unzufriedenheit der Bauern, dem rumänischen Faschismus solchen Auftrieb, daß er eine ernste Bedrohung für die Monarchie und sogar für die Person des Königs darstellt, auch wenn dieser seinen Hauptfeind woanders sieht.

Carols persönliche Macht wächst rasch. Um Magda, die in ihrem Salon Industrielle und Höflinge empfängt, bildet sich eine Art offiziöser Hof. Königin Helene mußte auf Geheiß des Königs ins Exil gehen, ebenso Fürst Stirbeï, der Günstling der Königinmutter. Diese kann ihrem geliebten 4. Husarenregiment in Bukarest nicht mehr die Parade abnehmen, ohne die Eifersucht des Königs zu wecken. Seinem jüngeren Bruder Nikolaus verweigert er die Erlaubnis, eine geschiedene Schönheit zu heiraten. Und nachdem er seine Familie so zum Gehorsam gezwungen hat, baut er sich eine Kamarilla auf, die er sich persönlich verpflichtet. Ihr gehört auch sein Regimentskamerad Gabriel Marinescu an, den er zum General und später zum Polizeichef ernennt. Angeblich soll der ihm ergebene junge Mann die Spiel- und Bordellsteuern selbst eingetrieben haben. Was die königliche Mätresse betrifft, so veranstaltet sie Pokerpartien, bei denen die Teilnehmer so manches Mal horrende Summen verspielen. Verschiedentlich wirbelt ein Skandal Staub auf: Magdas Vater gründet eine Gesellschaft, die mit dem Porträt des Königs bedruckte Taschentücher vertreibt. Abnehmer ist die Armee, die den Preis vom Sold der Landser abzieht. Diese protestieren, bis General Ullea dem Skandal schließlich durch die Erklärung, es schicke sich nicht, daß sich die Soldaten ins Gesicht ihres Souveräns schneuzten, ein Ende macht.

Solche und ähnliche Geschichten laufen in Bukarest um, ein Ruch von Korruption hängt über der Stadt. Ein mit Magda verwandter Architekt erhält den Auftrag, den Palast auszubauen – ein Projekt, das Hunderte von Millionen Lei kostet, da aus den Vereinigten Staaten eine Klimaanlage importiert wird.

Bestrebt, das rumänische Volk in Kader aufzuteilen, faßt der König als erstes die Bildung paramilitärischer Jugendgruppen ins Auge, die, wie die Hitlerjugend oder Mussolinis G. I. L., uniformiert durch die Straßen ziehen. Auch Carols »Straja Tsarei« sind mehr als nur Pfadfinder: Sie singen patriotische Lieder, marschieren bei offiziellen Anlässen im Gleichschritt und führen in Sommerlagern das Leben von Soldaten. Das ist ein erster Versuch, den Legionären des heiligen Michael Konkurrenz zu machen. Aber er bleibt weitgehend auf die städtischen Schüler beschränkt; auf dem Land kann sich Codreanu nach wie vor behaupten, selbst in Bukarest organisieren Studenten antisemitische Demonstrationen und skandieren gegen Magda gerichtete Parolen.

Bei der Agrarreform geht der König auf seinen eigenen Domänen mit gutem Beispiel voran. Nach der Aufteilung des Bodens gilt es, die Bauern zu Hygiene, wissenschaftlicher Anbauweise und Rentabilität zu erziehen. So richtet der König zur Fortsetzung und Vertiefung der Reform ein Sozialinstitut mit Technikern, Professoren und Beratern ein. Junge, schick gekleidete Helferinnen werden aufs Land hinausgeschickt, um die Bauern dazu zu bringen, beispielsweise zu Weihnachten kein Schwein zu schlachten oder ihre allzu einseitige Ernährung etwa durch die Einbeziehung von mehr Geflügel zu ergänzen. Doch die Empfehlungen stoßen meist auf taube Ohren, und die Produktivität der Kleinbauern sinkt unaufhaltsam. Damit aber ist zugleich auch für weiteren Zulauf zu Codreanus faschistischer Bewegung gesorgt.

Gegen Faschisten und Kommunisten ruft der König eine speziell an seine Person gebundene Geheimpolizei ins Leben, deren Leitung er einem russischen »Spezialisten« überträgt. Dieser begnügt sich nicht mit Überwachungen, sondern verhaftet, foltert und liquidiert, wie es ihm gefällt. Außerdem wird die Zahl der Polizeikräfte aufgestockt, der Sold der Offiziere und Militärs für ihren Einsatz gegen revoltierende Bauern, streikende Arbeiter und die annektierten, stets am Rande des Aufruhrs stehenden Provinzen aufgebessert. Doch die Kosten dieser Unterdrückung können in finanziell und wirtschaftlich so schwierigen Zeiten durch die unter Professor Iorga in Frankreich aufgenommene Anleihe nicht gedeckt werden. Die Banken machen Bankrott, die Bezüge der Beamten werden gekürzt und sogar der Sold nicht mehr regelmäßig ausgezahlt. »Was«, fragt ein Oberst ratlos, »soll ich nur machen? Schön und gut, daß meine Männer vom Plündern und meine Offiziere von ihrem Charme leben. Aber womit soll ich meine Pferde füttern?«

In dieser äußerst schweren Zeit spannt der König alle Parteien ein, beruft ihre Führer der Reihe nach an die Macht. Auf den Nationaldemokraten Nikolaus Iorga folgt der Nationalzaranist Alexander Vajda-Voevod, der bald wieder Maniu Platz macht. Nachdem auch dieser wieder gescheitert ist, delegieren die Liberalen ihren neuen Chef Ion G. Duca, der aber nicht lange an der Macht bleibt. Er hat sich mit der wachsenden Stärke der Eisernen Garde auseinanderzusetzen, die mehrere Abgeordnete ins Parlament schickt. Zunächst versucht der König Codreanu auf seine Seite zu ziehen, und als das mißlingt, Codreanus Partei für illegal zu erklären. Daraufhin kommt es jedoch zu so heftigen Demonstrationen, daß er einen Rückzieher machen muß. Ende 1933 nehmen die Demonstrationen in solch beunruhigendem Ausmaß zu, daß Carol Duca auffordert, endlich Schluß zu machen und die Bewegung zu unterdrücken. Nun werden die Grünhemden gerichtlich verfolgt: 18 000 Verhaftungen, Hausdurchsuchungen, brutale Verhöre. Doch die Gewaltanwendung der Polizei provoziert nur Gewalttaten auf seiten der Eisernen Garde: Mord, Brandstiftung, Raubüberfälle auf die Häuser von Juden und Überfälle auf Polizeiposten sind die Folge. Duca begreift, daß er es mit einem gut organisierten, militarisierten Gegner zu tun hat, dem es weder an Waffen noch an finanziellen Mitteln fehlt. Den *Capitano* bekommt er nicht zu fassen. Am 29. Dezember

1933 wird Duca von drei Legionären in Sinaia ermordet. Der Polizeichef Marinescu hat versäumt, auf dem Bahnhof, auf dem sich das Drama abspielt, für die Sicherheit des Ministerpräsidenten zu sorgen.

Der König verhängt für ein halbes Jahr den Ausnahmezustand, der dann bis zum Ende seiner Regierungszeit zweimal pro Jahr verlängert werden sollte. Ducas Mörder werden verhaftet, nicht aber Codreanu, der sich im Haus eines Cousins der Lupescu versteckt hält. Als wieder Ruhe eingekehrt ist, kommt er freiwillig aus seinem Unterschlupf und fordert, vor ein Kriegsgericht gestellt zu werden: Er wird freigesprochen. Als Entlastungszeugen waren Maniu und Vajda-Voevod vor Gericht erschienen. Natürlich schlägt dieser Mißerfolg der Staatsmacht gewaltig für die Eiserne Garde zu Buche. 1937 kann Codreanus Partei 66 Abgeordnete ins Parlament schicken und hat damit als zweitstärkste Fraktion nach den Liberalen die Nationalzaranisten überholt. Als paramilitärische Kraft mischen sich die faschistischen Legionen überall auf dem Land ein, um die »Verräter« zu bestrafen und die Zauderer einzuschüchtern. Von freien Wahlen kann keine Rede mehr sein.

In den Städten häufen sich die antisemitischen Demonstrationen. Doch anstatt die Eiserne Garde zu bekämpfen, wiegt sich der König einen Augenblick lang in der Hoffnung, die Legionäre für sich gewinnen zu können, wenn er ihnen für ihre Sommerlager Militärgelände zur Verfügung stellt. Schon bald besitzt Codreanu die Frechheit, an der Spitze seiner Garde hinter dem Leichenzug zweier im spanischen Bürgerkrieg für Franco gefallenen Legionäre durch Bukarests Straßen zu ziehen. Von seinem Fenster aus kann Carol Abertausende von Grünhemden, religiös-faschistische Hymnen auf den Lippen, in Begleitung der Popen dahinmarschieren sehen.

Wurden die rumänischen Faschisten von Hitler unterstützt? Allem Anschein nach nicht. Wohl hatte die SS ihre Fühler nach Bukarest ausgestreckt, um die Bewegung zu verfolgen, aber sie sammelte nur Informationen, ohne sich einzumischen.

Carol seinerseits hatte für seine offizielle Politik die Regel aufgestellt, die Diktaturen über den Minister des Äußeren, Titulescu, anzugreifen, auf der wirtschaftlichen Ebene aber, vor allem im Hinblick auf das Erdöl, Kontakte zu den Nazis anzuknüpfen. Aus Angst, von den Legionären ermordet zu werden, ließ sich Titulescu in Rumänien selber kaum blicken und verbrachte seine Zeit zwischen Genf, Sankt Moritz und Cap-Martin. Am 29. August 1936 wurde er abgesetzt; der König hatte keine Lust mehr, eine antifaschistische Außenpolitik vorzuschützen. Er zog es vor – wie zwei Jahre später die westlichen Führer in München –, mit Hitler und Mussolini direkt zu verhandeln. Damit gab Carols Politik nur den Auftakt zur allgemeinen Kapitulation des Westens vor dem Faschismus.

1937 löst der König die neugewählte Kammer auf, ehe sie überhaupt zusammengetreten ist, und überträgt Oktavian Goga, dem Chef der faschistisch orientierten christlich-nationalen Partei, die Macht. Dieser Dichterphilosoph ist für seinen wütenden Antisemitismus bekannt, und so hofft der König, das Volk Codreanu auf diese Weise abspenstig und gegen den Faschismus immun machen zu können. Goga fordert General Antonescu, seit 1933 Generalstabschef, auf, sich politisch zu engagieren. Und erstmals erklärt sich der Held von 1914/18 bereit, den Posten des Verteidigungsministers zu übernehmen, um die Korruption beim Militär zu bekämpfen. Doch er bleibt nicht lange. Durch seinen Rücktritt aber wird er bei der extremen Rechten populär und lenkt die Aufmerksamkeit der Nazis auf sich. Rumänien hat also einen militärischen Retter in petto, falls der König ausfallen sollte.

Mittlerweile hat Carol alle Vollmachten auf sich vereinigt, um nach Art König Alexanders von Jugoslawien eine Königsdiktatur auszuüben. Nur gestatten ihm die rumänischen Faschisten nicht, auf halbem Weg stehenzubleiben. Die Parteien werden verboten, und es bildet sich ein Kabinett der »Nationalen Konzentration«; sich selbst erklärt er zum Diktator. Zum Ministerpräsidenten hat er das Oberhaupt der orthodoxen Kirche, den Patriarchen Myron Christea, bestimmt, in

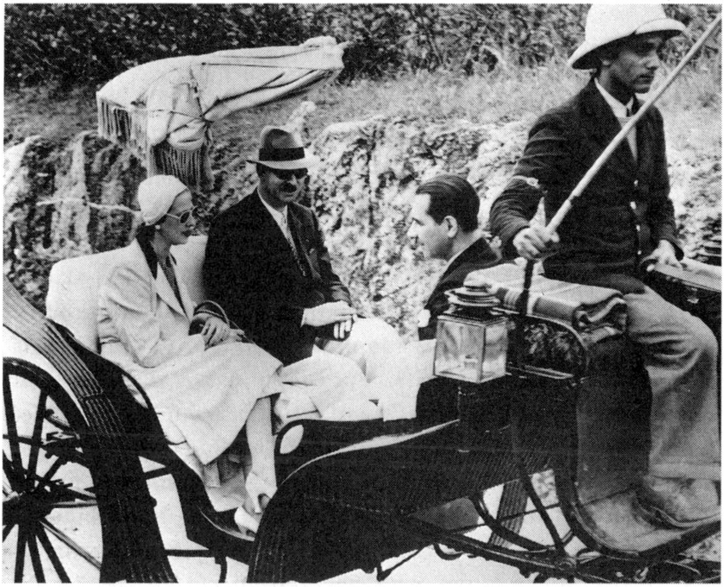

*Carol II. von Rumänien und Magda Lupescu*
*auf den Bermudas (1941).*

der Hoffnung, auf diese Weise die Opposition der Popen, die ja samt und sonders zu den mehr oder weniger fanatischen Anhängern des *Capitano* zählen, zu schwächen.

Auf den Straßen marschiert uniformiert mit Fahnen und römischem Gruß eine Kopie von Hitlers SA. Nun braucht der König nur noch Hitlers Unterstützung und Einwilligung, um die Eiserne Garde auszuschalten. Dr. Neubacher, der Leiter der NS-Wirtschaftsdelegation in Bukarest, gibt zu verstehen, daß Hitler gern bereit sei, König Carol beizustehen, falls er sich von Magda Lupescu trenne.

Große Interessen stehen auf dem Spiel: Deutschland ist auf das rumänische Erdöl angewiesen. 1938 stirbt Königin Marie an Krebs, verzweifelt darüber, noch erleben zu müssen, daß ihr Sohn sich von der britisch-französischen Allianz abkehrt. Carol dagegen sieht in der Freundschaft mit Deutschland eine

Möglichkeit, sich der Faschisten in seinem Land zu entledigen. Seit dem »Anschluß« Österreichs an das Deutsche Reich am 13. März 1938 macht die Polizei Jagd auf die Eiserne Garde, insonderheit auf Codreanu, der des Verrats beschuldigt wird. Schließlich wird er zusammen mit etlichen hundert Anhängern festgenommen und in einem Schauprozeß zu zehn Jahren Zwangsarbeit verurteilt. Antonescu, der gegen eine solche Behandlung der Eisernen Garde protestiert hatte, wird abgesetzt und zu einem Zwangsaufenthalt in Bistrita verdammt. Nach dem Münchner Abkommen vom 29./30. September 1938, das den Anschluß des Sudetenlands an das Deutsche Reich verfügt, begibt sich Carol, bestrebt, sich aus der wirtschaftlichen Abhängigkeit von Deutschland zu lösen, nach London und Paris, um politische und militärische Garantien für den Fall eines Angriffs auf sein Land auszuhandeln. Anschließend reist er nach Berchtesgaden. Hitler, ungehalten über Prinz Michael, der bei der Zusammenkunft im Berghof raucht – Hitler war Nichtraucher –, ermattet Carol mit nicht enden wollenden Ausführungen. Der König versucht, für das den Deutschen so wichtige Erdöl modernes Kriegsgerät und vor allem Hitlers Unterstützung gegen die rumänischen Faschisten zu erhalten. Hitler willigt ein, seinen Offizier Konradi, der in ständiger Verbindung mit der Eisernen Garde steht, zurückzuberufen. Ihm hatte er aufgetragen, für Codreanus Sicherheit zu sorgen, in dem er Rumäniens eigentlichen Diktator sah.

Nach Carols Rückkehr am 28. November 1938 überzog der Terrorismus, jäh aufflammend, das ganze Land mit Feuer und Blut. Am 30. November wurde Codreanu zusammen mit dreizehn Anhängern im Gefängnis ermordet. Die Behörden gaben an, der *Capitano* sei bei einem Fluchtversuch ums Leben gekommen. Hatte Carol persönlich den Mordbefehl erteilt? Nach allgemeiner Ansicht waren ihm übereifrige Helfershelfer zuvorgekommen. Hitler aber hielt sich in seiner Wut an den König und versprach, ihn zu vernichten. Er wollte nicht als Komplize dieses Verbrechens dastehen. Konradi blieb in

Bukarest mit dem Befehl, die Ölfelder zu sichern und die revolutionäre Situation in Rumänien im Griff zu behalten.

Und wieder wendet sich der König nach Westen, ernennt den frankophilen Gregor Gafencu zum Außenminister, während er gleichzeitig die faschistische Orientierung der Innenpolitik weiter vertieft. Als er nach dem Tod Myron Christeas den früheren Innenminister, den verrufenen Călinescu, der gegen die Eiserne Garde vorgegangen war, zum Ministerpräsidenten ernennt, greifen die Legionäre, aufs äußerste erbittert, zu den Waffen. Carol, nach Hitlers Einmarsch in die Tschechoslowakei am 15. März 1939 im Besitz der britisch-französischen Beistandsgarantie im Falle eines sowjetischen oder deutschen Angriffs, geht mit Magda an Bord der königlichen Jacht *Liuceafarul,* ehedem Eigentum von Eduard, Prince of Wales, und seiner Frau Wallis Simpson. Als sie von der Unterzeichnung des deutsch-sowjetischen Nichtangriffspakts – am 23. August 1939 – erfahren, erhebt sich die Frage, auf welche Seite sich Rumänien schlagen soll. Denn nun ist ein Krieg unvermeidlich. Schon suchen nach dem Überfall der Deutschen auf ihr Land – am 1. September 1939 – die Mitglieder der polnischen Regierung in Bukarest um Asyl nach. Am 21. September wird Călinescu von der Eisernen Garde ermordet. Aus Rache stellt die Polizei in jeder Provinzhauptstadt die Leichen von drei hingerichteten Legionären zur Schau. Die Mobilmachung ergeht, die Armee wird an die Grenzen geschickt, obwohl sie offensichtlich nicht über die Mittel verfügt, auch nur dem geringsten Angriff standzuhalten. Der König muß seinen außenpolitischen Kurs ändern und Hitler um Hilfe gegen eine mögliche russische Invasion angehen. Sämtliche Erdölgesellschaften, selbst die mit englischer oder französischer Kapitalmehrheit, sind bereit, den Deutschen Treibstoff zu liefern. Ein Ultimatum vom 26. Juni 1940 erzwingt die Abtretung Bessarabiens und der Bukowina an Rußland. Die deutsche Regierung hat Rumänien, das bis dahin strikte Neutralität bewahrt hatte, den Verzicht nahegelegt. Und Carol beruft den pronazistischen Gigurtu an die Macht.

Er kann auch nicht verhindern, daß die Dobrudscha an Bulgarien und der nördliche Teil von Siebenbürgen an Ungarn kommen. Das »Großrumänien« von Bratianu und Königin Marie ist zerstückelt. In seiner Verzweiflung holt Carol einen von *Capitanos* Stellvertretern, Horia Sima, in die Regierung. Dieser hat nichts Eiligeres zu tun, als alle Vollmachten und Carols Abdankung zu fordern. Am 3. September 1940 bemächtigt sich die Eiserne Garde des Rundfunksenders und der Fernsprechvermittlungsstelle in Bukarest. Der König versucht, den ehemaligen Verteidigungsminister Antonescu als Vermittler einzuschalten. Dieser antwortet nach Rücksprache mit dem SS-Mann Fabricius ebenfalls mit der Forderung nach allen Vollmachten. Vor dem Palast finden, von der Eisernen Garde organisiert, Massendemonstrationen statt; der Ruf nach der Abdankung Carols wird immer lauter. Antonescu garantiert die Abschiebung von Carol und Magda ins Ausland. Am 6. September unterzeichnet Carol ein Manifest, in dem die Krone seinem neunzehnjährigen Sohn Michael übergeben wird, ohne daß der Begriff Abdankung fällt. Ein Sonderzug bringt das Paar samt Gepäck, darunter reiche Dollarbestände, Schmuck und sogar Gemälde aus dem Königspalast, in die Schweiz. Der Überfall der Legionäre auf den Zug in Timisoara (Temesvar) mißlingt. Carol wirft sich über seine Geliebte, die in der Badewanne vor den Maschinengewehrsalven Deckung gesucht hat, und die Flüchtlinge gelangen heil in die Schweiz. Von dort sollte sie ihr langes Exil nach Frankreich, Spanien und Portugal, ja kreuz und quer durch die westliche Welt führen. König Michael, Opfer der Politik seines Vaters, blieb als Geisel Antonescus, der sich mit den Deutschen gegen Stalin verbündete, allein in Bukarest zurück.

Die faschistischen Könige sollten vom Zusammenbruch der Armeen der Achsenmächte mit fortgerissen werden. Sie fielen, sofern sie sich am NS-Kreuzzug beteiligt hatten, den Sowjets als erste zum Opfer. Dabei hatte Bulgariens König Boris III. den Beitritt seines Landes zum Dreimächtepakt 1941 keines-

*Hitler begrüßt den König von Bulgarien, Boris III., in seinem Hauptquartier (1942).*

wegs befürwortet. Allen königlichen Vorbehalten zum Trotz aber war sein Ministerpräsident Bogdan Fílow am 1. März 1941 mit Ribbentrop und Hitler in Salzburg zusammengetroffen und hatte ein Militärabkommen ausgehandelt, das den deutschen Truppen im Fall eines Angriffs auf Griechenland den Durchmarsch durch Bulgarien gestattete. Damit stand König Boris nolens volens auf der falschen Seite.

Am 12. Dezember 1941 erklärt Bulgarien den Vereinigten Staaten und Großbritannien den Krieg und ist zu einer für Hitler wichtigen wirtschaftlichen Kooperation bereit. Im Kabinett des Königs sitzen auch pronazistische Minister, aber im Land organisiert sich bereits der Widerstand. 1943 versucht Hitler vergeblich, König Boris zu einem militärischen Engagement gegen die Sowjets zu bewegen. Der König bleibt fest; am 28. August stirbt er jedoch auf reichlich mysteriöse Weise in seinem Palast. Da sein Sohn Simeon II. erst sechs Jahre alt ist, wird mit dem Bruder des Königs, Prinz Kyrill, an der Spitze ein Regentschaftsrat gebildet, der sich einer bewaffneten Erhebung von über 18 000 Mann konfrontiert sieht. Als Sofia 1944 von der Roten Armee besetzt wird, kommt es zu keiner Fraternisierung, da die Rote Armee die Bulgaren als Feinde betrachtet. Am 5. September 1944 hat die Sowjetunion Bulgarien den Krieg erklärt, das sich nach dem Zusammenbruch der deutschen Balkanfront seinerseits am 16. August 1944 für neutral erklärt hatte. Durch einen Putsch wird unter Oberst Kimon Geórgiew, einem der Führer der bulgarischen Widerstandsbewegung, eine agrar-kommunistisch-militärische Regierung, die »Vaterländische Front«, und ein neuer Regentschaftsrat eingesetzt. Prinz Kyrill, die alten Regenten sowie mehrere Minister werden zum Tode verurteilt und hingerichtet, die faschistischen Organisationen aufgelöst. Am 18. November 1945 gewinnt die kommunistisch orientierte Vaterländische Front die Wahlen. Per Referendum wird am 15. September 1946 die Republik ausgerufen. König Simeon und seine Mutter, die italienische Prinzessin Johanna von Savoyen, gehen nach Kairo ins Exil.

König Michael von Rumänien ist alt genug, um nach der Abschiebung seines Vaters den Thron zu besteigen. Doch Antonescu, im Volksmund »der Krebs« genannt, versteht aus dem nationalen Aufruhr, den die Besetzung Siebenbürgens durch die Ungarn ausgelöst hat, Kapital zu schlagen und legt sich schon bald den faschistisch klingenden Titel *Conducatorul* zu. Er schließt ein Bündnis mit Hitler und läßt der Eisernen Garde freie Hand, die im Land Terror verbreitet, Juden verfolgt und verhaftet, sofern sie sie nicht an Ort und Stelle massakriert, und ihre politischen Gegner wie Iorga verschwinden läßt. Am 12. Juni 1941 weiht Hitler den *Conducatorul* in München in das Unternehmen »Barbarossa« ein, und bald darauf kämpft die rumänische Armee an der Seite der Wehrmacht gegen die Sowjetunion. Bessarabien wird zurückerobert, die Rumänen stoßen bis zur Krim vor und gründen die Provinz Transnistrien, in die Antonescu Hunderttausende von Zigeunern und Juden deportieren läßt.

Der junge König, der auf Aufforderung Antonescus den Eid

geleistet hat, begrüßt hocherfreut die Rückkehr seiner Mutter, der nach wie vor ausgesprochen anglophilen Königin Helene, nach Bukarest. Ihr bühnenreifer Einzug in der von Schimmeln gezogenen königlichen Karrosse versetzt das Volk in einen wahren Taumel der Begeisterung. Antonescu hatte König Michael empfohlen, die Calea Victoriei zu Fuß hinunterzugehen und sogar in die Läden einzutreten, um Hände zu schütteln. Den Einfall der rumänischen Armee in die UdSSR erfährt der junge König über die BBC. Wütend auf den Marschall, der ihn zu keiner politischen Entscheidung hinzuzieht, hält er es dennoch für seine Pflicht, auf seinem Posten zu bleiben. Ja, seine Gewissenhaftigkeit treibt ihn sogar, die Truppen an der Front zu inspizieren. Zum Marschall ernannt, nimmt er die Paraden gern ab. Er erinnert sich, daß seine Mutter gegen die Deportation der Juden protestierte und drohte, Rumänien zu verlassen. Der König selbst nimmt Kontakt mit den Parteivorsitzenden Maniu und Bratianu auf. Nach der schweren Niederlage von Stalingrad verbünden sich der alte Maniu und Konstantin Bratianu, der Erbe einer langen Reihe rumänischer Staatsmänner, mit dem Kommunisten Lucretiu Patrascanu und bilden 1944 eine »Demokratische Volksfront«. In den Malaxa-, Megaloglobus- und Gravita-Werken häufen sich die Sabotagen; Fürst Stirbeï wird nach Kairo entsandt, um mit den Alliierten zu verhandeln. Doch er scheitert an den in Teheran getroffenen und anschließend in Jalta bestätigten Beschlüssen: Die Rumänen können sich nur Stalin ergeben, sie müssen vor der Roten Armee kapitulieren.

In der Zwischenzeit greift die russische Armee ihrerseits die rumänische Front an. Im Einverständnis mit den Parteivorsitzenden läßt der König am 23. August 1944 Antonescu in seinem Büro verhaften, Deutschland am 29. August den Krieg erklären und eine Regierung bilden, die den Russen Friedensverhandlungen anbietet. Die Deutschen bombardieren Bukarest, ergeben sich der Widerstandsbewegung jedoch fast kampflos. Am 12. September unterzeichnen die Rumänen in Moskau einen Friedensvertrag, der ihnen nur Nachteile bringt, zumal sie den Russen zwanzig Divisionen zur Verfügung stellen müssen.

Die Sowjets besetzen das Land und zwingen den König, den von Stalin vorgeschlagenen Petru Groza zum Regierungschef zu ernennen. Der *Conducatorul* Antonescu wird durch den rumänischen Volksgerichtshof als Kriegsverbrecher zum Tod verurteilt und am 1. Juni 1946 in Bukarest hingerichtet. Der König seinerseits verfügt weiterhin über Hof und Adjutantur samt Hofmarschall und Adjutanten. Als General Malinowskis Panzer in Bukarest einrollen, hält sich Michael mit seiner Mutter in der Kisseleff-Straße auf. Sollte er fliehen? Michael verspürt die Versuchung, als er zur Hochzeit von Prinzessin Elisabeth und Prinz Philipp nach London entsandt wird. In Rumänien wütet der rote Terror, Zehntausende werden verhaftet. Auf Unterstützung durch die Alliierten kann der König nicht rechnen. Er muß sich den Befehlen von Stalins Sonderbeauftragtem Wyschinski beugen, der Ende 1946 die Wahlen organisiert, die die Kommunisten an die Macht bringen. Doch Stalin zeichnet den König mit dem Siegesorden aus und schenkt ihm zwei Flugzeuge. In London trifft Michael seine Verwandten vom griechischen Königshaus, den Prinzen Johann von Luxemburg und macht die Bekanntschaft der Prinzessin von Bourbon-Parma, die er vom Fleck weg geheiratet hätte, wenn sich die rumänische Regierung nicht dagegen gesperrt hätte. Anna, die Tochter Renés von Bourbon und Margaretes von Dänemark, ist Sanitäterin in der französischen Armee. Ihre Briefe an ihren Verlobten werden von den Sowjets zensiert.

Im Dezember 1947 ist der Kalte Krieg in vollem Gang. Stalin hat beschlossen, die Ausdehnung des Kommunismus auf Osteuropa zu beschleunigen. Der König wird nach Bukarest zitiert, wo man ihm nahelegt, abzudanken. Das Gardebataillon ist entwaffnet worden, Panzerwagen patrouillieren durch die Straßen. Ein Sonderzug bringt die königliche Familie nach Lausanne. Für Carols Sohn beginnt das Exil. Immerhin wird König Michael der Aufenthalt in den Vereinigten Staaten gestattet, wo er noch eine ganze Zeitlang Subsidien erhält, mit denen er ein nationalrumänisches Komitee finanzieren kann. Ihm wird – anders als seinem Vater – keine Mitschuld an dem Desaster angelastet; das Odium des faschistischen Königs bleibt ausschließlich an Carol haften. Dank Michaels Haltung gegenüber den Sowjets ist seine Rückkehr auf den Thron nicht völlig ausgeschlossen.

Das Griechenland des 1935 durch Volksabstimmung zurückgerufenen Königs Georg II., eine Militärdiktatur unter General Metaxas, hatte die politischen Parteien abgeschafft und die politischen Gegner ins Gefängnis geworfen. Um alle demokratischen Ideen zu unterdrücken, hatte der General sogar Sophokles-Aufführungen untersagt. So hatte die Diktatur in dem wirtschaftlich von England abhängigen Land faschistische Züge angenommen. Bei Beginn der italienischen Offensive am 28. Oktober 1940 aber hatte Metaxas alle patriotischen Kräfte um sich scharen und so die Italiener zurückschlagen können.

Doch als Hitler im April 1941 Mussolini zu Hilfe kam, war die Metaxas-Linie binnen weniger Stunden durchstoßen. Griechenland wurde von den Deutschen besetzt und von der Regierung eines Kollaborateurs, des Generals Tsolakoglu, verwaltet. Der König hatte sich samt Familie beim Rückzug der Briten nach Ägypten geflüchtet. Churchill war an einer gesicherten Zukunft der griechischen Monarchie ebenso gelegen wie an der Wahrung der Chancen der jugoslawischen Dynastie. Seiner Meinung nach war einzig die Monarchie imstande, diese politisch instabilen Länder, die bei der Konferenz von Teheran vom 28. November bis 1. Dezember 1943 von den »Großen Drei« dem Westen zugeschlagen worden waren, vor dem Kommunismus zu bewahren. Doch in Griechenland gab es, ebenso wie in Jugoslawien, eine starke, gut bewaffnete kommunistische Widerstandsbewegung. Im April 1942 hatte die kommunistische Volksbefreiungsfront (EAM) die Bildung einer Volksbefreiungsarmee (EAL) angekündigt, die in Epirus, in den nord- und mittelgriechischen Bergen rekrutiert werden sollte. Daneben gab es aber noch eine andere, antikommunistische Widerstandsbewegung, angeführt von dem griechischen Oberst Napoleon Zervas, die die EAL erbittert bekämpfte. Zu den monarchistischen Kreisen in London unterhielt der Oberst als eingefleischter Republikaner allerdings keinerlei Verbindung. König Georg II. hatte sich nämlich, gleich nachdem er Kreta verlassen und über Ägypten nach Südafrika geflohen war, mit Unterstützung Marschall Smuts nach London begeben und sich dort mit der Regierung Tsuderos niedergelassen. Durch die lange Diktatur Metaxas' aber ist Georg II. in Griechenland kompromittiert, und so mancher in England bezweifelt, daß eine Mehrheit seine Rückkehr wünscht. Es gilt, wie Smuts an Churchill schreibt, Zeit zu gewinnen und zu verhindern, daß schon bald nach der Befreiung Wahlen abgehalten werden oder ein Referendum über die Regierungsform durchgeführt wird. Der größte Teil des Landes befindet sich in der Hand der Kommunisten, die, seit 1943 dank der von den Italienern zurückgelassenen Ausrüstung bis an die Zähne bewaffnet, das Land in Angst und Schrecken versetzen, Verräter hinrichten und die Verwaltung samt der Lebensmittelversorgung an sich gerissen haben.

Anfangs arbeiten sie mit englischen Sabotagetrupps zusammen, die zu wiederholten Malen die Strecke nach Athen unterbrechen, um den deutschen Nachschub über Piräus nach Libyen zu unterbinden. Zervas' Banden machen höchstens ein Viertel der kommunistischen Partisanen aus, die insgesamt über 20 000 Mann zählen. In Kairo dringen Delegierte der Widerstandsbewegung darauf, vor der Rückkehr des Königs eine Volksabstimmung durchzuführen. Aber die Kommunisten sind sich im klaren, daß Churchill entschlossen ist, Georg II. zu halten: Zum Zeitpunkt der Befreiung sollen 5000 britische Soldaten auf griechischem Boden landen, um einen kommunistischen Staatsstreich zu verhindern. Außerdem werden nun die Waffenlieferungen an die EAL eingestellt. Daraufhin beschließt die kommunistische Organisation, die in Ägypten stationierten griechischen Streitkräfte, die Churchill an die italienische Front zu schicken beabsichtigt, zur Meuterei aufzuhetzen. Tsuderos bietet seine Demission an, die die Engländer jedoch nicht annehmen. Er muß bis zur Beendigung der Meutereien bleiben. Ohne Gewaltanwendung aber ist dies nicht zu schaffen, vor allem nicht bei den Flotteneinheiten im Hafen von Alexandria.

Der König begibt sich höchstpersönlich nach Kairo; er kündigt die Bildung einer parlamentarischen Regierung an unter der Leitung Georgios Papandreous, des Gründers der Demokratisch-Sozialen Partei. Am 17. Mai 1944 kommen die Abgesandten aller Verbände, einschließlich der Führer der Widerstandsbewegung, im Libanon zusammen und billigen die Fusion der Streitkräfte und eine Volksbefragung über die künftige griechische Regierungsform.

In weiser Voraussicht hat Churchill nach dem Abzug der Deutschen den Einsatz einer britischen Armee in Athen zur Verhinderung eines Staatsstreichs vorgesehen. In der Tat kündigen die Kommunisten die Abmachungen vom Libanon auf und bereiten sich zur Machtübernahme vor. Die Engländer bekräftigen ihre Absicht, die Regierung Papandreou zu unterstützen, die sich von Ägypten nach Süditalien, in die Nähe des Generalstabs, begeben hat, um bei der erstbesten Gelegenheit nach Griechenland überzusetzen. Dem König hat man empfohlen, in Kairo zu bleiben und die Befreiung abzuwarten, ohne irgendwelche Erklärungen abzugeben. Die Engländer beabsichtigen ein Plebiszit durchzuführen.

Trotz ihrer Abneigung, sich in den griechischen Bürgerkrieg einzumischen, bleibt ihnen keine andere Wahl, als einzugreifen. Im Oktober 1944 übernehmen englische Fallschirmjäger nach dem Abzug der Deutschen die Kontrolle des Athener Flughafens Megara. Im Handumdrehen jedoch sind sie im Stadtzentrum umzingelt und eingekesselt und müssen warten, bis sie von den Truppen des Generals Alexander befreit werden. Ein unversöhnlicher Bürgerkrieg entbrennt. Der König weigert sich, seine Machtbefugnis auf einen von einem Erzbischof geleiteten Regentschaftsrat zu übertragen. Churchill, der ihm befohlen hatte, das Feuer zu eröffnen, verteidigt sich vor dem englischen Unterhaus: »Etwas Undemokratischeres als das Gesetz des Pöbels, der Gangsterbanden, gibt es nicht... Die Freiheit ist keine Dirne, die sich auf der Straße von einem Mann mit einer Maschinenpistole auflesen läßt.« Er garantiert die Wiederherstellung der Ordnung, denn er weiß, daß ihn Stalin aufgrund der in Jalta bestätigten Teheraner Abmachungen nicht hindern wird, die kommunistischen Banden endgültig zu unterdrücken. Schließlich hat Churchill mit der Aufgabe Polens und des ganzen europäischen Ostens ja auch den Preis dafür bezahlt.

Angesichts der Bürgerkriegssituation fordert General Alexander unentwegt Nachschub, während König Georg II. die Regentschaft nach wie vor ablehnt. Aber schließlich kommt es dann doch zu einer Lösung. In Athen konferiert Churchill mit Erzbischof Damaskinos. Der Prälat erscheint ihm antikommunistisch genug, um sein Vertrauen zu verdienen, und so überredet er den König, der – vorübergehenden – Regentschaft des Erzbischofs zuzustimmen. Papandreou tritt daraufhin zurück, mit den Kommunisten wird ein Waffenstillstand geschlossen. »Der griechische König«, so Churchills Kommentar, »hat sich äußerst würdevoll benommen, wie ein echter Edelmann.« Doch das Abkommen von Varkiza, das die Widerstandsbewegung verpflichtet, ihre Waffen den Engländern abzuliefern, entfesselt den weißen Terror, und der Bürgerkrieg entbrennt aufs neue und sollte nicht vor 1949 enden. General Markos, der Chef der Kommunisten, profitiert von der Protektion seiner jugoslawischen, albanischen und bulgarischen Nachbarn. Der König seinerseits ist nach Wahlen von zweifelhafter Gültigkeit nach Athen zurückgekehrt. Sicher aber wäre sein Regime weggefegt worden, hätte der amerikanische Präsident Truman nicht genügend Mittel und Kredite zum Aufbau einer königlichen Armee und einer Antiguerilla-Miliz zur Verfügung gestellt. Den endgültigen Durchbruch aber beschert den Amerikanern Titos Bruch mit den Sowjets. Nun kommen keine Waffen mehr über die jugoslawische Grenze, denn Tito hat kein Interesse, den stalinistischen Widerstand zu unterstützen. Um den Preis von 50 000 Toten und der Deportation von zigtausend *andartes* – wie die griechischen Partisanen genannt wurden – in Straflager konnte die Monarchie schließlich gerettet werden.

1947 stirbt König Georg II. kinderlos. Ihm folgt sein Bruder Paul mit seiner deutschen Frau, Friederike Luise von Hannover. Nach dem Tod Pauls I. 1964 besteigt sein Sohn Konstantin II. den Thron, sieht sich aber nach dem Staatsstreich einer Militärjunta im Jahr 1967, die auch Parlament und Verfassung abschafft, gezwungen, mit seiner Gemahlin Annemarie von Dänemark das Land zu verlassen. Im Juni 1973 wird die Republik ausgerufen und ein Jahr später die parlamentarische Regierungsform wieder eingeführt, nicht aber die Monarchie. Der König und sein Erbe, Prinz Paul, der griechische Thronfolger und Herzog von Sparta, bleiben im Exil. Die von den Engländern restaurierte Institution der Monarchie war durch die Militärdiktaturen kompromittiert und hatte das Vertrauen des Volkes verloren.

Möglicherweise hätte sich die Monarchie in Jugoslawien halten können, hätte hier nicht, ähnlich wie in Griechenland, während der deutsch-italienischen Besatzung ein Bürgerkrieg getobt. Kurz vor dem Angriff der Deutschen im April 1941 hatte sich König Peter II. mit einigen Getreuen nach London abgesetzt. Deutschland und Italien sowie Bulgarien und Ungarn teilten das jugoslawische Territorium unter sich auf und reduzierten Serbien auf seine Grenzen von 1913. Kroatien, um diverse Gebiete vergrößert, wurde zu einem Satelliten der Achsenmächte, regiert von dem *Poglavnik* (Führer) Pavelić, der Serben und Juden im Konzentrationslager von Jasenovac massakrieren ließ, wo der ehemalige Franziskaner Majtorović durch die Folterung von Gefangenen zu trauriger Berühmtheit gelangte. Die Opfer wurden mit Beilen erschlagen oder bei lebendigem Leib in einer Ziegelei verbrannt. Von den 40 000 kroatischen Juden überlebten nur wenige. Nicht weniger grausam verfuhr die Kollaborationsregierung des Generals Nedić in Serbien, gestützt auf eine Miliz von 15 000 Fanatikern. Diese Exzesse ermutigten die Widerstandsbewegung, aktiv zu werden, auch wenn keine einheitliche Organisation bestand. Die ersten Gruppen hatte der königstreue serbische Offizier Mihailović mit der Rekrutierung serbischer *Cetnici* (Tschetniks) aufgebaut, harter Partisanen, die jedoch zögerten, allzu aktiv gegen die deutschen Besatzer vorzugehen. Im Oktober 1941 war diese monarchistische Bewegung von der Wehrmacht in einer durchschlagenden Aktion beträchtlich geschwächt worden. Außerdem war ihr in Titos aus allen Provinzen rekrutierten kommunistischen Partisanen eine aggressive und erfolgreiche »Konkurrenz« erwachsen. 1942 hatte die titoistische Widerstandsbewegung im bosnischen Bihać den »antifaschistischen Befreiungsrat Jugoslawiens« gegründet und eine »Volksbefreiungsarmee« aufgestellt.

Mihailović, von der mit Churchills Hilfe in Kairo gebildeten Exilregierung des Königs zum Verteidigungsminister ernannt, wurde von den Russen anerkannt, nicht dagegen von Tito. Dieser weigerte sich, sich Mihailovićs Befehlsgewalt zu unterstellen und bezichtigte ihn der Kollaboration mit der Besatzungsmacht. Zusammenstöße zwischen den beiden Widerstandsbewegungen waren an der Tagesordnung.

Tito schwebte nach dem Sieg ein Bundesstaat vor, eine Demokratie, die nichts mehr mit der zentralistischen serbischen Monarchie der Vergangenheit zu tun hatte. Er wollte keine Verständigung mit seinem Gegner. Da er 1943 zahlreiche italienische Divisionen entwaffnet hatte, konnte er 200 000 Mann unter Waffen nehmen und so eine beträchtliche Anzahl deutscher Divisionen binden. Churchill wollte sich unbedingt mit Tito verständigen, ihn Stalin abspenstig machen und die Regierung des Königs zwingen, Mihailović fallenzulassen und eine Verständigung mit Tito zu suchen.

Churchill konnte sich für Jugoslawien, so wie für Griechenland, nur eine monarchistische Zukunft vorstellen. Allein ein König im Kairoer Exil war seiner Meinung nach der einzig wirkliche Garant gegen die Gefahr eines kommunistischen Umsturzes, die Tito und seine Partisanen verkörperten, denn auf die Dauer würde ihnen Stalin seine Unterstützung gewiß nicht versagen. So suchte Churchill König Peter höchstpersönlich in Kairo auf, um ihn zu überzeugen, daß er nur eine einzige Chance habe, eines Tages an die Regierung zu kommen: Er sollte die Tschetniks fallenlassen, was für den jungen Serbenherrscher im Grunde unzumutbar war. Doch Churchill teilte mittlerweile Botschafter Stevensons Ansicht: »Es erscheint außerordentlich zweifelhaft, ob wir die Monarchie noch als das Element betrachten können, das imstande ist, Jugoslawien zu einen.« Damit war der Stab über die Tschetniks und General Mihailović gebrochen. Der britische Premier war zu allen Opfern bereit, um Tito zu unterstützen und zu überzeugen, daß er der Rückkehr des Königs an die Spitze der kämpfenden Einheiten ruhig zustimmen könne: Der Monarch sei entschlossen, sich von Mihailović zu trennen, außerdem käme die Einbeziehung des Königs in die Widerstandsbewegung dem am 30. November 1943 im bosnischen Jajce gegründeten Nationalen Befreiungskomitee als einigender Faktor zugute.

Auf der Konferenz von Teheran im November 1943 wurde Tito von den Alliierten als Staatschef behandelt, auch wenn sie ihn zwangen, den König anzuerkennen, und für dessen Rückkehr plädierten.

Churchill empfing den jugoslawischen Partisanenführer am 12. August 1944 in der Villa Rivalta auf dem Posilip bei Neapel. Tito trug eine »prächtige blau-goldene Uniform mit sehr engem Kragen« und vergoldeten amerikanischen Tressen auf der Jacke. Begleitet wurde er von einer Leibwache mit Maschinenpistolen. Der Marschall erklärte sich zur militärischen Zusammenarbeit mit den Engländern bereit, weigerte sich aber, mit dem König zusammenzutreffen. Dieser, so Tito, sei durch seine Freundschaft mit Mihailović, dessen Partisanen ja eindeutig als Verbündete der Deutschen galten, zu sehr kompromittiert. Eine Aussöhnung sei ausgeschlossen; nach

Kriegsende solle das Volk entscheiden. Doch am 12. September 1944 übertrug König Peter Tito offiziell die Führung des Widerstands.

Tito versicherte Churchill, in keiner Weise die Errichtung eines kommunistischen Regimes zu beabsichtigen, da er selber Anhänger eines demokratischen Bundesstaates sei.

Doch die Rote Armee sollte bei der Befreiung des Landes eine entscheidende Rolle spielen und dieser rein militärische Faktor Tito Stalin in die Arme treiben. Noch im September 1944 reiste der Partisanenchef nach Moskau, wo er jede denkbare Ermunterung empfing.

Im Mai 1945 floh Pavelić mit seinen Ustaša* in den Norden des Landes und fand schließlich in Argentinien Zuflucht. Die Tschetniks hatten die Waffen noch nicht aus der Hand gelegt. In seinem Versteck in den serbischen Bergen von Dravna Gora leistete Mihailović noch immer Widerstand. Im März 1945 wurde er gefangengenommen, wegen Hochverrats zum Tode verurteilt und am 17. Juli 1946 in Belgrad erschossen. Tito seinerseits stand seit dem 7. März 1944 der provisorischen Regierung vor, in die er, wie Churchill versprochen, auch Vertreter der königlichen Regierung aufnahm. Die monarchistische Opposition konnte aber die Säuberungswelle, die über Belgrad hinwegfegte, nicht überstehen. Banken, Industrie und Außenhandel wurden nationalisiert. Entgegen den Teheraner Abmachungen verweigerte der rote Diktator König Peter die Erlaubnis, je wieder einen Fuß auf jugoslawisches Territorium zu setzen. Für den 11. November 1945 beraumte er Wahlen für die verfassunggebende Versammlung an, und am 29. November 1945 wurde die Föderative Volksrepublik Jugoslawien ausgerufen. König Peter kehrte nie in sein Land zurück – ebensowenig der albanische König Zogu I., der in Kairo im Exil lebte: Auch in Tirana wurde eine Volksrepublik errichtet.

* Von A. Pavelić 1929 gegründete Organisation radikaler kroatischer Nationalisten (Anm. d. Übers.).

Zwar hatten sich diese Herrscher nicht anders als der König von Norwegen oder die Königin der Niederlande entschlossen, ihr Land zu verlassen und nach London zu gehen, aber ihnen war durch den Vorstoß der Roten Armee im Kommunismus ein gefährlicher Gegner erwachsen, dem der Durchbruch bis zur Adria gelang. Ohne Churchill, der die Rückkehr König Georgs durch militärischen Druck erzwang, wäre Griechenland dies gewiß auch nicht erspart geblieben. Letztlich allerdings hatte die Monarchie in Athen ebensowenig eine Zukunft wie in Belgrad. In den Augen der Griechen erzeugte sie notwendig eine Diktatur, und diese Staatsform hatten sie satt. So hatten Südeuropas Könige, ob sie nun selber Faschisten gewesen waren oder diktatorische Regime gestützt hatten, die Institution der Monarchie in Verruf gebracht. Die Monarchie war in diesen Ländern ihrer Aufgabe, einen sozialen und politischen Ausgleich zu schaffen, nicht gewachsen. Aber hatte die Monarchie überhaupt noch eine Überlebenschance?

Epilog

# *Es lebe der König!*

Abgesehen von drei Republiken ein bis 1914 durch und durch monarchischer Kontinent, entledigte sich Europa in zwei gewaltigen Schüben seiner Throne und Kronen. Die erste Woge riß 1918 die Reiche in der Mitte und im Osten Europas in den Abgrund und mit ihnen den deutschen Kaiser, den russischen Zaren und den Herrscher der österreichisch-ungarischen Doppelmonarchie, gefolgt von den deutschen Fürsten und Königen. Vom Ural bis zur Seine bildete sich eine Republik nach der anderen; die Herrschaftsform der Monarchie wurde auf den gebirgigen Norden und den Süden des Kontinents zurückgedrängt; einzig die katholischen Königreiche Spanien und Belgien hielten noch die Bastion. Die zweite Woge erfaßte den Süden und fegte mit den Kanonenschlägen der Roten Armee die noch bestehenden Throne Südeuropas fort: Unter dem Druck des Kommunismus verloren die durch Diktaturen und Bündnisse mit den Achsenmächten kompromittierten Könige in Belgrad, Sofia und Bukarest ihre Kronen, mit Ausnahme von Griechenland – aber nur für kurze Zeit. Die Königreiche Montenegro und Albanien waren schon dem Aufstieg des Faschismus und das Königreich Spanien bereits in den dreißiger Jahren dem Bürgerkrieg zum Opfer gefallen.

Im Gegensatz dazu konnten sich die Throne Nordwesteuropas erstaunlicherweise samt und sonders behaupten. Sie schienen allen Angriffen gewachsen zu sein. Dabei hatten die

Monarchen – mit Ausnahme des Königs von England – den Schock des NS-Regimes zu überstehen. Ihre Reaktion auf die Invasion aber kann nicht den Ausschlag für ihren Fortbestand gegeben haben. Der offiziell neutrale König von Schweden war im Grunde ein bevorzugter Geschäftspartner Deutschlands gewesen; der König von Dänemark war während der NS-Zeit in seinem Reich geblieben, sein Nachbar in Norwegen dagegen nach London ins Exil gegangen. Trotz der verschiedenen Reaktionen hatte keiner dieser Throne wirklich gewackelt. Und von den westeuropäischen Monarchen hatte der König von Belgien unter dem NS-Regime seinen Palast nicht verlassen, die Königin von Holland dagegen gleich zu Anfang das Schiff nach England bestiegen. Wilhelmina war als Königin auf ihren Thron zurückgekehrt, und Leopold III. hatte sein Ausharren zwar teuer bezahlt, seinem Sohn Baudouin aber war die Krone erhalten geblieben. Kurzum, es stellt sich die Frage, wie man sich die offensichtliche Sympathie der Nordländer für die Monarchie zu erklären hat.

Jedes Land hat für dieses Faible seine eigenen Gründe. Großbritannien mag der Eskapaden seiner Thronerben heute überdrüssig scheinen, der monarchistischen Tradition aber, die, von einem kurzen Abenteuer Mitte des siebzehnten Jahrhunderts abgesehen, seine gesamte Geschichte umfaßt, wird es zweifelsohne verhaftet bleiben. In seinem Fall ist das Königtum weniger eine einigende Kraft als vielmehr ein Symbol fortdauernder Verbundenheit zwischen dem Mutterland und inzwischen autonomen und unabhängigen, dem Union Jack aber zu einem gewissen Dank verpflichteten Völkern. Nicht umsonst führen noch heute einige ehemalige Dominions das Georgskreuz auf ihren Fahnen. Umgekehrt kann die Königin einer ganzen Reihe von Hauptstädten, die die Londoner Dynastie als Stammutter ihrer politischen Kultur betrachten, wann immer es ihr beliebt, einen Staatsbesuch abstatten. Diesen Anspruch der britischen Monarchie auf Weltgeltung demonstriert die gegenwärtige Herrscherin durch häufige Reisen. Selbst im abstrusen Krieg um die Falkland-Inseln 1982 hat sie die Vorrechte der britischen Krone auf das eisige Land im äußersten Süden behauptet. Wer weiß, ob die nächste Krönung eines englischen Herrscherhaupts nicht als weltbewegendes Fernsehspektakel gleichberechtigt neben dem der Papstwahl stehen wird? Welch sonderbare Faszination üben doch Riten aus, zumal in unserer Zeit mit ihrer durch das Bild geschärften Aufgeschlossenheit für symbolische Vorgänge.

Einen zweiten Grund für den Fortbestand der Monarchien in Nordeuropa mag die Bindung der Protestanten an das royalistische Konzept liefern: In den Niederlanden, in Dänemark und in Norwegen wird die Monarchie als Hüterin der Freiheiten des Individuums betrachtet. Die Macht symbolisch einem Herrscher zu übertragen, der das Vertrauen des Volkes genießt, wird als Schutz empfunden: Der Thron als Abbild der göttlichen Eintracht bedeutet Frieden und Einverständnis unter den Bürgern, das Recht auf freie Meinungsäußerung – und er garantiert die persönlichen Rechte oder Menschenrechte, wie man heute sagt. Unter der Herrschaft eines protestantischen Monarchen scheint eine Beeinträchtigung des einzelnen ausgeschlossen, hieße das doch die Grundlage der religiösen Monarchie – die Achtung vor der Seele durch die Achtung vor dem Menschen – negieren. So gesehen wird das Verhalten der Herrscher im Zweiten Weltkrieg als beispielhaft, als den Wünschen der Bürger und Untertanen konform empfunden. Der dänische König verteidigt den einzelnen, indem er an Ort und Stelle ausharrt; der König von Norwegen schnallt die Skier an, weil er den einzelnen bedroht sieht und ergreift die Flucht, um den Widerstand andernorts fortzusetzen.

Einen Einwand gegen diese Hypothese liefert Belgien: Auch in Brüssel, wo feindliche Brüder gegnerischer Konfessionen koexistieren, ist ein König erwünscht. Hier kann der Thron also nicht den Altar unterstützen, denn die Untertanen sind von einer einheitlichen religiösen Einstellung weit entfernt. Hier ist die Person des Königs eine nationale, keine religiöse Garantie: Der Monarch spricht beide Sprachen, duldet beide Konfessionen, verhindert durch seine Anwesenheit die Aufspaltung der beiden feindseligen Gemeinschaften. Obwohl Leopold zum Vorwurf gemacht wird, daß er bei Kriegsausbruch seinen Palast von Laeken nicht verlassen hat, appellieren die Minister aus ihrem Londoner Exil an die Belgier, sich um die Person ihres Herrschers zu scharen. Sie lassen ihn erst in dem Augenblick fallen, in dem er nach Kriegsende zum Zankapfel, zum Anlaß heftiger Auseinandersetzungen, ja eines verdeckten Bürgerkrieges wird. Hoffen sie nun, eine Republik einführen zu können? Sie überlassen die Entscheidung dem Volk; im Grunde ihres Herzens aber setzen sie ihre Hoffnung auf das monarchistische Rezept als Bindemittel. Daß Leopold, bei der Volksbefragung nur knapp bestätigt, schließlich zur Abdankung gezwungen wird, beeinträchtigt die Chancen seines Nachfolgers nicht. Baudouins Inthronisierung kann in aller Ruhe erfolgen. Katholiken und Protestanten können sich gleichermaßen beglückwünschen: Die Rückkehr des Königs bedeutet in Brüssel eine Garantie gegenseitiger Toleranz.

Warum nicht auch in Madrid? Dort scheint die Präsenz eines Königs aus anderen Gründen unerläßlich: um die durch ihre Kultur gespaltenen iberischen Völker zusammenzuhalten. Vorausgesetzt, die Monarchie anerkennt und garantiert nach der Tradition der katholischen Könige ihre Andersartigkeit, sind auch die Basken bereit, denselben König zu akzeptieren wie die Katalanen oder die Galicier. Der König repräsentiert eine Art vom Mittelalter überkommener Personalunion, ähnlich den Habsburgern in Wien, die zugleich Kaiser der Österreicher, Könige der Ungarn und als Erben der Krone Wenzels Könige der Tschechen waren. Sind die Gesetze des Erbrechts nicht die des Eigentumrechts: eine Garantie der Freiheit?

Nun war die spanische Krone ihren Aufgaben jedoch in keiner Weise gerecht geworden. Sie hatte ihre Untertanen erbitterten Stammesfehden, einer sozialen Revolution und einer faschistischen Diktatur preisgegeben. Wie aber war in einem von einem unversöhnlichen Krieg verwüsteten Land, dessen Bürgern von Republik und Diktatur gleichermaßen der Gedanke eingebleut worden war, daß ihnen keine Regierungsform inneren Frieden bescheren könne, ein Wiederanknüpfen an die traditionellen Bande, ein Rückgriff auf den Thron Philipps II. denkbar? Zur Zeit, als Franco sein imposantes Grabmonument errichten ließ, war das klägliche Versagen Alfons XIII. noch in aller Gedächtnis. Und trotzdem sollte in einem Europa, in dem die Könige verjagt wurden, wieder ein König den Thron Karls V. besteigen: Juan Carlos.

Diese unerwartete Restauration stieß bei der Spanisch und selbst bei der Katalanisch oder Baskisch sprechenden Bevölkerung auf nahezu einmütige Zustimmung. Die Könige sind tot, es lebe der König! riefen die Madrider Abgeordneten einstimmig. Waren sie vom alternden Caudillo, der den Bourbonenerben zu seinem Nachfolger erkoren hatte, bekehrt worden? Jedenfalls bedeutete die Thronbesteigung Juan Carlos' ein Wiederanknüpfen an die Tradition ruhmreicher Tage, die Transfusion alten Blutes mit dem Ziel, die jüngste Vergangenheit vergessen zu machen, und den Übergang vom Regime der dreißiger Jahre zum neuen, aus seiner Isolation herausgetretenen, den Anschluß an Europa suchenden Spanien.

Als erstes verhieß Juan Carlos Sicherheit. Der Bourbonenprinz, am 5. Januar 1938 in Rom als Sohn des Infanten Juan Carlos von Spanien, Grafen von Barcelona, geboren, stammte über seinen Großvater Alfons XIII. in direkter Linie von illustren Königen ab. Aber er hatte nichts von einem Emigranten an sich, den man schnell aus der Versenkung holt, wenn es mit dem alten Oberhaupt dahingeht. Sein Vater hatte unter Francos Federführung eingewilligt, Juan Carlos in Spanien erziehen zu lassen und ihn zusammen mit seinem Bruder Alfonso in San Sebastián zur Schule, 1955 auf die Militärakademie von Saragossa, anschließend auf die Marineakademie von Marin und schließlich auf die Luftwaffenakademie von San Javier zu schicken. Juan Carlos sollte in allen drei Waffengattungen zum Oberleutnant befördert werden und das spanische Militär in- und auswendig kennenlernen. Nach einer Reise in die Vereinigten Staaten schrieb er sich an der Universität Madrid ein, absolvierte im Anschluß daran ein betriebswirtschaftliches und verwaltungstechnisches Praktikum und erhielt nun erst die Erlaubnis seines Vaters, das von General Franco vorgeschlagene Nachfolgegesetz zu akzeptieren und der Erbe des Diktators zu werden. Am 23. Juli 1969 war die Sache perfekt.

Mittlerweile hatte Juan Carlos eine Prinzessin aus königlichem Geblüt geheiratet: Sofia von Griechenland. Diese Heirat entsprach ganz den traditionellen Vorstellungen, so daß einer feierlichen Krönung nach altem Muster nichts im Wege stand. Der Prinz wäre also ein perfekter König für Spanien, und seine Einsetzung durch Franco würde Unruhen vorbeugen.

Auch für die zweite Aufgabe eines Königs, die Transfusion alten Blutes, das die jüngste Vergangenheit vergessen machen sollte, war Juan Carlos bestens geeignet: einmal aufgrund seiner Jugend, seines Unternehmungsgeistes und seines Friedensstrebens, vor allem aber aufgrund seiner illustren Ahnenreihe, die den Faden der spanischen Geschichte dort wieder anzuknüpfen erlaubte, wo der Sturm der dreißiger Jahre ihn abgerissen hatte. Mit einem Wort: Er verhieß, Vergessen zu schenken – Vergessen nicht nur der Schrecken des Bürgerkriegs, des Scheiterns der Republik, der Massaker des roten und des weißen Terrors, sondern auch Vergessen einer Welt der Frustration, des Anachronismus und der Isolation.

Der junge, Englisch sprechende Prinz, ein weitgereister Mann, fast schon ein Globetrotter, war der neue Christoph Kolumbus, der Spanien einen neuen Kontinent erschloß, seinen eigenen, das alte, verjüngte Europa mit seiner postindustriellen Technik und seiner Gesellschaft in permanenter Migration. Die Spanier, die mit ihrem Köfferchen zu den Fabriken an der Ruhr und den Werkstätten der Ile de France aufgebrochen waren, brachten ein Bild von der Welt zurück, das mit dem des Franco-Fernsehens nicht viel gemein hatte. Aufgabe des Königs war, durch die Transfusion blauen Bluts, das Karl V. und Ludwig XIV. wieder ins Spiel brachte, Vergessen über die Falange, die faschistische Staatspartei und die alten Schwachköpfe des *pronunciamiento,* des Staatsstreichs, zu breiten, um den *buen camino* nach Brüssel, Rom und Straßburg frei zu machen. Aus Angst, daß ein frischer Wind die falangistischen Phantome zu Staub zerfallen lassen könnte, wurde der Todeszeitpunkt des Caudillos künstlich hinausgezögert. Als Juan Carlos am 27. November 1975, genau sieben Tage nach Francos Tod, zum König von Spanien proklamiert wurde, war bekannt, daß er nichts sehnlicher wünschte als eine Sanktionierung der Monarchie durch eine Volksbefragung. Durch das »Gesetz zur politischen Reform« vom 17. November 1976 wurde die Diktatur des Franco-Staats offiziell beendet und das Zwei-Kammer-System wieder eingeführt. Nach der Verkündung einer Amnestie für politische Häftlinge wurde 1978 die monarchistische Verfassung vom Volk bestätigt: Nun war Spanien ein nach modernen demokratischen Grundsätzen regiertes Königreich.

Dank erwiesen die Spanier ihrem König auch, als er das kollektive Werk, das neue Spanien, gegen den Staatsstreich Tejeros, eines Offiziers der Guardia Civil, der das Parlament im Handstreich genommen hatte, verteidigte. Bekanntlich rief der König in jener schrecklichen Nacht des 23. Februar 1981 die Militärgouverneure der Provinzen selbst an, um sie aufzufordern, sich von dem Putsch zu distanzieren. In jener Nacht wurde Juan Carlos wirklich zum König der Spanier.

Blieb noch eine letzte Prüfung zu bestehen: den notwendigen Übergang zu einer Staatsform zu vollziehen, in der kein Spanier mehr aus politischen oder konfessionellen Gründen ausgeschlossen sein sollte. Und in der Tat brach sich mehr und mehr der Gedanke Bahn, daß die Monarchie als zentraler Angelpunkt wohl am ehesten geeignet sein könnte, die Rotation der Ideen, Menschen und Koalitionen zu gewährleisten, und daß sie deshalb auch dem »demokratischen Pluralismus« besser gerecht werden müßte als ein republikanisches Regime. Im Namen einer wirksamen, einer »realistischen« Politik drangen die spanischen Christdemokraten, die sozial eingestellten jungen Bischöfe und Pfarrer auf eine Aussöhnung und forderten im Hinblick auf wirtschaftlichen Fortschritt und sozialen Frieden eine Zusammenfassung aller Kräfte ohne jede

*Am 27. November 1975 wird Juan Carlos zum König von Spanien proklamiert.*

Ausnahme. Der König berief junge, hoffnungsvolle Männer, die nichts mehr von den Ideologien wissen wollten, an die Regierung: Adolfo Suárez, der, noch nicht vierzigjährig, seine Politik im Fernsehen besser zu verteidigen verstand als seine Gegner die ihre. Ihm folgte der junge Sozialist Felipe Gonzalez, der »seine Partei trotz der Kritik der Salonrevolutionäre dazu gebracht hat, die marxistischen Dogmen fallenzulassen.«

Als König eines Landes, in dem die Todesstrafe abgeschafft ist, in dem der weltliche Staat auf »die religiösen Überzeugungen der spanischen Gesellschaft Rücksicht nimmt« und harmonische Beziehungen »mit der katholischen Kirche und den anderen Konfessionen« anstrebt, akzeptiert der Nachfahr Karls V. die Reformierten, der Nachfahr Isabellas der Katholischen die Juden und all die anderen Religionen – auch wenn sich die Verfassung über diesen Punkt ausschweigt.

Ganz allgemein zeichnet sich der spanische König durch seinen guten Willen aus und macht nur sehr zurückhaltend von dem ihm verfassungsmäßig verbrieften Recht Gebrauch, der Koalitionsmehrheit in den Cortes den Regierungschef vorzuschlagen – eine Befugnis, die nicht entfernt an die Vollmachten eines Präsidenten der Republik Frankreich heranreicht.

So hat Juan Carlos die Herrschaft gewissermaßen im Krebsgang angetreten. Bereits inthronisiert, hat er im Rahmen einer von seiner Regierung geschriebenen, erst von seinen Ministern, dann von den Abgeordneten und Senatoren angenommenen und schließlich vom Volk in einem Referendum gebilligten Verfassung Anerkennung gefunden. Sein Fall ist einzigartig in Südeuropa, wo alle Könige ihren Thron aufgeben mußten. Die Könige sind tot, es lebe der König!

Wenn Juan Carlos im Gegensatz zum Grafen von Barcelona, seinem Vater, den spanischen Thron anstandslos besteigen konnte, so deshalb, weil seine Ankunft geistig vorbereitet war, insonderheit von der Kirche. Seit dem Zweiten Vatikanischen Konzil und der Wahl Papst Johannes' XXIII. hat es sich die Kirche angewöhnt, gründlich über unser Jahrhundert nachzudenken und ihre Begriffe, darunter auch den des Herrschers, einem *aggiornamento,* einer Anpassung an die Verhältnisse des modernen Lebens, zu unterziehen. Aber wenn der Papst, wiewohl im Grunde nur spirituelles Oberhaupt, zweifelsohne auch nicht daran denkt, auf seine Rolle als Königsmacher in der katholischen Welt zu verzichten, so stand eine Wiedereinsetzung der Kirche in ihre früheren Vorrechte als Staatsreligion durch den glücklichen Juan Carlos nie zur Debatte. Der König ist in Spanien so wenig das privilegierte Werkzeug einer Herrschaft von Gottes Gnaden über die Menschen wie in Belgien. Die Verfassung garantiert, daß in Spanien auch die Wahl des jeweiligen Paradieses ins Belieben des einzelnen gestellt ist. Ja, sie macht es dem König sogar zur Pflicht, die Religionen zu unterstützen und zu verteidigen und den Konfessionen durch solide Abmachungen beizustehen.

In dieser Hinsicht war die Rückkehr der Könige nicht umsonst: Wo sie, wie in Spanien, gleichbedeutend ist mit religiöser Toleranz des Staates und Anerkennung des weltlichen Staates durch die Kirche, impliziert sie auch ein enges Band zwischen dem Souverän und den Religionen, deren freie Ausübung er garantiert, indem er die Mittel dazu bereitstellt. So gesehen, ist der weltliche Staat Spanien das Gegenteil der Trennung von Staat und Kirche wie in Frankreich.

Auch wird das monarchistische Prinzip in die demokratische Gesellschaftsordnung integriert, die Mehrheit zur Grundlage der Herrschaft gemacht, die Salbung des Monarchen beziehungsweise seine mystische Funktion abgeschafft. Der König ist nicht mehr vom Allerhöchsten inspiriert, sondern lediglich der Verwalter eines Gesellschaftsvertrags. Verwundert konstatiert man, daß die Monarchie als Herrschaftsform zum Gegenstand eines Referendums werden konnte, so in Belgien, so in Italien – wo auf diese Weise der König gestürzt wurde – und so mehrmals sogar in Griechenland. In der Tat scheint es heute unmöglich, einen König zu »machen«, ohne auf das Verfahren zurückzugreifen, mit dem Präsidenten gewählt werden: Die Funktion des Königs hat die Aura des Außergewöhnlichen verloren.

Sein »Plus« erwächst ihm aus der Pflege der Geschichte, aus der Heiligkeit früherer Krönungen, die dem von den Fernsehsendern ausgestrahlten Bild einen besonderen Glanz verleiht. Wenn es heute unmöglich ist, einen König ohne Abstimmung zu inthronisieren, so ist es andererseits völlig undenkbar, ihn außerhalb der »herrschenden Dynastien«, die ihr Prestige und ihre Privilegien klüglich zu wahren verstanden, zu küren. Darauf gründet auch die Aufmerksamkeit, ja Besessenheit, mit der die einschlägige Presse das gesellige Leben und Treiben der Prinzen und Prinzessinnen verfolgt. Einzig Heiraten zwischen Blaublütigen liefern den Schlüssel zur Macht; andersartige Blutsbeimischungen schließen die Prätendenten automatisch vom Wettlauf um die Throne aus. Daher die Wachsamkeit der Eltern, verschärft noch durch die Lockerung der Sitten, durch die sich die königlichen Prinzen und Prinzessinnen nur allzuleicht zu den übelsten Dummheiten hinreißen lassen. Solange diese die Nachfolge nicht beeinträchtigen, gelten sie als verzeihlich. Die kleinen Skandale am englischen Hof entzündeten sich weniger an einem Ehebruch als an einer Scheidung oder Trennung oder an Heiraten mit Nichtadligen, denn Nachkommen aus solchen Ehen verlieren jene kostbaren herrscherlichen Rechte, die das englische Königshaus, von anderen Privilegien ganz abgesehen, bis 1993 von Steuerzahlungen jeglicher Art befreiten. Daß sich Königin Elisabeth dem Steuereinnehmer stellte, ist ein Indiz für die Entzauberung des Königtums, die Hand in Hand mit einer um so strikteren Forderung nach »Reinheit« des Blutes geht. Die Frage, welche Folgen die Liebe des gegenwärtigen Prinzen von Asturien, Don Felipe, Jahrgang 1968, zu einer spanischen Aristokratin von nichtköniglichem Geblüt haben wird, beschäftigt die Gazetten. Wird ihm eine Sonderbehandlung zuteil? Wird ihm gestattet, sich um den Thron zu bewerben, ohne seine Liebe zu verraten? Vieles spricht dafür. Das aber wäre ein weiterer Schritt zur Entzauberung der Monarchie.

Da die republikanische Idee in den lateinischen Ländern in Mißkredit geraten ist, könnte die Restauration der Monarchie in Spanien beispielhaften Charakter bekommen als Lösung für Italiens politische Instabilität und Frankreichs inneren Konflikt, der das Land Ludwigs des Heiligen seit der Dreyfus-Affäre teuer zu stehen kommt. So jedenfalls argumentieren die überzeugten Monarchisten, die alle europäischen Throne, den der Romanow oder der österreichischen Habsburger nicht ausgenommen, wieder mit Königen besetzt sehen möchten.

Doch diese neu aufgekommene Schwärmerei hält einer genaueren Prüfung nicht stand. Warum sollte ein König Italiens Parteien zu angelsächsischer Disziplin bewegen können? Und woher sollte er ein Zaubermittel gegen die Mafia nehmen? Frankreich, das einzige europäische Land mit republikanischer Kultur, ist dieser Herrschaftsform allerdings auch nur mangels Kronerben treu geblieben. Eine Rückkehr zur Monarchie aber würde in Frankreich die Abschaffung der Verfassung der V. Republik bedingen. Oder ist heute ein König mit allen Befugnissen der Exekutive vorstellbar, der als Herr der Gesetzgebungsinitiative über Gesetzesvorlagen durch ein Referendum abstimmen lassen, ohne vorherige Zustimmung der Nationalversammlung den Haushalt festsetzen und die nur ihm verantwortlichen Minister praktisch ohne parlamentarische Kontrolle ernennen und absetzen kann? Ein solcher König würde über eine größere Machtfülle verfügen als Louis-Philippe oder Kaiser Napoleon III.

Dagegen hat Spanien ein parlamentarisches System: Der König mischt sich mit Maßen in die Regierungsgeschäfte ein und ernennt den Ministerpräsidenten nur mit Billigung der Fraktionen. In der Tat wirft die Sonderstellung des Präsidenten der Französischen Republik bei europäischen Konferenzen allerlei Fragen auf, da er eigentlich nur an Gipfeltreffen teilnehmen sollte. Von den anderen Regierungschefs besitzt keiner seine Vollmachten. Soll er sich darauf beschränken, lediglich mit den Premierministern, Kanzlern und Ministerpräsidenten zu konferieren, die in ihrem Land über genau umrissene, begrenzte Vollmachten verfügen? Und, mehr noch, kann eine solche Person die Wahl eines europäischen Präsidenten mit größerem Prestige und größerer Herrschgewalt akzeptieren? Sollte man, wie zur Zeit des Heiligen Römischen Reichs Deutscher Nation, einen Kaiser wählen, der, zu allem Überfluß selber König, über Königen und Fürstbischöfen stand?

Offensichtlich ist eine Rückkehr zum blauen Blut nur auf einer untergeordneten politischen Ebene, also nur in kleinem Maßstab, möglich. Den Jugoslawen wäre mit einem König als Integrationsfigur in ihrem Vielvölkerstaat zweifellos gedient gewesen. Freilich hätte dieser König mit Sicherheit weder ein Serbe noch ein Kroate, noch ein Slowene, vielleicht aber ein Montenegriner oder Bosniake sein dürfen. Die Portugiesen wiederum, die Erfahrungen mit mehreren Regimen, von der faschistischen Diktatur bis zur Revolution, gesammelt haben, scheinen als ein in seiner Einheit nicht bedrohtes Volk auch kein unwiderstehliches Bedürfnis nach einem König zu verspüren. Die Griechen dagegen schwanken in ihrer Einstellung; sie betrachten die Monarchie ähnlich wie die politischen Parteien, die je nach dem Ausgang der Wahlen kommen und gehen. In den Balkanstaaten wiederum scheint die Erinnerung an die faschistischen oder mit dem Faschismus verbündeten Könige den Drang zur Monarchie abgetötet zu haben, und in Rußland wird die Erinnerung an die Zaren im Grunde nur von jenen gepflegt, die den dunklen Gesang der Popen und den Duft des Weihrauchs lieben. Denn soviel steht fest: Monarchie ist per definitionem von Religion nicht zu trennen.

Im Europa der Zwölf halten sich Republiken und Königreiche mit je sechs in jedem Lager die Waage. Alles in allem aber ist die Entzauberung der Monarchie heute so weit fortgeschritten, daß man gefahrlos mit der Idee spielen kann, es auch ohne König zu versuchen. Dieser Versuchung sehen sich neuerdings die Engländer ausgesetzt, während die Franzosen umgekehrt davon träumen, die königlichen Karossen von Compiègne und Versailles aus ihren Remisen zu holen und die Salbung in Reims wieder einzuführen. Doch die Könige sind eine fromme Erinnerung, bestenfalls ein Überbleibsel aus alten Zeiten.

# *Personenregister*

Kursive Zahlen verweisen auf Abbildungen.

## *Bildnachweis*

Agentur Roger-Viollet, Paris: S. 37, 51, 59, 72, 149, 221, 234, 243, 267, 303
Archiv der DVA, Stuttgart: S. 43, 55, 137, 176, 257
Archiv für Kunst und Geschichte, Berlin: S. 33 (li), 115, 167, 183, 215, 288, 299
DAMALS-Archiv, Stuttgart: S. 21, 65, 91, 97, 105, 187, 188, 204, 249, 269
dpa-Bildarchiv, Stuttgart: S. 323
Hallberger-Archiv, Stuttgart: S. 31, 102, 122, 134, 143
Kilpper-Archiv, Stuttgart: S. 153, 178, 284
Stadtarchiv Stuttgart: S. 33 (re)